LAS OBRAS DE
JUAN WESLEY

Instituto de Estudios Wesleyanos

Grabado de Juan Wesley, por William Bromley (1791).
Cortesía del British Museum.

LAS OBRAS DE JUAN WESLEY

TOMO XIV

CARTAS, TOMO II

Editor General:
Justo L. González

Traductores:
William A. Jones
Celsa Garrastegui

Instituto de Estudios Wesleyanos

Auspiciado por

WESLEY HERITAGE
FOUNDATION

Las Obras de Juan Wesley, 2ª edición – Tomo XIV

ISBN: 978-1-955761-58-1

Compaginación: Mario Carrasco
Diseño de portada: Wes Garman

Para información y más recursos en español, comunicarse con:
    El Instituto de Estudios Wesleyanos
    www.estudioswesleyanos.org
    instituto@estudioswesleyanos.org

Para información general, comunicarse con:
    The Wesley Heritage Foundation, Inc.
    www.wesleyheritage.org
    hello@wesleyheritage.org

AGRADECIMIENTOS

Para la primera edición:

La Wesley Heritage Foundation expresa su profunda gratitud por la generosidad del Fondo de Educación Ministerial y la División de Ministerio Ordenado de la Junta General de Educación Superior y Ministerio de la Iglesia Metodista Unida por su contribución al costo de la traducción y edición de este volumen de las Obras de Wesley a la gloria de Dios.

Para la segunda edición:

La Wesley Heritage Foundation y el Instituto de Estudios Wesleyanos reconocen con gratitud el apoyo generoso de la Escuela de Divinidades de Duke University, en particular su Casa Hispana de Estudios, para llevar a cabo la revisión de esta segunda edición de las Obras de Wesley.

Agradecemos profundamente el permiso otorgado por la Junta del Wesley Works Project para utilizar el texto de su excelente Bicentennial Edition como base de la presente traducción.

Equipo de revisión de la segunda edición:

H. Leonardo Ramírez, co-coordinador
Johnny Llerena, co-coordinador
Oscar Aguilar
Ruthie Córdova
Will Faircloth
María del Mar Macea
Clara Inés Orozco
Isabel Orozco
José Francisco Orozco
María del Mar Orozco
Felipe Quimbaya

CONTENIDO

PREFACIO A LA
SEGUNDA EDICIÓN

Es con tremenda alegría que presentamos esta edición nueva y completamente revisada de las *Obras de Wesley*. La primera edición, que se terminó de publicar en el 1998, fue un regalo monumental al mundo de habla española. Antes de ese año existían algunas colecciones de sermones, la gran mayoría traducida al español del siglo 19, y unos cuantos himnos wesleyanos. Pero con la llegada de las *Obras*, cualquier hispanoparlante podía adentrarse muchísimo más en los escritos de esta figura tan importante para la iglesia universal. El trabajo del equipo de traductores, bajo la guía de Justo González, fue una hazaña monumental. Como dijo Mortimer Arias en el 2001:

> Millones de cristianos, descendientes de la corriente del Avivamiento Evangélico, y de la vertiente wesleyana en particular, tendrán en sus manos esta llave para abrir los tesoros de vida cristiana y discipulado, de teología y espiritualidad evangélicas, de evangelización y ministerio integral, de ética social contextual y profética, además de un acceso directo a la persona de Juan Wesley, con sus facetas y aristas originales.

Es decir, ahora se podía no solo leer lo que Wesley escribió, sino conocer y palpar como nunca antes el carácter del hombre en sí.

Como la audiencia potencial para las *Obras* era —y aún es— tan grande, fue importante hacerlas cada vez más disponibles según los avances tecnológicos. El primer tiraje impreso de las *Obras*, unos 500 juegos, se distribuyó a lo largo de las Américas durante los primeros años después de publicarse. Luego, en el 2006, se digitalizaron para poder distribuirlas en CD. Miles de personas llegaron a tener las *Obras* para su uso personal a través de este formato más accesible y económico. Pero la verdadera explosión del uso de las *Obras* llegó en el 2012, cuando la Wesley Heritage Foundation y el recién establecido Instituto de Estudios Wesleyanos subieron los archivos de los catorce tomos a sus respectivos sitios web para descargar gratuitamente en todo el mundo. En los últimos años, el promedio es de más de una descarga por día, todos los días, desde cada país de las Américas, España, y muchos otros donde hay hispanoparlantes.

Es imposible recopilar todos los usos que las personas han encontrado para las *Obras de Wesley*. En los últimos años hay reportes de pastores y laicos usando los escritos de Wesley para estudio personal y fortalecimiento de la enseñanza. Hay seminaristas que encuentran en ellas la perspectiva necesaria y completa para sus tareas. Se oye de estudiantes de programas de posgrado tan diversos como la acción social o la retórica, haciendo uso de Wesley como fuente central de sus investigaciones. Y muchos son los que hablan de encontrar en Wesley —o reencontrar en algunos casos— las raíces perdidas de una fe profunda, sana, y activa. En fin, las *Obras de Wesley* son una herramienta multiuso. Estamos maravillados por lo que las personas han hecho con ellas hasta ahora, y esperanzados por lo que el futuro trae.

Esta nueva edición es el fruto de un proceso exhaustivo de revisión de cada palabra —cada letra y número— del texto y los índices de la primera edición. Por la misma naturaleza de una revisión, se espera que el lector no note las correcciones, ya que contribuyen a una lectura más fluida y sin obstáculos. Incluso se mantiene la misma numeración de páginas de la primera edición, para que las referencias académicas a las *Obras* sean las mismas en ambas ediciones. Damos gracias a Dios por la labor tan cuidadosa del equipo de revisores.

Los catorce tomos se mantienen como herramientas gratuitas en los sitios web de WHF y IEW. Mas nos alegra mucho ofrecer las *Obras* en versión impresa por primera vez en 25 años. Los catorce tomos con sus nuevas y atractivas portadas presentan a un Wesley arraigado en la historia, pero siempre relevante para el presente. Pero hay mucho por traducir aún, y a esta nueva edición se irán sumando los nuevos tomos conforme se publiquen.

Esperamos que los lectores disfruten de esta edición nueva y fresca, y que se sientan tanto reconfortados como retados por las palabras de Wesley. Como bien dijo Elbert Wethington, primer presidente de la Wesley Heritage Foundation: "Las *Obras de Wesley* se entregan a la distribución con la esperanza y la oración que sean instrumentos del Espíritu Santo para generar en todo el mundo de habla hispana intensas experiencias del Evangelio, y estudios de la fe cristiana". Esta ha sido —y siempre será— nuestra esperanza y oración.

Will Faircloth
Presidente, The Wesley Heritage Foundation
Director, Instituto de Estudios Wesleyanos
Julio de 2023

1761

Al Editor del «London Chronicle»

2 de enero de 1761

Señor:

De todos los lugares de sufrimiento fuera del infierno, pocos, supongo, superan ni siquiera igualan a la prisión de Newgate. Si alguna región de horror pudo superarlo hace unos años, Newgate en Bristol lo hizo; tanta era la suciedad, la peste, la miseria, y la maldad que escandalizaba a todos los que todavía tenían una chispa de humanidad. ¡Qué sorprendido quedé, por cierto, cuando estuve allí hace pocas semanas! (1) Cada lugar de ella, tanto arriba como abajo, aun *el foso* donde confinan a los criminales durante la noche, están tan limpios y fragantes como la casa de un caballero; hay ahora una regla que cada prisionero lave y limpie su apartamento completamente dos veces cada semana. (2) Aquí no hay peleas ni alborotos. Si alguien piensa que lo tratan mal, se refiere su causa inmediatamente al carcelero, que oye a las partes contendientes cara a cara y decide el asunto enseguida. (3) Las causas normales de las peleas se han eliminado; porque raras veces uno engaña o agravia a otro, porque si algo así se descubre, el castigo seguro es una reclusión más estricta. (4) Aquí no se permite la borrachera, no importa la ventaja que proporcionaría al carcelero o al cantinero. (5) Tampoco la prostitución, porque se vigila con cuidado a las prisioneras y las mantienen separadas de los hombres; ni se admite ahora a ninguna mujer del pueblo, no, por ningún precio. (6) Se hace todo el esfuerzo posible para evitar la pereza: se proveen herramientas y materiales para los que quieren trabajar en sus oficios, en parte por el carcelero, que les da crédito a una ganancia muy módica, y en parte por las limosnas ocasionales que se reciben, que se dividen con meticulosa prudencia e imparcialidad. Ahora, entre otros, un zapatero, un sastre, un calderero, y un carrocero están trabajando en sus oficios. (7) Solamente en el Día del Señor ni trabajan ni juegan, sino que se visten tan limpios como pueden, para asistir al culto público en la capilla, donde está presente todo el mundo. No se excusa a nadie, excepto a los enfermos; y en tal caso se les provee gratis de medicinas y consejos. (8) Y, para ayudarles en los asuntos de mayor importancia (además de un sermón cada domingo y jueves), tienen una Biblia grande encadenada en un lado de la capilla que cualquiera de los prisioneros puede leer. Por la bendición de Dios con estas reglas, la cárcel tiene un nuevo ambiente: nada ofende ni al ojo ni al oído; y todo tiene la apariencia de una familia quieta y seria. ¿Y no merece el carcelero de Newgate ser recordado tan plenamente como aquel famoso «hombre de Ross»? ¡Que el Señor le recuerde en aquel día! Mientras tanto, ¿no habrá otro que siga su ejemplo?

Quedo de usted, señor,

Su siervo humilde
Juan Wesley

****

A la Sra. Crosby

Londres, 14 de febrero de 1761

Mi estimada hermana:

La Señorita Bosanquet me dio la carta suya el miércoles en la noche. Hasta la fecha, no creo que haya ido usted demasiado lejos. No pudo haber hecho menos. Creo que todo lo que puede hacer, cuando se reúna con ellos otra vez, es decirles claramente: «Ustedes me ponen en una gran dificultad. Los metodistas no permiten a las mujeres ser predicadoras; ni asumo sobre mí tal carácter. Pero tengo que decirles francamente lo que está en mi corazón». Esto obviará en gran manera cualquier objeción y preparará la venida de J. Hampson. No veo que usted haya violado ninguna ley. Siga con calma y firmeza. Si usted tiene tiempo, puede leerles las *Notas*[1] sobre cualquier capítulo del Nuevo Testamento antes de hablar unas palabras, o uno de los sermones más conmovedores, como otras mujeres lo han hecho desde hace tiempo.

La obra de Dios continúa aquí con gran poder tanto en convicción como en conversión. Esta mañana he hablado con cuatro o cinco personas que parece han sido liberados en este mes. Creo que en cinco semanas seis en una clase han recibido la remisión de pecados y cinco en una banda recibieron una segunda bendición. Quedo de usted,

Su hermano afectuoso
Juan Wesley

****

Al Editor del «London Chronicle»

Londres, 19 de febrero de 1761

Señor:

¿No es sorprendente que todas las personas inteligentes no puedan discernir a primera vista que el tratado titulado *Advertencia contra los metodistas* es en realidad una amonestación en contra de los protestantes? ¿No están las conclusiones (si hay tales conclusiones) dirigidas tanto contra los metodistas como contra el cuerpo total de los protestantes?

---

[1] Publicadas en su totalidad en *Obras de Wesley*, vols. X y XI.

Se usan, es cierto, los nombres del Sr. Whitefield y el Sr. Wesley. Pero ¡esto es pura astucia! El propósito es atacar a través de nosotros a otros más grandes.

Por mucho tiempo tuve esperanzas de ver una respuesta a esta actuación sutil por alguien con más tiempo libre y de más habilidad, cuyo nombre hubiese recomendado su obra. Porque aquel pensamiento tiene algo de valor:

> ¡Oh, qué maravilla se apoderó de la multitud
> Cuando el nombre conquistador de Marlbro perturbó al enemigo!
> Si Whiznowisky dirigiera el ejército,
> El nombre de burla del general anularía cada golpe.

Sin embargo, ¿quién sabe si por una vez la razón sea más fuerte que el prejuicio? Y muchos puede que se olviden de mi nombre que sirve de *espantapájaros*, y presten atención no a quién habla, sino a lo que se dice. Estoy abogando ahora no solamente por los metodistas, sino también por el cuerpo completo de los protestantes; en primer lugar, por la Iglesia de Inglaterra, luego por los protestantes de cada denominación. Y en esta defensa daré en primer lugar la sustancia de cada sección del tratado romanista; en segundo lugar, una respuesta, y una refutación de la Iglesia de Roma a base de sus propias palabras. ¡Oh, que esto incite a algún defensor con más destreza a suplir mi falta de servicio!

Sección I

«Los metodistas» (protestantes) «no son el pueblo de Dios; no son cristianos verdaderos de acuerdo al evangelio; ni es su sociedad nueva la verdadera Iglesia de Cristo, ni tampoco ninguna parte de ella» (p. 3).

«Esto se demuestra por la Palabra de Dios, distinguiendo al pueblo de Dios, a la verdadera Iglesia de Cristo, mediante características que no son aplicables a los metodistas ni ninguna secta o comunidad nueva» (ibid.).

«El Antiguo Testamento está lleno de profecías relacionadas con la iglesia; y el Nuevo Testamento contiene promesas gloriosas, y ofrece características gloriosas con relación a ella» (p. 4).

«Ahora, todas esas profecías, promesas, y características apuntan hacia una sociedad fundada por Cristo mismo, y por su comisión propagada a través del mundo, la cual florecerá hasta el fin de los tiempos, siempre una, siempre santa, siempre ortodoxa; protegida del error por la presencia perpetua de Cristo; dirigida siempre por el Espíritu de la Verdad; teniendo una sucesión perpetua de pastores y maestros nombrados y ayudados por el poder divino. Pero ninguna parte de esta característica es aplicable a ninguna secta nueva, porque ellas no descienden de, ni tienen ninguna conexión con, aquella sociedad una y santa; por lo tanto, ninguna secta moderna puede ser parte del pueblo de Dios» (p. 5).

Yo contesto: es cierto, «todas estas promesas, profecías, y características apuntan hacia una sociedad fundada por Cristo mismo, y por su comisión propagada a través del mundo, la cual florecerá hasta el fin de los tiempos». Y tal es la Iglesia Católica, esto es, el cuerpo total de seres humanos, dotados con la fe que obra por el amor, dispersos sobre la tierra completa, en Europa, Asia, África, y América. Y esta Iglesia es, «siempre una». En todas las edades y naciones el cuerpo de Cristo es uno solo. Es, «siempre santa»; porque ningún impío puede ser miembro de ella. Es, «siempre ortodoxa»; así es cada hombre santo en todas las cosas necesarias para la salvación; «protegida del error» en las cosas esenciales, «por la presencia perpetua de Cristo; y dirigida siempre por el Espíritu de la Verdad» en la verdad que es según la santidad. Esta Iglesia tiene «una sucesión perpetua de pastores y maestros nombrados y ayudados por el poder divino». Y nunca ha faltado en las iglesias reformadas tal sucesión de pastores y maestros, tanto nombrados divinamente como ayudados divinamente; porque convierten a los pecadores a Dios, y esto es una obra que nadie puede hacer, a menos que Dios mismo le nombre para ella y le ayude en ella; por lo tanto, cada parte de esta característica es aplicable a ellos. Sus maestros son los sucesores apropiados de quienes durante todas las generaciones han enseñado la fe que una vez les fue dada a los santos; y sus miembros tienen una comunión verdadera y espiritual con la sociedad «una y santa» de los creyentes verdaderos. Consecuentemente, aunque no son el «pueblo de Dios» entero, son, sin embargo, una parte innegable de su pueblo.

Por el contrario, la Iglesia de Roma en su forma presente no fue «fundada por Cristo mismo». Todas las doctrinas y prácticas en las cuales difiere de nosotros no fueron instituidas por Cristo; eran desconocidas en la primitiva Iglesia de Cristo; no concuerdan con las Escrituras, son corrupciones novedosas: ni está esa iglesia «propagada a través del mundo». Por lo tanto, si la antigüedad o la universalidad es esencial, la Iglesia de Roma no puede ser «la Iglesia verdadera de Cristo».

Ni es la Iglesia de Roma una; no tiene unidad dentro de sí; hasta el día de hoy está despedazada por divisiones sin número. Y es imposible que sea «la iglesia que es una», a menos que una parte pueda ser la totalidad; viendo que las iglesias asiáticas, africanas, y moscovitas (para no mencionar más) nunca pertenecieron a ella.

Ni tampoco es santa. La mayoría de sus miembros no son más santos que los turcos o los paganos. Usted no tiene que ir muy lejos para probar esto. Mire a los romanistas en Londres o Dublín. ¿Son éstos los santos, la única Iglesia santa? Este tipo de santidad se encuentra dentro de un abismo sin fondo.

Ni es «protegida del error» ni «por Cristo» ni por «su Espíritu»: observe cómo papa contra papa, Concilio contra Concilio, se contradicen mutuamente, anatematizando unos contra otros. Los ejemplos son demasiado numerosos para mencionarlos.

Ni son la mayoría de sus «pastores y maestros» «nombrados por el poder divino» ni «ayudados por el poder divino». Si Dios les hubiese enviado, confirmaría la palabra de sus mensajeros. Pero no lo hace; ellos no convierten a ningunos pecadores a Dios; convierten a muchos a su propia opinión, pero no hacia el conocimiento o amor de Dios. El que era borracho todavía es borracho; el que era deshonesto es deshonesto todavía, por lo tanto no son «ayudados» por él;

así ellos y sus rebaños se revuelcan en el pecado juntos. Consecuentemente (sea cual sea el caso de algunas almas particulares), hay que decirlo, si las características o marcas que usted menciona son las verdaderas, los católicos romanos en general no son «el pueblo de Dios».

Puede ser que sea apropiado añadir aquí la segunda sección, que es todo lo que pude escribir con el tiempo que tenía, aunque no fue publicada hasta la semana siguiente:

Sección II

«Los maestros metodistas» (protestantes) «no son los ministros verdaderos de Cristo; ni son llamados ni enviados por Él» (p. 6).

«Esto sigue de lo que ya ha sido demostrado; porque si los protestantes no son el pueblo verdadero de Cristo, sus ministros no pueden ser los ministros verdaderos de Cristo» (ibid.).

Además, «Los ministros verdaderos descendieron por sucesión de los apóstoles; pero no así los maestros protestantes: por lo tanto, no son los ministros verdaderos de Cristo» (ibid.).

«Todo poder en la Iglesia de Cristo viene de Él; así que todo aquel que se dedica al oficio pastoral sin una comisión de Él, es un ladrón y salteador. Ahora, la comisión se da de dos maneras: o inmediatamente por Dios mismo, como en el caso de los apóstoles, o por los hombres que tienen la autoridad que les fue transmitida por los apóstoles».

«Pero esta comisión no ha sido otorgada a los predicadores protestantes por ninguna de estas vías. Ni inmediatamente por Dios mismo, porque, ¿cómo lo van a probar? ¿Por qué milagros? Ni por los hombres que han recibido su autoridad de los apóstoles a través del canal de la Iglesia. Y permanecen separados de la comunión de todas las iglesias que tienen alguna pretensión de antigüedad. Su doctrina de la justificación por la fe solamente fue anatemizada cuando apareció por primera vez entre los herederos indudables de los apóstoles, los pastores de las iglesias apostólicas; consecuentemente, no son enviados por ningún otro que aquel que envió desde el principio todos los profetas falsos» (pp. 8-9).

Contesto, primero, que nada seguirá «de lo que ya ha sido demostrado», porque usted no ha demostrado nada.

Ahora, en cuanto a su prueba «adicional». «Los ministros verdaderos descendieron por sucesión de los apóstoles». También de ellos descendieron los ministros protestantes, si los romanos descendieron de ellos; los ingleses en particular; como ha probado definidamente uno de los suyos, F. Courayer.

«Todo poder en la Iglesia de Cristo viene de Él; o inmediatamente de Él, mismo, o de los hombres que tienen la autoridad que les fue transmitida por los apóstoles. Pero esta comisión no ha sido otorgada a los predicadores protestantes por ninguna de estas vías: ni inmediatamente; porque ¿por qué milagros lo prueban?» Así habló el Cardenal Belarmino hace tiempo. Ni «por hombres que han recibido su autoridad de los apóstoles». Lea a F. Courayer y lo sabrá mejor. Ni tampoco están los protestantes «separados de» ningunas «iglesias» que tienen verdaderas «pretensiones de antigüedad». Pero «su doctrina de la justificación por la fe solamente fue anatemizada cuando apareció por primera vez por los herederos indudables de los apóstoles, los pastores de la iglesia apostólica». Fueron los prelados en el Concilio de Trento quienes virtualmente anatemizaron al apóstol Pablo. Aquí usted descarta su máscara; de otra forma pudo haber seguido pasando por protestante un poco más. «Consecuentemente no son enviados por ningún otro que aquel que envió desde el principio a todos los profetas falsos». Señor, le estoy agradecido. Ésta es una afirmación muy modesta considerando que usted es el súbdito de un rey protestante.

Pero, a diferencia de lo que usted dice: yo dije, «si los obispos romanos descendieron de ellos». Porque esto niego absolutamente. Yo niego que los obispos de la iglesia romana descendieron por sucesión *ininterrumpida* de los apóstoles. Nunca lo he visto probado; y estoy persuadido de que nunca lo veré. Pero a menos que esto se pruebe, sus propios pastores, según sus propios principios, no son ningunos pastores.

Pero además, es una doctrina de su iglesia que la intención del administrador es esencial para la validez de los sacramentos administrados por él. Ahora, ¿está usted seguro de la intención de cada sacerdote de quien usted ha recibido la comunión? Si no, usted no sabe si lo que usted recibió como sacramento fue realmente un sacramento. ¿Qué seguridad tiene de la intención del sacerdote que le bautizó? Si no la tiene, quizás no está bautizado. Para acercarme más al punto: si *usted* se cree sacerdote, ¿está seguro de la intención del obispo que le ordenó? Si no, puede ser que usted no sea ningún ministro, y que todo su ministerio no valga nada: más aun, según la misma regla, puede ser que su obispo no sea obispo. ¿Quién puede decir cuán a menudo tal ha sido el caso? Pero si hubiese habido una sola instancia en mil años, ¿qué pasa con su sucesión *ininterrumpida*?

Esto *ad hominen*. Pero tengo una palabra más *ad rem*. ¿Puede alguien enseñar lo que no sabe? ¿Es posible que enseñe a otros lo que él mismo no sabe? Ciertamente no lo es. ¿Puede un sacerdote, entonces, enseñar a sus oyentes el camino al cielo trazado por nuestro Señor en el Sermón de Monte, si él mismo no conoce ni entiende el camino? Nada es más imposible. Pero ¡cuántos de sus sacerdotes no saben nada acerca de él! ¿De qué vale, entonces, su *comisión* para enseñar lo que no pueden enseñar, porque no lo conocen? ¿Dios, luego, envió a estos hombres a un mandado de tontos? ¿Los envió a hacer lo que no pueden hacer? ¡Oh, no diga eso! ¿Y cuál será el resultado de su esfuerzo por enseñar lo que no saben? Porque, si el ciego guiare al ciego, ambos caerán en el hoyo.[2]

*** *** **

---

[2] Mt. 15.14.

A George Downing

Liverpool, el 6 de abril de 1761

Estimado señor:

Deje hablar al que quiera hablar, y si lo que se dice es la verdad, estoy dispuesto a aceptarlo. Si no lo es, no importa quién lo diga, no lo acepto. *Magis amica veritas.*[3] Tuve una conversación agradable con el Sr. Venn, quien, supongo, está cerca de usted ahora. Creo que se comporta en forma normal como debe ser. Yo observaría cada punto de orden, excepto cuando la salvación de almas está en juego. Allí prefiero el fin antes que los medios.

Creo que es una lástima que los pocos clérigos en Inglaterra que predican las tres grandes doctrinas bíblicas (el pecado original, la justificación por la fe, y la santidad que es su producto) tengan recelos y malentendidos entre ellos. ¡Qué ventaja le debe dar esto al enemigo común! ¡Qué obstáculo es para la gran obra en la cual todos están involucrados! ¡Cuán deseable sería que hubiese una relación más abierta y franca entre ellos! Hasta donde, en verdad, juzgue que sea para la gloria de Dios, podrían declarar abiertamente en dónde radican sus diferencias.

Pero seguramente, si tienen vergüenza de afirmarse el uno al otro frente a todos, entonces también tienen vergüenza de afirmar a Cristo, tienen vergüenza del que envía si no aprueban a los que él ha enviado. Nunca faltarán, en verdad, excusas. Pero ¿tendrán valor delante de Dios? Por muchos años he estado laborando por esto: laborando para unir, no dispersar, a los mensajeros de Dios. No es porque necesite algo de ellos. Como Dios me ha dado el poder para perseverar casi sólo durante estos veinte años, no dudo de que me

---

[3] «No hay amigo como la verdad».

dará el poder para perseverar o con ellos o sin ellos. Pero quiero que todos nos ayudemos mutuamente y que el mundo entero lo sepa. Que sepan quiénes están de parte del Señor. Usted, confíe en ello, pertenecerá siempre al número de éstos. ¡Oh, que prediquemos y vivamos el evangelio completo! ¡La gracia de nuestro Señor sea con su espíritu! Quedo de usted, estimado señor, con afecto,

Su hermano y siervo
Juan Wesley

****

A Grace Walton

Londres, 8 de septiembre de 1761

Hermana:

Si unas cuantas personas más entran cuando ustedes se reúnen, siga desarrollando el tema que tenía por cuatro o cinco minutos, con una exhortación breve (quizás por cinco o seis minutos, canten y oren). Yo creo, siempre, que lo importante es, *no permito a la mujer enseñar en una congregación, ni ejercer así dominio sobre el hombre,*[4] ...a quien Dios ha investido con esta prerrogativa; mientras que la enseñanza...[5]

---

[4] 1 Ti. 2.12.
[5] Esta nota elíptica y difícil de entender se aclara en la carta a la Sra. Crosby del 18 de marzo de 1769: «Le aconsejo, como lo hice con Grace Walton antes, (1) Ore en privado o en público todo lo que pueda. (2) Aun en público usted puede propiamente entremezclar *exhortaciones cortas* con la oración; pero manténgase tan alejada como pueda de lo que se llama la predicación: por lo tanto, nunca escoja un texto; nunca hable en forma discursiva continua, sin alguna pausa, por más de cuatro o cinco minutos. Dígale a la gente, "Tendremos otra *reunión de oración* en tal lugar y a tal hora". Si Hannah Harrison hubiese seguido estas pocas directrices, hubiera sido tan útil ahora como siempre». Nota del Editor.

Le hago unas preguntas más, que usted puede contestar tan pronto tenga la oportunidad: ¿Tuvo usted entonces, o ha tenido desde ese momento, un testimonio de que no perecería nunca al final? ¿Tiene un testimonio de que el pecado no entrará nunca más? ¿Tiene un testimonio de que nunca jamás ofenderá a Dios? ¡Si así es, qué necesidad tiene de vigilancia contra el pecado! ¿Usa usted alguna vez el análisis de sí misma? ¿En qué tiempos o con qué significado? ¿Ve siempre a Dios? ¿Ninguna nube se interpone nunca? ¿Está tan segura de que lo ve, como de que usted está viva? ¿Nada nunca oscurece su visión de Dios? ¿Tiene una prueba experimental de la siempre bendita Trinidad? ¿Está su mente siempre afianzada en Dios? ¿No se desvían sus pensamientos nunca de él en la oración, en los negocios, o en los viajes? ¿Qué espera usted ahora?

Quedo de usted,

Su hermano afectuoso
Juan Wesley

1762

A Samuel Furly

Londres, 25 de enero de 1762

Estimado Sammy:
Si no hubiese casi llegado a la felicidad de *nil admirari*, hubiese extrañado un poco su largo silencio. Pero no es extraño que «el tiempo cambie el pensamiento», y no me sorprendería mucho, si dentro de un año o dos:

> Se sorprendiera de la faz del hombre extraño
> Como uno a quien nunca había conocido.

Si no se ata con ninguna clase de promesa con el arzobispo, creo que su ordenación podría resultar en bendición. El cuidado de una parroquia es, de veras, un asunto bien importante, que requiere mucha oración seria. En gobernarla tiene que seguir su propia conciencia, no importa a quiénes agrade o desagrade. Luego, sea su éxito mayor o menor, a la larga rendirá sus cuentas con gozo.

Yo mismo oigo frecuentemente expresiones tanto no bíblicas como irracionales, de aquéllos a cuyos pies me regocijaré encontrarme en el día del Señor Jesús; pero blasfemias nunca he oído expresadas por ninguno de ellos, ni maestro ni alumno. Si se alejan de las Escrituras o la razón, les reprendo suavemente; y usualmente lo reciben en amor. Generalmente se convencen. Cuando no les puedo convencer, tengo paciencia con ellos, sí, y me regocijo de la gracia de Dios que está en ellos.

Sammy, ¡tenga cuidado de la impetuosidad de su temperamento! Fácilmente le puede hacer equivocarse. Puede causarle problemas en sus relaciones con la gente excelente

13

de esta tierra. No espere que la gente sin educación hable correctamente. Mientras más tiempo vivo, más tolerancia tengo hacia las debilidades humanas. Me exijo más a mí mismo y menos a los otros. *¡Ve, y haz tú lo mismo!*[1]

Quedo, con amor a Nancy,

Su hermano y amigo siempre afectuoso

Juan Wesley

No acepte nada, absolutamente nada, de segunda mano.

****

A Samuel Furly

Dublín, 30 de julio de 1762

Estimado Sammy:

«Si no me contestan, luego no me pueden contestar». ¿Quién puede negar las consecuencias? Con tal argumento usted puede llevarse a todos por delante y ganar una victoria completa. Usted me recuerda a un hombre honesto que una vez, mientras yo predicaba, gritó «*¿Quid est tibi nomen?*»[2] y, como no le contestaba, gritó vehementemente, «¡Les dije que no entendía latín!»

A veces entiendo, aunque no contesto. Éste, a menudo, es el caso entre usted y yo. Usted ama la polémica y yo la odio. Usted tiene mucho tiempo y yo tengo mucho trabajo. *Non sumus ergo pares.*[3] Pero si usted debatiera el punto con Nicholas Norton, él es su igual. Él tiene tanto el tiempo como el gusto para la polémica.

---

[1] Lc. 10.37.

[2] «¿Cuál es su nombre?»

[3] «Por lo tanto no somos iguales».

En cuanto a mí, presentaré el caso una vez más solamente. Aquí hay cuarenta o cincuenta personas que declaran (y puedo aceptar su palabra, porque les conozco bien), cada una por sí misma, «Dios me ha dado el poder de regocijarme siempre, y de orar y de dar gracias sin cesar.[4] Me ha permitido darle todo mi corazón, el cual, creo, ha limpiado de todo pecado. No siento ningún orgullo, ninguna cólera, ningún deseo, ninguna incredulidad, sino solamente el amor puro». Pregunto, «¿Cree usted, entonces, que ya no necesita a Cristo y su sangre expiadora?» Todos contestan, «Nunca sentí mi necesidad de Cristo tan profunda ni tan fuertemente como ahora. Siento la necesidad de Cristo como mi Sacerdote, al igual que como mi Rey, y recibo todo lo que tengo en Él y por Él. Cada momento necesito el mérito que viene de su muerte, y lo tengo a cada momento».

Pero usted piensa, «no pueden necesitar el mérito de su muerte si han sido salvados de su pecado». Ellos piensan de otra forma. Conocen y sienten lo contrario, puedan o no *explicarlo*. No hay nadie, o en esta ciudad o en este reino, que no esté de acuerdo con esto.

He aquí un hecho claro. Usted puede debatir, razonar, poner reparos, todo lo que quiera. Mientras tanto, yo sé por muchas pruebas que ellos son el pueblo más feliz y santo en el reino. Su luz brilla delante de todos. Realizan con fervor las obras buenas, y laboran para abstenerse de toda apariencia de maldad. Tienen el *sentir que hubo en Cristo*,[5] y andan *como también Cristo anduvo*.[6]

¿Y voy a dejar de regocijarme en estos seres felices y santos porque se equivoquen en su juicio? Si lo hacen, ¡quiera Dios que usted y yo y toda la humanidad estuviera-

---

[4] 1 Ts. 5.16-18; Fil. 4.4.
[5] Fil. 2.5.
[6] 1 Jn. 2.6.

mos bajo el mismo error; con tal que tuviéramos la misma fe, el mismo amor, ¡y la misma santidad interior y exterior! Quedo, estimado Sammy,

Suyo afectuosamente
Juan Wesley

¿No se reunirá con nosotros en Leeds el 10 de agosto?

****

A Samuel Furly

Bristol, 13 de octubre de 1762

Mi estimado hermano:

En general, cuando pienso sobre algo, «ciertamente ésta es una contradicción», si encuentro a otras personas de igual sagacidad que la mía, de iguales habilidades, tanto naturales como adquiridas, que entienden que no lo es, inmediatamente cuestiono mi propio juicio; cuanto más porque recuerdo que muchas veces he estado tan seguro como ahora y, sin embargo, descubrí después que estaba equivocado.

En cuanto a la cuestión particular, creo que puedo contestar cada objeción que se puede hacer. Pero no lo puedo hacer sin gastar mucho tiempo que se podría emplear mejor. Por esta razón, estoy persuadido de que no es mi deber entrar en una controversia formal sobre ella. Sería un pecado intencional. Sería emplear lo que queda de mi corta vida en una forma menos útil de lo que puede ser empleada.

La proposición que mantengo es: «Una persona puede ser limpiada de todos sus humores pecaminosos, y todavía necesitar la sangre expiatoria». «¿Para qué?» Para «negligencias e ignorancias»; para palabras tanto como acciones (igual que omisiones) que son en un sentido transgresiones de la ley perfecta. Y creo que nadie está exento de éstas hasta que abandone su cuerpo corruptible.

Ahora, Sammy, dejando de lado si hay contradicción o no, dígame lo que prefiere. ¿Cree que los humores malos permanecen hasta la muerte? ¿Todos, o algunos? Si algunos, ¿cuáles?

Yo amo la verdad dondequiera que la encuentre; así que, si usted me puede ayudar a obtener un poco más de ella, le estaría agradecido, estimado Sammy, quedo de usted, etc.

Juan Wesley

1763

A un Amigo[1]

[Londres, mayo] de 1763

A instancia suya acepto la tarea incómoda de considerar cosas pasadas que quisiera olvidar para siempre. He tenido innumerables pruebas (aunque sería una tarea sin fin tratar de juntarlas) de los hechos que voy a contar. Los cuento tan brevemente como me es posible, porque no quiero agravar la situación, sino colocarla en su perspectiva verdadera.

1. El Sr. Maxfield fue justificado mientras yo estaba orando con él en la calle Baldwin, en Bristol.

2. Poco tiempo después le empleé para predicar en Londres.

3. Sucedió entonces que conoció a la Sra. Maxfield, a quien de otra forma nunca hubiese conocido, y nunca se hubiese casado con ella. Y de aquí vino toda su prosperidad.

4. Fue recomendado por mí al Obispo de Derry, (a través de algunas personas que me representaron) para que fuese ordenado sacerdote, quien le dijo entonces (el Obispo mismo me lo contó), «Sr. Maxfield, le ordeno para que ayude a ese buen hombre, para que él no se agote trabajando».

---

[1] Esta carta refleja los problemas que Wesley tuvo con Thomas Maxfield (su primer predicador laico) y George Bell. Llegaron a representar lo que Wesley consideraba el extremo de un «verdadero entusiasmo» (véase la nota explicativa a la carta del 11 de junio de 1731) dentro del metodismo mismo.

5. Cuando algunos años atrás muchas personas le censuraban, yo le defendía vigorosamente; aun a riesgo de disgustar a los predicadores y a un gran número de gente.

6. Les disgusté, no solamente por defenderle, sino por alabarle en términos vigorosos de vez en cuando, tanto en público como en privado, en cuanto a su santidad y su utilidad.

7. Durante todo este tiempo el Sr. Maxfield se quejaba (y de esto me enteraba con frecuencia por conducto de las personas a quienes él hablaba) de que nunca había sido tan malamente perseguido por la multitud turbulenta de Cornwall, como por mi hermano y por mí.

8. Hace cuatro o cinco años, unas pocas personas fueron nombradas para reunirse semanalmente en la Fundición. Cuando salí de Londres les dejé bajo el cuidado del Sr. Maxfield, deseando que ellos le aceptaran igual que me aceptaban a mí.

9. Poco tiempo después de haberme ido, algunos de ellos tuvieron sueños, visiones, o impresiones, que pensaron procedían de Dios. El Sr. Maxfield no le puso fin a esto, sino que más bien les alentaba.

10. Cuando volví, me opuse a esto vigorosamente, y dentro de poco tiempo no volvimos a oír más de ellas. Mientras tanto, yo apoyaba y hablaba bien del Sr. Maxfield como antes, y, cuando salí de la ciudad otra vez, les dejé bajo su cuidado.

11. Pronto reaparecieron las visiones y las revelaciones, y el Sr. Maxfield no las desaprobó. Ahora ellos asumieron una actitud despreciativa hacia las personas que no las tenían, creyendo que eran pruebas de la más alta gracia.

12. Algunos de nuestros predicadores expresaron su oposición en forma brusca. Por eso, estas personas se enfurecieron, y rehusaron oírles predicar, pero se unieron detrás

del Sr. Maxfield. Él no trató de apagar el fuego, sino que se aprovechó de él para desvincularlos de los otros predicadores y atarles a sí mismo. Empezó también a decirles continuamente que no deberían ser enseñados por ningún hombre, especialmente por quienes tenían menos gracia que ellos. Me llegaban noticias de esto de vez en cuando; pero él lo negaba, y yo no quería pensar mal de mi amigo.

13. Cuando volví en octubre de 1762, encontré a la Sociedad alborotada, y a varios de los amigos más íntimos del Sr. Maxfield, unidos en un grupo separado. Hicieron su aparición el entusiasmo, el orgullo y una gran falta de amor en muchos de quienes antes poseían mucha gracia. Muy tiernamente les reprendí. No lo quisieron tolerar; una de entre ellos, la Sra. Coventry, gritó: «Ya no nos obligarán más; nos quitaremos la máscara». En conformidad con esto, unos días después, vino y delante de cien personas me devolvió los boletos de entrada de ella y de su esposo, y me dijo: «Señor, no tendremos nada más que ver con usted; el Sr. Maxfield es nuestro maestro». Poco después, varias personas más dejaron la Sociedad (uno de los cuales fue George Bell), diciendo, «El ciego Juan no es capaz de enseñarnos; seguiremos con el Sr. Maxfield».

14. Desde el momento que supe de la profecía de George Bell me declaré explícitamente en contra de ella tanto en privado, como en la Sociedad, en la predicación, en forma continua; y al fin extensamente en los periódicos públicos. El Sr. Maxfield no hizo ninguna declaración; porque tengo razón para pensar que él la creía. Yo sé que muchos de sus amigos la creían, y varios de ellos se mantuvieron despiertos el último día de febrero en la casa de su amigo más íntimo, el Sr. Biggs, con la plena esperanza de su cumplimiento.

15. Para este tiempo, uno de nuestros síndicos, que, según mi deseo, tomó la capilla en Snowfields para mi uso,

me mandó a decir que la capilla era de él, y que el Sr. Bell iba a exhortar allí, me gustase a mí o no. Por eso le dije al otro predicador en ese sitio que informara a la congregación que, mientras las cosas permanecieran así, ni yo ni nuestros predicadores podríamos en conciencia predicar más allí.

16. Sin embargo, el Sr. Maxfield sí predicó allí. Sobre esto le mandé una nota diciéndole que no lo hiciera, y añadiendo: «Si lo hace, renuncia de ese modo a toda conexión conmigo».

17. Cuando la recibió dijo, «*Voy* a predicar en Snowfields». Lo hizo, y por ese modo renunció a su conexión conmigo. Sobre este punto, y sobre ningún otro, nos separamos; por este acto se cortó el nudo. Resolviendo hacerlo, dijo al Sr. Clementson: «No voy a predicar más en la Fundición».

18. Desde este momento ha dicho toda clase de calumnias contra mí, su padre, su amigo, su benefactor terrenal más grande. Cito al Sr. Fletcher como testigo de esto, y el Sr. Madan como otro. ¿Le habló mal de mí al Sr. Fletcher solamente un día? No, sino cada día por seis semanas. Al Sr. Madan le dijo (entre mil otras cosas que había estado juntando durante veinte años), que «el Sr. Wesley creó y aprobó todo lo que dijo el Sr. Bell; y la razón de nuestra separación fue ésta: que un día me dijo, "Tommy, yo diré al pueblo que usted es el predicador del evangelio más grande de Inglaterra; y usted les dirá que yo soy el más grande". ¡Por yo rehusar hacer tal cosa el Sr. Wesley se separó de mí!»

Ahora, con perfecta calma, y realmente creo que, sin el más mínimo prejuicio, le pregunto qué relación debo tener con el Sr. Maxfield; o hasta que yo me convenza de que él no ha dicho estas cosas o hasta que él acepte completamente su culpa.

1764

A la Srta. J.C. March
Whitehaven, 24 de junio de 1764

Usted me ha contado el estado de las cosas en Londres, y le estoy muy agradecido. Por diferentes cartas he sabido que por fin hay calma, habiendo Dios reprendido al viento y a los mares.[1] Pero estoy preocupado por usted. No puedo dudar por un momento que usted estuvo salva del pecado. Cada acto, palabra, pensamiento suyo era amor, sea lo que sea ahora. Usted era en cierta medida un testigo viviente de la perfección en la que creo y predico, la única perfección de la que somos capaces mientras permanezcamos en el cuerpo. Llevar la perfección a un punto más alto es debilitar sus fundamentos y destruirla de la faz de la tierra. Usted me preocupa; temo que, al tratar de asirse de una sombra, haya soltado la sustancia, que por aspirar a una perfección que no podemos tener hasta después, haya descartado la que ahora pertenece a los hijos de Dios. Ésta es el amor que llena al corazón.[2] Seguramente llenó el suyo, y lo puede hacer ahora, por la fe sencilla. ¡No abandone su confianza, que tiene gran recompensa de premio! Converse mucho con quienes están completamente despiertos, quienes luchan no para destruirle, sino para edificarle. Maldita sea aquella humildad que hace naufragar a la fe. Mire hacia lo alto y reciba el poder que viene desde arriba. Reciba todo lo que una vez tenía, y más que todo esto. No dé lugar al razonamiento pernicioso. Tiene necesidad de ser guardada por una mano firme

---

[1] Mt. 8.26.
[2] Ro. 5.5.

y tierna. Sea como una niña pequeña. El Señor está cerca. Él es suyo; por lo tanto, *nada le faltará.*[3]
Quedo de usted, etc.

Juan Wesley

****

A un Caballero

Wigan, 13 de julio de 1764

Estimado señor:

Cuando estuve visitándole había una cosa que me daba mucha pena: usted no forma parte de la Sociedad. ¿Pero por qué no? ¿Es que no hay argumentos a favor de la Sociedad para convencer a cualquier hombre razonable? ¿Al pertenecer a la Sociedad no hace usted una confesión pública de Cristo, de lo que usted cree que sea su obra, y de quienes usted juzga ser en un sentido, propio pueblo y mensajeros de Dios? ¿Por este medio no anima usted a este pueblo y fortalece las manos de esos mensajeros? ¿Y no es éste el camino para entrar en el espíritu y compartir la bendición de una comunidad cristiana? Aquí, también, usted puede beneficiarse de los consejos y exhortaciones en la reunión de la Sociedad, y también animarse los unos a los otros en las reuniones privadas para practicar el amor y las obras buenas.

Las objeciones ordinarias para tal unión son de poco peso para usted. No tiene miedo de los gastos. Usted ya da al Señor tanto como necesita ahora hacerlo; y no se avergüenza del evangelio de Cristo,[4] aun en medio de una generación desviada y perversa.[5] Quizás dirá: «Estoy unido en afecto».

---

[3] Sal. 23.1.
[4] Ro. 1.16.
[5] Mt. 12.39.

Es cierto; pero el resultado no es tan bueno. Esta media-unión, este ser amigo, pero no miembro de la Sociedad de ninguna forma, es una confesión tan pública de la obra y los siervos de Dios. Hasta ese punto van muchos que no se atreven ir más lejos, que se avergüenzan de recibir el reproche de una unión completa. O está usted avergonzado o no lo está. Si lo está, rompa su resistencia enseguida; si no lo está, venga a la luz y haga lo que los cobardes bien intencionados no se atreven a hacer. Esta unión imperfecta no anima tanto al pueblo, no fortalece a los predicadores. Más bien está debilitando sus esfuerzos, impidiendo su obra, y poniendo una piedra de tropiezo en el camino de otros. Porque, ¿qué puede pensar alguien que sabe que usted les conoce bien y sin embargo no forma parte de su Sociedad? ¿Qué puede pensar, sino que usted les conoce demasiado bien para acercarse más a ellos, que usted sabe que esa clase de unión no sólo es inútil, sino dañina? Y, sin embargo, en esta misma unión es que se sostiene toda la obra (externa) de Dios en la nación, además de todo el bien espiritual que cada miembro recibe. ¡No demore más, por el bien de la obra, por el bien del mundo, por el bien de sus hermanos! Únase a ellos interna y externamente, corazón y manos, por el bien de su propia alma. Hay algo que no se puede explicar fácilmente en el compañerismo del Espíritu que disfrutamos en una sociedad de cristianos verdaderos. Usted no tiene necesidad de sacrificar su parte en esto y en las bendiciones varias que resultan. No tiene necesidad de excluirse del beneficio del consejo y exhortaciones que se dan de vez en cuando. No debe despreciarlas, aun suponiendo que usted tiene más entendimiento que el que las imparte. No tiene necesidad de perder el beneficio de aquellas oraciones que la experiencia enseña, que vienen acompañadas de una bendición especial. «Pero a mí no me interesa reunirme con una clase; no encuentro ningún bien en ella». Suponiendo que no le gusta, que aun la odia;

¿no puede ser esto natural, o aún diabólico? A pesar de esto, no se resista más, pruébela un tiempo. Es solamente un león en el camino. Reúnase solamente seis veces (con oración previa), y vea si no desaparece. Pero si le resulta una cruz, llévela por el bien de sus hermanos. «Pero yo quiero ganar a mis amigos y familiares». Si es así, manténgase firme. Si usted cede, les daña y ellos le presionarán aún más. Si no, probablemente les ganará; de otra forma, usted confirma tanto las nociones como los humores equivocados de ellos. Es porque le amo que he hablado plena y libremente; el saber que no he hablado en vano será una gran satisfacción para

Su hermano afectuoso,

Juan Wesley

****

A las sociedades de Bristol

[octubre de 1764]

Mis estimados hermanos:

Me sentí muy consolado la última vez que estuve con ustedes, encontrando que mi labor no había sido en vano. Muchos de ustedes se regocijan en Dios, su Salvador, caminando en la luz de su presencia, y esforzándose para tener una conciencia sin pecado, para con Dios y para con los humanos. Para ayudarles en esto, déjenme recordarles unos puntos, que considero que son de mucha importancia, para que puedan retener la vida de fe y el testimonio de una buena conciencia para con Dios.

1. Por el bien de Dios, por el honor del evangelio, por el bien de su patria, y por el bien de sus propias almas, guárdense del soborno. Antes de que ustedes me vean otra vez vendrá la prueba durante la Elección General para los Miembros del Parlamento. Bajo ninguna circunstancia acepten

dinero o su equivalente. Manténganse puros. Den, no vendan, su voto. No hagan estas cosas, para que no traiga la ruina sobre sus hogares.

2. No toquen bienes robados. Ni vendan ni compren nada que no haya pagado los derechos de aduana; no, aun si lo pudieran obtener por la mitad de su precio. No defrauden ni al Rey ni a sus súbditos, pues son iguales a ustedes. Nunca piensen que son religiosos a menos que sean honestos. ¿Qué tiene que ver un ladrón con la religión? En esto no escuchen a los humanos, sino a la Palabra de Dios; y no importa lo que hagan los demás, manténganse puros.

3. Reciban al sacramento todas las veces que puedan. Todos los que han descuidado esto han sufrido pérdida; la mayoría están tan muertos como piedras. Por tanto, manténganse constantes en esto, no solamente como ejemplo, sino para el bien de sus propias almas.

4. A los medios públicos de gracia, añadan, constantemente los privados, especialmente la oración y la lectura. La mayoría de ustedes han sido negligentes en esto; y sin ellos no pueden crecer en la gracia. Como un niño no puede crecer sin comida, un alma no puede crecer sin la oración privada; y la lectura es una ayuda excelente para esto. Les aconsejo que lean con preferencia, constantemente y con cuidado, el Nuevo Testamento; *Lecturas para niños*, que son las partes más importantes del Antiguo Testamento, con apuntes breves; *Instrucciones para niños*, que son enseñanzas sobre la doctrina para la gente sencilla; y ese tratado de oro *Imitación de Cristo*; además de *Un informe claro sobre el pueblo llamado metodista*.[6] Ningún metodista debe estar sin éstos, ni sin la *Medicina básica*, que, (si se preocupan por sus propios cuerpos o sus hijos) debe estar en todas las casas. Para todos los que pueden entenderlo, recomiendo un libro

---

[6] *Obras de Wesley*, V.217-250.

más, *Defensa contra las doctrinas variables*; un libro que, con la bendición de Dios, puede ayudarles a no ser empujados de un lado a otro por los vientos de las varias doctrinas. Permítanme darles un consejo más relacionado con esto: no animen a los jóvenes sin experiencia a que exhorten entre ustedes. No les hace bien ni a ustedes ni a ellos. Más bien, en cada Sociedad, donde no tienen un predicador de experiencia, que uno de los líderes lea de las *Notas*[7] o la *Biblioteca cristiana*.[8] De esta manera, los más sabios entre ustedes pueden beneficiarse mucho, mil veces más que escuchando a jóvenes atrevidos que no hablan ni inglés ni tienen sentido común.

5. Que todos ustedes los que tienen fe se reúnan con sus bandas sin excusa y sin demora. Ha habido una negligencia vergonzosa en esto. Suspendan este escándalo. Tan pronto el asistente haya determinado las reuniones de su banda, hagan el compromiso de nunca faltar sin haber una necesidad absoluta; y que el predicador se reúna con ustedes, todos juntos, una noche sí y una noche no; esto será una bendición adicional.

6. Si se reúnen constantemente con su banda, no dudo que se reunirán constantemente con su clase; de otra forma no son de nuestra Sociedad. Quien falte a su clase tres veces sucesivas se excluye a sí mismo, y el predicador que viene después debe tachar su nombre de la lista. Quisiera que consideraran esto. No estén indecisos. Reúnanse con los hermanos o déjenles. No es honesto profesar ser miembro de la Sociedad y no observar sus reglas. Sean, por lo tanto, consistentes consigo mismos. No dejen de asistir a su clase hasta que la dejen para siempre. Y cuando se reúnen en ella, sean misericordiosos según su capacidad; ofrenden según Dios les impulse a hacerlo. Si no están en una necesidad apremiante,

---

[7] *Obras de Wesley*, vols. IX y X.
[8] Una selección de buenas lecturas hecha por Wesley.

den algo, que no serán más pobres por haber dado. No escatimen, no teman; presten al Señor, y seguramente les pagará. Si ganan solamente tres chelines en una semana y donan un centavo, nunca conocerán la necesidad. ¡Pero no les digo esto a quienes ganan diez o quince chelines por semana y donan solamente un centavo! Muchas veces cuando veo esto se entristece mi espíritu. Me he avergonzado de ustedes, si ustedes no se han avergonzado de ustedes mismos. Porque, ¡por la misma regla que ustedes donan un centavo, aquel otro que es pobre debe dar un grano de pimienta! ¡Oh, avergüéncense delante de Dios y de los humanos! No sean mezquinos. Den en proporción a lo que tienen. Ustedes pueden dar un chelín mejor que él un centavo. Éste significa más para él que aquel para ustedes. Abran sus ojos, su corazón, sus manos. Si se observara solamente esta regla en toda Inglaterra, no necesitaríamos hacer más colectas. Pronto se formaría una reserva suficiente para aliviar toda esa necesidad y responder a todos los problemas. Muchos de esos problemas nos apremian y no sabemos cómo responder; así que la causa de Dios sufre, y también los hijos de Dios, y no hay remedio.

7. En gran medida esto se debe a que no nos consideramos (todos los metodistas) como un solo cuerpo. Indudablemente lo somos en toda Gran Bretaña e Irlanda; y así fuimos considerados en nuestra última Conferencia. En esa reunión consideramos seriamente la carga pesada que nuestros hermanos llevan ahora en varias partes. Cuando no pudimos alquilar ningún lugar donde cupiera la congregación, tuvieron que construir; pero así contraían una deuda inevitable, algunas de ellas ascendiendo a la suma de cientos de libras esterlinas. Pedimos a los asistentes que presentaran este caso a todos nuestros hermanos en Inglaterra y que recibieran lo que cada persona estaba dispuesta a dar, o en aquel tiempo, o en la Pascua de la Resurrección o en el solsticio de verano.

Pero la mayoría de ellos no pensaron más sobre esto. Cuatro o cinco de ellos sí lo hicieron y trajeron alrededor de doscientas libras esterlinas a nuestra última Conferencia. Esto se dividió entre nuestras sociedades más necesitadas; y pedimos a todos los asistentes, que cuando visitaran las clases durante las Navidades, preguntaran a cada persona en particular, pobre o rica, «¿Qué dará usted para el socorro de los hermanos? Dé ahora, o en la Pascua de la Resurrección, o en el solsticio de verano; no importa la fecha». Si esto se hace en serio, confío en que dentro de dos o tres años todas nuestras Sociedades estén fuera de deuda. Y por esto todos conocerán de quién somos discípulos, porque nos amamos los unos a los otros.

8. Menciono una cosa más. Que todos los que puedan asistan constantemente a la predicación matutina. Cuando los predicadores o pueblo metodista dejan de hacer esto, pronto fracasan.

Quedo de ustedes, mis queridos hermanos,

Su hermano afectuoso
Juan Wesley

1765

A John Newton

Liverpool, 9 de abril de 1765

Estimado señor:

Acabo de terminar de leer su *Narración*, una prueba notable, como usted observa, de que con Dios todas las cosas son posibles. La objeción que muchas personas tienen, de que usted habla demasiado de la Sra. Newton, no tiene ninguna fuerza, me parece. No creo que pudo usted haber hablado menos o de otra forma. En cuanto a lo que dice acerca de la redención particular y los puntos relacionados con esto, usted habla en una forma tan calmada y desapasionada que no puede ofender a nadie que sea razonable. Nada de esto me ofende a mí; porque pienso, y dejo pensar.

Creo que cada persona tiene el derecho de pensar por sí misma y (en un sentido) hablar por sí misma; quiero decir, usar cualquier modo de expresión que le parezca sea más acorde con las Escrituras. Usted mismo, en el pasado, pensó igual. Usted no preguntaba: «¿Es alguien de ésta o aquella opinión?» o «¿Usa éste u otro modo de expresión?» sino «¿Cree en Jesucristo?» y «¿Está su vida de acuerdo a su profesión de fe?» Sobre esta base comenzó la relación (quizás diría mejor, la amistad) entre nosotros. Los dos sabíamos que existía una diferencia en nuestras opiniones, y consecuentemente en nuestras expresiones. Pero, a pesar de ello, nuestros espíritus pudieron entenderse, y a menudo nos consultábamos en una forma amistosa.

¿Y qué lo impide ahora? No pienso que nuestras opiniones difieran ni una pizca más ahora que antes. Pero un

31

moribundo ha sacado su espada, y ha herido, si no a mí, sí a
muchos otros, y a *usted* entre los demás. El pobre Sr. Hervey
(o mejor dicho el Sr. Cudworth), pintándome como un
monstruo horrible, desfigurando con arte exquisito mi carácter y distorsionando mis sentimientos, ha hecho que hasta el
Sr. Newton me tenga miedo, quien una vez me consideraba
por lo menos un animal inofensivo. Un pleito no pudo provocar entre nosotros; ni puede hacerlo otra persona. Porque
para ir a pelear hacen falta *dos*; y le declaro que yo no seré
uno de ellos.

Pero no creo que sea suficiente que no peleemos: creo
que podemos ayudarnos el uno al otro. ¿Por qué no? ¡Oh, tenga cuidado con la intolerancia! ¡Con un apego indebido a opiniones o frases! Usted, de todos los humanos, debe huir de
esto; porque parece que la providencia divina le ha designado
como sanador de relaciones quebrantadas, reconciliador de
gentes honestas pero prejuiciadas, y unificador (¡trabajo feliz!)
de los hijos de Dios que están divididos los unos de los otros,
sin necesidad. Quizás su opinión misma y su manera de hablar
puedan permitirle hacer esto entre aquéllos a quienes no tengo
acceso; como mi opinión y manera de hablar pueden facilitar-
me a mí el calmar a quienes no le darían a usted una audiencia
tan favorable. ¡En el nombre de Aquel que le ha mostrado misericordia, le ruego que muestre esa misericordia hacia sus
hermanos! ¡En lo que pueda, suavice y endulce sus espíritus
toscos o amargos! Incítelos en todas partes a insistir en el punto único: *la fe que obra por el amor*,[1] o (en otras palabras)
Cristo, iluminando, justificando, santificando, reinando en el
alma que cree.

«Oh, pero el Sr. Hervy dice que *usted* es *medio* papista». ¿Y qué si *lo hubiese* probado también? ¿Y qué si hubiese
probado que yo soy un papista *completo*? (aunque pudo ha-

---

[1] Gá. 5.6.

ber probado con igual facilidad que soy mahometano). ¿Un papista no es hijo de Dios? ¿Han ido al infierno Thomas de Kempis, el Sr. De Renty, Gregorio López? Créalo quien pueda. Sin embargo, ellos (aunque sean papistas) son todavía mi hermano, hermana y madre.

He esperado ya dos semanas por un pasaje a Dublín, pero ahora he decidido ir hacia Escocia primero. Si me escribe unas líneas, favor de mandármelas directamente a Newcastle sobre el Tyne. La paz sea con ustedes dos.

Quedo de usted, estimado señor.

Su hermano y siervo afectuoso,
Juan Wesley

****

A James Knox

Sligo, 30 de mayo de 1765

Estimado señor:

Probablemente ésta sea la última molestia de este tipo que usted recibirá de *mí*. Si la recibe en el mismo espíritu con el cual está escrita, me alegraría. Si no, mis credenciales están con el Altísimo. No quería que se le entregara esta carta hasta que me fuera, para que usted no pensara que necesito algo de usted. Por la bendición de Dios no necesito nada, sino solamente que usted sea feliz en el tiempo y en la eternidad.

Sin embargo, no puedo sino recordar la *visión* clara que usted tenía en cuanto a la naturaleza del verdadero cristianismo bíblico. Usted veía lo que significaba la religión del corazón, y su puerta, la justificación. Usted tenía *deseos* sinceros de ser partícipe de la bendición completa del evangelio. Y demostró la evidencia de la sinceridad de esos deseos por *los pasos* que tomó con su *familia*. Así que en todas las cosas se apresuraba por ser no un casi cristiano, sino un cristiano completo.

¿Dónde está esa *visión* ahora? ¿Ve usted ahora que la verdadera religión no es una cosa negativa o externa, sino la vida de Dios en el alma, la imagen de Dios estampada en el corazón? ¿Ve usted ahora que, para lograr esto, somos justificados libremente por la redención que está en Cristo Jesús? ¿Dónde están *los deseos* de esto que una vez usted sintió, el hambre y la sed de justicia? ¿Y dónde están las marcas externas de un alma que gime por Dios y que rehúsa ser consolada con algo menos que su amor?

Dirá usted, «Pero si hubiese continuado en ese camino, hubiera perdido mis amigos y mi reputación». En parte es cierto. Hubiese perdido la mayoría de aquellos amigos que ni aman ni temen a Dios. ¡Pérdida feliz! Éstos son los que le hacen más daño que todo el resto del mundo. Éstos son los que, si alguna vez quiere ser usted un cristiano *verdadero*, tiene que evitar como evitaría el fuego del infierno. «Pero luego me censurarán». Así lo harán. Dirán que usted es un sonso, un loco, y así por el estilo. Pero ¿qué habrá perdido con eso? Porque el Espíritu de la gloria y de Cristo descansará sobre usted. «Pero me hará daño en mis negocios». Supongamos que lo haga; en tal caso el favor de Dios suplirá mucho. Pero probablemente no lo hará. Porque los vientos y los mares están en las manos de Dios, además de los corazones humanos. «Pero es inconsistente con mi deber a *la Iglesia*». ¿Puede un hombre razonable hablar así? ¿Y hablar así con sinceridad? ¿No es más bien la Iglesia un reflejo de la imagen de Dios? Realmente, si usted quiere decir «inconsistente con mi deseo de agradar a éste o aquel clérigo», lo acepto. ¡Deje usted que se sienta satisfecho o no! ¡Agrade usted a Dios! Pero ¿es que estos clérigos son *la Iglesia*? A menos que sean *santos*, que sinceramente aman y sirven a Dios, no son ni siquiera miembros de la Iglesia; no son ninguna parte de ella. A menos que prediquen las doctrinas de la Iglesia contenidas en sus *Artículos* y *Liturgia*, no son ministros verdaderos de la Iglesia, sino que comen su pan y le sacan las tripas.

«Pero no dejaré la Iglesia». No lo hará nunca por consejo mío. Le aconsejo que no pierda ninguna oportunidad de asistir a los servicios de la iglesia, de recibir la Cena del Señor, y de mostrar su lealtad a todos sus oficios. Le aconsejo que constantemente siga toda su doctrina en cada parte de ella; particularmente en cuanto a los dos puntos fundamentales, la justificación por la fe y la santidad. Pero, sobre todo, no puedo sino suplicarle sinceramente que no descanse hasta que experimente lo que enseña; hasta que (para resumirlo todo, en una palabra) Dios «purifique los pensamientos de su corazón por la inspiración de Su Espíritu Santo», para que usted pueda «amarle perfectamente y magnificar dignamente su santo nombre». A menos que esto se haga, ¿qué provecho sacará en incrementar su fortuna, preservar la buena reputación, ganar el favor de los clérigos más eruditos, los más ingeniosos, los más honorables en el reino? *¿Qué aprovechará al hombre si ganare todas estas cosas, y perdiere su propia alma?*[2]

Yo sé que para Dios todo es posible. Por lo tanto, es posible que usted acepte esto con bondad. Si lo hace, esperaré recibir una carta suya dirigida a la casa del Sr. Beauchamp en Limerick. Si no, olvídelo, hasta que nos encontremos en el juicio de Cristo.

Quedo de usted, estimado señor, su siervo afectuoso,

Juan Wesley

¡Resultó en nada!

****

---

[2] Mr. 8.38.

A Peggy Dale

Kilkenny, 5 de julio de 1765

Mi querida hermana:

Aunque es cierto que la clase de pensamientos divagantes que usted menciona son consistentes con el amor puro, sin embargo, es muy deseable que se libre de ellos, porque (como usted observa) impiden los pensamientos provechosos. ¿Y por qué no deberá ser librada de ellos? Realmente, de qué manera esto habrá de hacerse no lo sabemos. A veces le agrada a nuestro Señor obrar una liberación grande, incluso de este tipo en un momento. A veces él da la victoria por grados. Y creo que esto es lo más común. Espere esto y *toda buena dádiva* de él.[3] ¡Cuán sabios y llenos de gracia son todos sus caminos!

¿Encuentra usted comúnmente en sí misma el testimonio de que está salva de todo pecado? ¿Y está usualmente claro ese testimonio? ¿O frecuentemente lo pierde? No sé por qué debe usted perder ninguna dádiva buena. ¿Acaso no es él el *mismo ayer, hoy, y siempre?*[4] Y, sin embargo, usted ha conocido solamente un poco acerca de él. Usted ha de sumergirse mil veces más hondo en él:

Aquel mar de luz y amor desconocido,
Sin fondo u orilla.

Espero que usted y la Srta. Lewen se hablen la una a la otra no solamente sin disfraz, sino sin reserva. ¡Cómo está su suerte echada en una tierra fértil! ¡Qué bien situada está para hacer lo mejor de una vida breve!

Aislada del mundo y sus preocupaciones,
¿Tiene que regocijarse o entristecerse, esperar o temer?

---

[3] Stg. 1.17.
[4] He. 13.8.

Esto es, ¿en relación con las cosas del presente? No; Dios le ha dado una porción más noble. No tiene que preocuparse por nada, sino de cómo pueda usted *presentarse* más completa y efectivamente como sacrificio vivo a Dios.[5]

Cuando reflexiono sobre su deseo sincero de hacerlo y sobre su sencillez de corazón, esto me proporciona un placer indecible, mi estimada hermana.

Su hermano afectuoso,
Juan Wesley

Espero estar en Dublín hasta el fin de este mes. Envío una carta para la Srta. Lewen por Portpatrick para probar cuál llega más rápido.

****

A Lady Maxwell

Kilkenny, 5 de julio de 1765

Mi estimada Lady:

Como su carta se envió desde Dublín a Cork, y luego se devolvió, no la recibí hasta ayer. Estoy preparándome para ir a Inglaterra otra vez; pero espero estar en Dublín hasta el principio del mes que viene, y luego cruzar, para estar en Manchester (si Dios quiere) para mediados de agosto. O en Dublín o en Manchester espero tener el placer de oír de usted. Esto es un verdadero placer, igual que lo es escribirle; aunque a veces lo hago con temor; temor de que le pueda causar algún sufrimiento, porque conozco la sensibilidad de su espíritu. Quisiera ayudarle de alguna forma; quisiera poder alentarle a que se rindiese a Aquel que le ama, que espera ahora derramar su paz en su corazón, darle entrada en su

---

[5] Ro. 12.1.

lugar santísimo por su sangre. ¡Véalo, véalo! *¡Lleno de gracia
y de verdad!*[6] ¡Lleno de gracia y de verdad para usted! No
dudo que él está obrando gradualmente en usted; pero quisiera que experimentara usted también una obra instantánea. Luego la gradual seguirá rápidamente. ¡Señor, habla! ¡Tu
sierva escucha![7] Diga usted, «Que sea la luz»;[8] y habrá luz.
¡Ahora que brote en su corazón!

Puede ser que el que hace todas las cosas bien he-
chas[9] tenga sus razones sabias, aunque no aparentes para
nosotros, para obrar en una forma más gradual en usted que
como lo ha hecho en los últimos años, en la mayoría de los
demás. Puede ser que le agrade darle a usted conciencia de su
favor, la convicción de que usted es aceptada por el Amado,
por grados casi imperceptibles, como el amanecer del día. Y
no importa cómo comenzó, con tal que camine en la luz. Que
se dé en un instante o por grados, consérvelo. Cristo es suyo; él
la ha amado; él se ha dado a sí mismo por usted. Por lo tanto,
usted será santa *como él es santo*,[10] tanto de corazón como en
todas las formas de conversación.

Permítame, mi querida amiga, añadir una palabra
también relacionada con su salud corporal. Usted debe disfrutar de todo el aire fresco y ejercicio que pueda. Y debo
aconsejarle (aunque la costumbre de años lo haga difícil, si
fuera el caso) acostarse tan temprano como sea posible; nunca más tarde de las diez de la noche, para poder levantarse
tan temprano como su salud lo permita. El tener un buen
estado de ánimo, como dicen, o lo opuesto, depende muchísimo de esto. Creo que las medicinas le servirán de muy po-

---

[6] Jn. 1.14.
[7] 1 S. 3.9.
[8] Gn. 1.3.
[9] Mr. 7.37.
[10] Lv. 11.44, 19.2; Mt. 5.48.

co: solamente necesita una dieta apropiada, regularidad exacta, y ejercicio constante, con la bendición de Dios.

Su hablar o escribir nunca ha sido tedioso para mí hasta la fecha; y creo que nunca lo será. Sus cartas le son más y más agradables a, mi Lady muy querida.

Su siervo más afectuoso,
Juan Wesley

1766

A la Sra. Wyndowe

Londres, 7 de enero de 1766

Mi estimada Sally

Desde que la conocí por primera vez en Earl's Bridge, he retenido siempre el mismo aprecio por usted. Por lo tanto, siempre me agrada recibir carta suya, especialmente cuando me informa que se está dedicando a las cosas mejores. Y no se dedicará a ellas en vano si continúa con resolución empleando algún tiempo en la oración privada todos los días. Es cierto que no puede fijar ningún tiempo determinado por sus muchos quehaceres. Y también es cierto que a menudo se sentirá tan muerta y fría que esto le va a parecer labor perdida. No; no lo es. Es la forma en que el que levanta a los muertos ha decidido encontrarse con usted. Y no sabemos cuán pronto pueda encontrarse con usted, y decir, «¡Mujer! Te digo, Levántate!»[1] Luego el temor de (la muerte) que por tanto tiempo ha triunfado sobre usted se pondrá bajo sus pies. ¡Mire hacia lo alto, amiga mía! ¡Espere que el que le ama, vendrá pronto y no demorará![2] A su cuidado le entrego; y quedo de usted, mi estimada Sally, afectuosamente

Juan Wesley

****

---

[1] Mr. 5.41.
[2] Ap. 20.20.

A George Merryweather

Londres, 8 de febrero de 1766

Querido hermano

Donde la perfección cristiana no se predica fuerte y explícitamente raras veces hay una bendición notable de Dios, y consecuentemente poco crecimiento en la Sociedad y poca vida en los miembros de ella. Por lo tanto, si Jacob Rowell se ha debilitado y habla poco de ella, supla usted su falta de servicio. Hable, y no escatime. No permita que su estima por nadie le induzca a traicionar la verdad de Dios. Hasta que no presione a los creyentes a esperar *la salvación plena* ahora, no debe esperar ningún avivamiento.

Es cierto que Dios a veces, sin ninguna causa conocida por nosotros, derrama su gracia de una manera extraordinaria. Y en algunas instancias se demora en dar la gracia justificante o santificante por razones que nosotros no conocemos. Éstos son algunos de los secretos de su gobierno, que le plugo reservar en su propio ser. Espero que usted y su esposa retengan todo lo que tienen y que anhelen más.

Quedo de usted,

Su hermano afectuoso
Juan Wesley

****

Al Rvdo. Carlos Wesley

Whitehaven, 27 de junio de 1766

Querido hermano

Creo que tú y yo nos relacionamos demasiado poco. ¿No somos nosotros *viejos amigos*? ¿No nos hemos conocido por medio siglo? ¿Y no trabajamos juntos en la obra de un modo que probablemente ningunos otros dos sobre la tierra lo hacen? ¿Por qué, entonces, mantenemos tanta distancia? Es simplemente una estratagema de Satanás. Ciertamente a estas alturas no debemos ignorar sus maquinaciones. Hagamos, por lo tanto, buen uso del poco tiempo que nos queda. *Nosotros* por lo menos debemos *pensar en alta voz* y usar hasta lo último la luz y gracia que hemos recibido. Debemos ayudarnos el uno al otro,

> De la poca vida hacer lo mejor,
> Y manejar con sabiduría la última apuesta.

En una de mis últimas cartas estaba diciendo que no siento la ira de Dios descansando sobre mí; ni lo puedo creer. Y sin embargo (este es el misterio) [no amo a Dios. Nunca le amé].[3] Por lo tanto [nunca] creí en el sentido cristiano de la palabra. Entonces, [soy solamente] un pagano honesto, un prosélito del Templo, uno de los *foboúmenoi tòn Theón.*[4] Y sin embargo ¡ser así usado por Dios! ¡Y cercado de tal forma que no puedo moverme ni hacia adelante ni hacia atrás! ¡Seguramente nunca antes hubo un caso igual, desde el principio del mundo! Si yo [alguna vez hubiese tenido] *esa fe*, no sería tan extraño. Pero [nunca tuve] otro *élenjos*[5] del mundo eterno e invisible que el que [tengo] ahora; y esto es [ninguna], a menos que no sea la que brilla de un rayo fulminante de la razón. [No tengo] un testimonio directo, no digo ya que [soy un hijo de Dios], sino de cualquier cosa invisible o eterna.

Y sin embargo no me atrevo predicar de otra forma que como lo hago, ni en lo relacionado con la fe, o el amor, o la justificación, o la perfección. Y encuentro sin embargo un crecimiento y no un decrecimiento en fervor para toda la

---

[3] Las palabras entre corchetes en la carta fueron escritas en taquigrafía.
[4] «Los temerosos de Dios», frase del libro de Hechos.
[5] «La evidencia o convicción», de He. 11.1.

obra de Dios en todos sus aspectos. Soy *ferómenos*,[6] no sé cómo, y no me puedo estar quieto. Quiero que todo el mundo llegue a *hjòv ouk oida*.[7] Ni me siento impulsado a esto por ninguna clase de temor. No tengo más temor que amor. O si tengo [alguna clase de temor, no es el temor de caer] al infierno sino de caer en la nada.

Espero que estés con Billy Evans. Si realmente hay un israelita, creo que él es uno. ¡Oh insiste en todas partes en la redención *plena*, que se recibe por *la fe sola*! Consecuentemente hay que buscarla *ahora*. Tú fuiste *creado*, podríamos decir, para esto. En esto, justamente estás en tu elemento natural. En la administración yo te gano; pero en la buena poesía, tú me ganas. Sigue, por tu *propio camino*, haciendo lo que Dios te ha encomendado hacer. Enfatiza la bendición *instantánea*. Entonces yo tendré más tiempo para mi llamamiento especial, insistir en la obra *gradual*.

Tenemos que tener una completa *reforma de los predicadores*. Quisiera que *vinieras a Leeds* con John Jones en el carruaje. Viene en dos días; y después de quedarte dos días, puedes regresar. Yo gustosamente te pagaría los gastos de ida y vuelta. Creo que ayudaría, no dañaría, a tu salud. Mi amor a Sally.

✱✱✱✱✱✱✱✱

Al Rvdo. Carlos Wesley

Stockton, 9 de julio de 1766

Querido hermano

Espero que Samuel Richards no haya dejado a su esposa en la indigencia. La hermana Purnell ciertamente no

---

[6] «Llevado».
[7] «Lo que yo no conozco».

está cualificada para servir como ama de llaves. Le daré cinco libras esterlinas para que no tenga dificultades mientras encuentra trabajo. He escrito a Nancy Smith para que vaya directamente a Bristol. Después de todo lo que me han dicho, y después de hablar con ella yo mismo, creo que es una persona buena. Estoy seguro de que tiene gracia y buen sentido, y está dispuesta a aprender.

Voy a evaluar las bandas de Kingswood cuando esté allá. No se han reunido debidamente durante una docena de años.

He despedido a J.H., y me mantendré firme. Pero espero encontrar casos más críticos que el suyo. ¡Qué apto eres tú para asumir el color de tus compañeros! Cuando tú y yo (hablamos), tú *parecías* por lo menos estar de acuerdo conmigo, ¡y ahora has cambiado otra vez! A menos que hables sólo porque estás en humor de contradicción; y si es así, sería igual para mí soplar en contra del viento que hablar contigo. Yo no estaba loco, aunque Thomas Maxfield sí lo estaba. Yo no hablé tonterías como él. No *actué* de modo contrario a toda honestidad moral. Cuando tus himnos fueron añadidos a su hablar y actuar, ¿cuál tenía que ser la consecuencia?

Te diré un secreto. No habrá oposición contra mí en la Conferencia; porque yo no discutiré. Les encontraré otro trabajo. Pero (como te escribí en mi última carta) es sumamente necesario que *tú* estés allí. No te preocupes por los gastos de cuatro o cinco libras esterlinas; yo tengo suficiente para ti y para mí.

Una palabra más, en referencia a situar la perfección demasiado alta. *Aquella perfección* en la que yo creo puedo predicarla con valentía porque creo que hay quinientos testigos de ella. De *aquella perfección* que tú predicas, tú ni siquiera crees ver a ningún testigo. Bueno, entonces debes tener mucho más valor que yo, o no podrías persistir en predicarla. Me pregunto si en este asunto no estarás tú de acuerdo con el Sr. Whitefield. Porque preguntas tú, igual que él, «¿Dónde están los perfectos?» Yo creo de veras que no hay ninguno sobre la tierra, ninguno que more todavía en un cuerpo. Yo cordialmente convengo con su opinión de que no hay aquí *tal perfección*, como *tú* la describes. Por lo menos, nunca me he encontrado con un ejemplo de ella; y estoy seguro de que no lo encontraré. Por lo tanto, todavía creo que fijar la perfección *tan alta* es efectivamente renunciar a ella.

Haz el favor de decirle al Sr. Franks que he recibido en este momento la carta del Sr. Pine y que estoy de acuerdo con todo artículo contenido en ella.

Creo que cuanto más pronto la Hermana Smith vaya a Bristol mejor será. Quisiera que la aconsejaras y animaras un poco.

James y Jonas *tuvieron* ambos mucha gracia. Pero tú y yo no somos calvinistas. No sé nada de la escapatoria de Jonas. No es extraño que un desorden nervioso serio termine en la locura. Sin embargo, ella también *tuvo* mucha gracia, y quizás todavía la tiene.[8]

La Srta. Lewen me regaló un carruaje y un par de caballos.

Te has tardado mucho tiempo en ir a Londres. Por lo tanto, espero que hagas mucho bien allá. Sí, dice William, «el Sr. Carlos va a parar la *habladuría en las bandas* en Londres, como lo ha hecho en Bristol.» No lo creo. Yo creo, más bien, que los animarás a que hablen humilde y modestamente las palabras de la verdad y la sobriedad. Mucho bien ha fluido y fluirá de esto. Que tu «conocimiento dirija, pero no apague el fuego». Esto último se ha hecho demasiado ya. Espero que tú

---

[8] El pasaje en inglés es tan críptico como en castellano. Aparentemente Wesley se refiere a hechos que su corresponsal conocía y nosotros no. Nota del Editor.

ahora *levantes*, no *hundas* sus esperanzas. «Nos consideran», dice el honesto George, «como soles ponientes. Y sin embargo puede placerle a Dios que vivamos más tiempo que muchos de ellos.» La propuesta está buena. Pero creo que nuestro concilio es un poco como el Senado de Capua. Ven y trata. Nómbrame cuatro senadores, y yo nombraré cuatro más. Busca los que puedas hasta que encuentres los que quieres. No esperes hombres «sin mancha ni arruga». Yo podría nombrar seis si fuera necesario, mas ninguno es un ángel; pero *oioi nun brotoí eisí*.[9]

Mi esposa continúa con un genio asombroso. Los milagros no han cesado. Ni una sola nota discordante. ¡Oh que vivamos ahora! Mi amor a Sally.

****

A la Sra. Bennis

Leeds, 14 de agosto de 1766

Mi estimada hermana

Aunque estoy ahora muy apurado con muchos asuntos, el amor me impulsa a escribirle unas líneas. Sus cartas son siempre bienvenidas como el retrato de un corazón honesto y afectuoso.

Lo que usted dice con relación al testimonio del Espíritu está de acuerdo con toda experiencia fidedigna. En alguna medida podemos estar satisfechos sin él en los momentos cuando el sol brilla fuertemente. Pero es absolutamente necesario en los tiempos de nubes y pesadez y tentación; de otra forma sería apenas posible mantener nuestra confianza.

---

[9] «Así son los mortales ahora».

Tenga cuidado con la humildad voluntaria; aun esto puede crear un tropiezo. En *Reflexiones sobre la perfección cristiana*, y en *Más reflexiones*, usted encontrará la experiencia genuina de los hijos adultos de Dios. Use esa autoridad en oposición a la autoridad de cualquiera que la contradiga (si es que no atienden a la razón y la Escritura), y busque diariamente la comunión más honda y más plena con Dios. ¡Oh que experiencia más linda caminar en la luz como él está en la luz!

No deje de orar por

Su hermano verdaderamente afectuoso

Juan Wesley

****

A Ann Foard

Londres, 21 de agosto de 1766

Estimada Srta. Ann

Sus cartas serán siempre agradables para mí; y mientras más amplia y libremente usted escriba, tanto mejor. Estoy hondamente preocupado por su felicidad; y cierta medida de felicidad usted podrá disfrutar con tal de que sienta algo de amor en su corazón hacia Dios, aunque sea solamente en grado pequeño. Sea agradecida por lo que tiene, y en paz y amor espere la promesa completa. Dios no solamente ha prometido, sino que ha confirmado esa promesa con un juramento, Que, librados de nuestros enemigos, sin temor le serviríamos en santidad y en justicia delante de él, todos nuestros días.[10] ¿Con qué lógica pueden decir que este pasaje significa el último día o el último momento de su vida?

---

[10] Lc. 1.74-75.

¡Búsquelo ahora! Oiga *hoy* su voz.[11] No razone en contra de Dios, en contra de usted misma. *«Amarás al Señor tu Dios con todo tu corazón.»*[12] *«La boca de Jehová ha hablado.»*[13]

Le aconsejo: (1) Busque todas las oportunidades que pueda para oír la predicación y para conversar con los hijos de Dios. (2) Evite la disputa con todos sus esfuerzos. (3) Emplee algún tiempo todos los días en la oración privada, la meditación, y en la lectura de las *Notas* sobre el Nuevo Testamento, el primer tomo de *Sermones*, y los *Llamados*.[14] (4) Cuando tenga tiempo libre, úselo bien. La paz sea con su espíritu.

Quedo de usted

Su hermano afectuoso
Juan Wesley

---

[11] He. 3.7, 4.7.
[12] Dt. 6.5a.
[13] Is. 40.5.
[14] *Obras de Wesley*, tomo VI.

1767

Al Rvdo. Carlos Wesley

Londres, 27 de enero de 1767

Querido hermano:

Se me ocurrieron unos pensamientos esta mañana que creo que sería útil escribirlos: cuanto más porque pueden ser un medio para que nos entendamos más claramente; para que podamos estar de acuerdo hasta donde se pueda, y luego dejárselo saber a todo el mundo.

Estaba pensando sobre la Perfección Cristiana, en cuanto a la cosa en sí, la manera, y el tiempo.

1. En cuanto a la cosa en sí, por perfección quiero decir el amor humilde, gentil y paciente a Dios y a los seres humanos, amor que gobierna todas las emociones, palabras, y acciones, todo el corazón y toda la vida. No incluyo la imposibilidad de perderla, en parte o completamente. Por lo tanto, me retracto de varias expresiones en nuestros himnos que en parte expresan, en parte implican, tal imposibilidad. Y no discuto el término «sin pecado», aunque no me opongo a él.

¿Estamos de acuerdo o discrepamos en esto? Si discrepamos, ¿en qué?

2. En cuanto a la manera. Creo que la perfección siempre se forja en el alma mediante la fe, mediante un acto sencillo de fe, y por consiguiente en un instante. Pero creo que una obra gradual tanto precede como sigue a ese instante.

¿Estamos de acuerdo o discrepamos en esto?

3. En cuanto al tiempo. Creo que este instante generalmente el instante de la muerte, el momento que el

alma sale del cuerpo. Pero creo que puede ocurrir diez, veinte, o cuarenta años antes de la muerte.

¿Estamos de acuerdo o discrepamos en esto?

Creo que usualmente ocurre muchos años después de la justificación, pero que *puede ocurrir* dentro de los cinco años o los cinco meses después. No conozco ningún argumento conclusivo, al contrario. ¿Y tú? Si *tiene que ocurrir* muchos años después de la justificación, me gustaría saber cuántos. *¿Pretium quotus arrogat annus?*[1] ¿Y cuántos días o meses o incluso años puedes admitir entre la perfección y la muerte? ¿Cuán lejos de la justificación *tiene que* ser? ¿Y cuán cerca de la muerte?

Si fuera posible, sería bueno que tú y yo nos entendiésemos bien, tanto por nuestro propio bien, como por el bien del pueblo.

****

Al Rvdo. Carlos Wesley

Londres, 12 de febrero de 1767

Querido hermano:

Lo que quiero decir es que el Obispo Lowth es a veces hipercrítico y *encuentra* faltas donde *no hay* ninguna. Sin embargo, la suya es la mejor gramática inglesa que existe. Nunca he visto el *Hermes*; el autor es un deísta convencido.

No me voy a quejar de que prediques demasiado a menudo en Bath. Por favor, acepta dos responsabilidades: (1) Haz que anuncien puntualmente el domingo, 8 de marzo, en la capilla, que predicaré allí el jueves 10 de marzo en la noche. (2) Que anuncien en Bristol, ese mismo domingo, mi predicación en el Salón Nuevo, el miércoles 11, a las siete de

---

[1] «¿Que año merece el premio?» Cita de Horacio.

la noche, y que después habrá una reunión de la Sociedad, a la cual deseo que todos los que puedan estén presentes. El jueves, viernes y sábado me propongo reunirme con las clases.

Haz el favor de ocuparte de que el Hermano Henderson no carezca de nada. La enfermedad es una cosa muy cara.

Tú todavía no te das cuenta (ni probablemente yo), de las personas que buscan influencia con sus chismes. Tales personas te dijeron que yo «no oraba por ti por nombre en público». Y son, además, mentirosos, a menos que estén sordos.

La voz de una persona que ama a Dios de veras fue seguramente la que dijo:

Es peor que la muerte amar a mi Dios
Pero no sólo a Él.

Tal persona ciertamente «está tan sedienta de *la santificación* como lo estuvo una vez de la justificación». Tú recordarás que ésta era una de *tus* preguntas constantes. Ahora no lo es. Luego, *tú* has cambiado en tus sentimientos. Y, hasta que no lleguemos a un entendimiento, inevitablemente vamos a contradecirnos el uno al otro. Pero esto no debe ser, si es posible evitarlo.

Todavía pienso que el no creer a *todos los que profesan una experiencia* equivale a *negar la misma*. Porque si no hay *testigos vivientes* de lo que hemos predicado por veinte años, no puedo, no me atrevo a predicarlo más. Todo se enfoca hacia un punto: ¿Hay o no hay santificación instantánea entre la justificación y la muerte? Yo digo, sí; tú (a menudo pareces decir), no. ¿Qué argumentos te convencieron a pensar así? Quizás me puedan convencer a mí también. Pero hay una pregunta más. Si tú admites que haya tal cosa: ¿Puede quien la tiene caer? Antes yo pensaba que no; pero *tú* (con T. Walsh y Jo. Jones) me convenciste de mi error.

Sábado en la mañana. La demora en enviar ésta me da la ocasión para añadir unas pocas palabras. No he sabido nada acerca de la cena del amor;[2] pero, aunque lo hubiese sabido, no podría ir. El lunes me voy a Norwich. Divide, por lo tanto, a los hombres y a las mujeres enseguida, como lo hacemos en Londres. No estaré de nuevo aquí hasta dentro de dos semanas.

¡Oh, por un corazón que alabase a mi Dios!

¿Qué hay además de esto? *Pánta gélos kaì panta kónis.*[3]

****

A Peggy Dale

Athlone, 18 de junio de 1767

Mi estimada Peggy:

Por conversar con usted me sentiría más que recompensado por viajar dos o trescientas millas ida y vuelta. Pero cómo lo puedo arreglar no lo sé todavía. Si hay un barco para Whitehaven, trataré de ir a Whitehaven y Newcastle; de otra forma tendré que ir hasta Holyhead o Chester.

Espero que usted ahora encuentre de nuevo el testimonio interior de que está salva de todo pecado. Hay cierto peligro en sentirse contenta sin él, y de ese error usted puede convencerse a sí misma fácilmente mediante el *razonamiento*. Fácilmente, puede llegar usted a convencerse de que no hay necesidad de tal testimonio, especialmente cuando se encuentra en un estado cómodo y pacífico. Pero tenga cuidado de esto. El testimonio de la santificación, al igual que el de la justificación, es un privilegio de los hijos de Dios. Y

---

[2] El ágape.
[3] «Todo es broma y polvo».

usted puede tener el uno siempre tan claro como el otro si camina humildemente y cerca de Dios.

¿En qué estado se encuentra su mente ahora? ¿Llena de fe y amor? ¿Orando siempre? Entonces espero que se acuerde siempre de, mi estimada Peggy,

Su hermano afectuoso
Juan Wesley

****

Al Rvdo. Carlos Wesley

Athlone, 21 de junio de 1767

Querido hermano:

Por mucho tiempo he tenido muchos pensamientos relacionados con la obra de Dios en estos reinos. Estoy sorprendido de que se haya expandido tanto hasta ahora, y de que no se haya expandido más. ¿Y ¡qué la ha estorbado? Seguramente el designio de Dios fue, «doblegar a una nación a su dominio»; pero en vez de esto hay todavía solamente un cristiano por aquí y otro por allá, y los demás permanecen a la sombra de la muerte; y los que quisieran sacar provecho de nosotros deberían apresurarse, ya que es probable que no podamos servirles por mucho tiempo más.

¿Qué, realmente, ha estorbado? Quiero considerar esto. ¿Y no tenemos que decir, primeramente, *nos consules?*[4] Si nosotros fuéramos más santos de corazón y vida, y más dedicados a Dios, ¿no se contagiarían todos los predicadores de nuestro espíritu y lo llevarían consigo a través de la nación? ¿No es el próximo estorbo la poquedad de la gracia (más bien que de los dones) que hay en una parte considerable de nuestros predicadores? No poseen la totalidad del sentir que

---

[4] «Nosotros que somos los líderes».

hubo en Cristo; no caminan firmemente como él caminó. Y, por lo tanto, la mano del Señor se abstiene; aunque no completamente. Todavía obra, pero no en el grado en que seguramente lo haría si fueran ellos santos como el que les ha enviado es santo.

¿No es el tercer estorbo la poquedad de la gracia en la mayoría del pueblo? Razón por la cual oran poco y con poco fervor por una bendición general; y, por lo tanto, su oración tiene poco efecto ante Dios. No logra, como una vez lo hacía, cerrar y abrir el cielo. Hay que añadir a esto, que como hay mucho del espíritu del mundo en sus corazones, hay así mucha conformidad con el mundo en sus vidas. Deberían ser luces ardientes y brillantes; pero ni arden ni brillan. No son leales a las reglas que profesan observar; no son santos en toda clase de conversación. No, muchos de ellos son sal que ha perdido su sabor, el poco sabor que una vez tenían. ¿Con qué, entonces, será el resto del país sazonado? ¿Cómo puede extrañarnos que sus vecinos sean tan impíos como siempre?

Pero ¿qué podemos hacer para remediar esto? Quisiera que leyeras atentamente las *Minutas* de la última conferencia, para ver si no valdría la pena hacerlas cumplir por la fuerza de nuestra autoridad. *Nosotros* tenemos suficiente autoridad y los podemos forzar. No sé quién podrá o lo hará cuando nos hayamos ido. Procedamos nosotros *ahora* a fijar las cosas sobre un fundamento lo más firme posible, y no dependamos de asistir a otra conferencia.

Richard Bourke, John Dillon, y uno o dos más en este reino son hombres verdaderamente consagrados; así también lo son unos pocos de los predicadores en Inglaterra. ¡Si sic omnes!⁵ ¿Qué cosa tendría el poder de pararles?

¿Cómo te va en Londres? ¿Cómo están G. White-field, Milady, y el Sr. Madan, y Romaine, y Berridge?

---

⁵ «¡Si todos fueran como ellos!»

¿Conversas con aquellos que están más vivos, y apenas y con cuidado con los que están muertos en vida?

Espero que Sally y los pequeños estén bien. ¡Oh, qué obra es criar a los niños para el cielo!

¡Qué la paz sea contigo y con los tuyos! *Herroso.*[6]

****

A la Sra. Bennis

Dublín, 25 de julio de 1767

Estimada hermana Bennis:

Cuando usted me escribe, solamente tiene que «pensar en alta voz», solamente abrir la ventana de su ser. Cuando nos amamos unos a otros, no hay necesidad ni de disfraz ni de reserva. Le amo, y creo que verdaderamente usted me ama; así que solamente tiene que escribir lo que siente.

La parte esencial de la santidad cristiana es dar el corazón completamente a Dios; y ciertamente no tenemos que perder ningún grado de aquella luz y amor que la acompañaba al principio. Si la perdemos es por nuestra propia debilidad; no por la voluntad del Señor sobre nosotros. Su negocio presente no es razonar si debería llamar su experiencia así o asá, sino ir directamente a Aquel que le ama, con todos sus deseos, no importa cuán grandes o cuántos sean. Entonces todas las cosas estarán listas; la ayuda se da mientras se pide. Solamente tiene que recibirla mediante una fe sencilla. Continuará, sin embargo, asediada por enfermedades sin número; porque vive en una casa de barro, y, por lo tanto, este cuerpo corruptible oprimirá más o menos al alma,

---

[6] «Adiós».

pero no al grado de prevenir que pueda regocijarse siempre[7] y tener el testimonio[8] de que su corazón es completamente de él. Puede reclamar esto. Es suyo; porque Cristo es suyo. Crea, y siéntalo cerca.

Mi estimada hermana, adiós.

Suyo afectuosamente
Juan Wesley

****

A Mary Bosanquet

Londres, 16 de agosto de 1767

Mi estimada hermana:

Así que el Señor la ha disciplinado y corregido. Pero no la ha entregado a la muerte. Le corresponde a usted estar continuamente atenta a su llamado para hacer aquello que Él quiera que haga. Todas las cosas son una bendición, un medio para la santidad, siempre y cuando usted pueda decir claramente, «Señor, haz conmigo y con lo mío lo que quieras, y cuando lo quieras, y como lo quieras».

Sin duda ella estaba (y yo también) en la tercera etapa de una tisis. Y hace tiempo los médicos están de acuerdo en que ésta no se cura por ningún medio natural. Pero ¿qué significa esto a los ojos de Dios? Pues, así como,

Cuando la naturaleza obediente conoce su voluntad,
Una mosca, una semilla de uva, o un pelo pueden matar;

así también, cuando es su voluntad restaurar la vida o la fuerza, cualquier medio será efectivo. Pero somos lentos de corazón para creer que él todavía es el soberanamente libre Señor Todopoderoso, del infierno, de la tierra y del cielo.

---

[7] 1 Ts. 5.16.
[8] Ro. 8.16.

Usted tiene razón. Yo nunca supe, hasta que usted me lo escribiera, que Richard Taylor había estado en Leytonstone. En esta Conferencia se decidirá si *todos* nuestros predicadores o ningunos deberán *insistir* continuamente sobre la perfección cristiana. Recuerde en todas sus oraciones, mi estimada hermana.

Su siempre afectuoso hermano,
Juan Wesley

1768

A Hannah Ball

Londres, 28 de enero de 1768

Mi estimada hermana
He descubierto un amor muy especial para usted desde el momento en que me habló con tanta libertad sobre ese tópico delicado; especialmente cuando entendí que tenía usted la resolución de sacrificarlo todo por Cristo, y de aun sacarse su ojo derecho y echarlo fuera.[1] Use de la misma libertad aún más. Cuénteme de vez en cuando sobre las cosas que la ponen a prueba o que la atormentan. Ciertamente tendrá pruebas de varias clases. Espérelas unas tras otras, y conquiste todo a través de Aquel que la ama. ¡Solamente mantenga firme su escudo! ¡No abandone aquella confianza que tiene un gran premio como recompensa! ¡Cristo es suyo! ¡Sí, todo lo que tiene y lo que es, es suyo! ¡Y permita que todo lo que usted es, alma y cuerpo, sea de él! ¡No retroceda! ¡Aférrese a él! ¡Confíe en él en todas las cosas! Y ame por causa de él, mi estimada hermana, a

Su hermano afectuoso
Juan Wesley

****

---

[1] Mt. 18.9.

A la Sra. Woodhouse

Londres, 3 de febrero de 1768

Mi estimada hermana

Usted no omitió a sabiendas nada que estaba dentro de su poder hacer. Por lo tanto, no tiene razón para preocuparse por eso. Su padre fue al Señor en su vejez como una espiga de trío maduro. ¡Esté lista usted también; para que, cuando nuestro Señor venga, la pueda encontrar despierta!

No hay duda de que a veces Dios muestra a sus hijos las cosas por venir en sueños o visiones en la noche. Y cuando estas cosas nos acercan más a él, están bien; son los medios de hacer crecer nuestra fe y santidad. Sólo que tenemos que tener cuidado de no depender demasiado de ellas, y de medir todo según la norma: la ley y el testimonio. Yo creo que sería una prueba para usted si oyera que yo tuviese que ausentarme de aquí. Pero tiene usted un Colaborador tenaz en todas las pruebas.

Puede ser que a Dios le agrade calmar su mente conturbada mediante aquella representación exterior en particular. Déjele trabajar en la manera que a él le agrade. La paz y el amor son bendiciones, no importa cómo vengan. Espero que ellas sigan creciendo en usted. Deje que su alma sea todo amor, y esto será suficiente.

Quedo de usted, mi estimada hermana,

Su hermano afectuoso
Juan Wesley

****

Al Rvdo. Carlos Wesley

Norton, Cerca de Stockton, 14 de junio de 1768

Querido hermano

Me regocijo de oír por varias personas un informe tan bueno sobre la obra de Dios en Londres. Tú no llegaste allí sin el Señor; y encuentras que tu labor no ha sido en vano. Creo que verás más y más fruto mientras converses principalmente con quienes están sedientos de Dios. Yo descubro una diferencia maravillosa dentro de mí cuando estoy entre éstos que cuando estoy entre los metodistas que viven a la moda. En cuanto a esto, el norte de Inglaterra me satisface más, donde hay tantas personas que están gimiendo por la redención plena.

Pero ¿qué vamos a hacer? Yo creo que ya es hora de que tú y yo, por lo menos, hablemos claro. ¿Vamos a seguir afirmando la perfección en contra de todo el mundo? ¿O calladamente la dejamos? Realmente debemos hacer lo uno o lo otro; y creo que mientras más pronto mejor. ¿Qué vamos a afirmar conjunta y explícitamente (y recomendar a todos nuestros predicadores) en cuanto a la naturaleza, el tiempo (ahora o más luego), y su manera (instantánea o no)? Estoy cansado de nuestras guerras internas, de los predicadores citando, a uno de nosotros en contra del otro. *Arreglemos* esto de una vez y para siempre; bien sea lo mismo de antes o algo diferente. *Herroso.*[2]

****

---

[2] «Adiós».

A Jane Hilton

Epworth, 13 de julio de 1768

Mi estimada hermana

Cuando llegué aquí esta tarde, encontré su bienveni-
da carta. Quisiera que me escribiera tan a menudo como
pueda. Porque usted necesita toda la ayuda posible; su gracia
es todavía joven y tierna, y todos los poderes de la oscuridad
están trabajando para separarla de su firmeza. Pero es suficiente que Cristo es suyo; y él es más sabio y más fuerte que
todos los poderes del infierno. Aférrese a él, y estará segura;
reclínese sobre él con el peso completo de su alma. ¿Encuentra usted ahora una *evidencia*[3] tan clara del mundo invisible
como del visible? ¿Están sus pensamientos fijos continuamente en el Dios de su salvación? ¿Ora sin cesar?[4] ¿Le guarda él hasta en sus sueños? Manténgase firme en lo que tiene,
y busque más; la bondad de él no tiene fin.

El Sr. Robertshaw se quedará con ustedes otro año, y
no dude de que el Señor se quedará con usted para siempre.
Piense en él siempre; y piense de vez en cuando en

Su hermano afectuoso
Juan Wesley

Mañana me voy; pero espero estar aquí otra vez la
semana que viene, y quedarme aquí hasta el lunes de la otra
semana.

∗∗∗∗∗∗∗

---

[3] He. 11.1.
[4] 1 Ts. 5.17.

A James Morgan

St. Just, 3 de septiembre de 1768

Mi estimado Jemmy

He pensado mucho en usted. ¿Y por qué no debo decirle todo lo que pienso y todo lo que temo relacionado con usted? Creo que todo lo que usted dijo en la Conferencia sobre el tópico del debate último estaba correcto; en resumen, usted dijo lo siguiente: «La regla general es, que los que están bajo el favor de Dios lo saben. Pero puede haber algunas pocas excepciones. Algunos pueden temer y amar a Dios, y, sin embargo, no tener una conciencia clara de su favor; por lo menos, puede ser que no se atrevan a afirmar que sus pecados han sido perdonados». Si usted pone el caso así, no creo que ninguna persona sensata tenga la tentación de contradecirle; porque nadie puede dudar que la persona que ama a Dios está bajo el favor de Dios. Pero ¿no ha presentado el caso en forma equívoca? No creo que éste fuera el punto principal. Pero usted dijo, o se supone que dijera, que «Todos los penitentes están bajo el favor de Dios», o «Todos los que lloran por causa de Dios están bajo el favor de Dios». Esto es lo que disgustó a muchos, porque pensaron que no estaba de acuerdo con las Escrituras y que era peligroso y contrario a lo que siempre hemos enseñado. Que es contrario a lo que siempre hemos enseñado, es cierto, como testifican todos nuestros himnos, al igual que otros escritos. Así que, sea cierto o no, esto es sin duda una doctrina nueva entre los metodistas. Siempre hemos enseñado que un penitente lloraba o sufría precisamente por esto, porque sentía que «no estaba bajo el favor de Dios», abrigando en su conciencia a la misma vez un sentido de culpa y una percepción del disgusto divino. Desde luego suponíamos que el lenguaje de su corazón era, «Perdido y

deshecho, ayuda clamo». Y creíamos que realmente estaba
perdido y desecho hasta que Dios

Paz, justicia, y gozo impartiera,
Y hablara perdón al corazón.

Todavía creo que esto es una doctrina bíblica,
confirmada no por unos pocos textos aislados, sino por el
sentido general de las Escrituras, y más particularmente por
la Epístola a los Romanos. Pero si es así, lo contrario debe
ser peligroso, por esta razón general, que no es bíblico. A lo
cual uno puede añadir esta razón particular, que tiende desde
luego a adormecer a los que lloran; a hacerles decir, «Paz,
paz,» a sus almas, *«cuando no hay paz».*[5] Tiende
directamente a apagar e inmovilizar sus convicciones, y les
anima a descansar felices antes de que Cristo se manifieste
en ellos y de que el Espíritu atestigüe junto con sus espíritus
de que son hijos de Dios. Pero se puede preguntar, «¿no
desanimará esto a los que lloran?» Sí, les desanimará de
quedarse detenidos donde están; les desanimará de descansar
antes de tener el testimonio en sí mismos, antes que Cristo se
manifieste en ellos. Pero les animará a buscarle en una
manera acorde con el evangelio, a pedir hasta que reciban el
perdón y la paz. Y hemos de animarles, diciéndoles no que
están bajo el favor de Dios, aunque no lo sepan (palabras
estas que no debemos proferir nunca en la congregación por
el riesgo a nuestras almas), sino reafirmando que, todo aquel
que busca encuentra, todo aquel que pide recibe.[6] Si alguien
no conoce por sí mismo el amor perdonador de Dios,
preguntaría yo, ¿cómo, o por qué medios, puede usted
saberlo por él? ¿Le ha mandado Dios escudriñar el corazón y
poner a prueba las emociones de sus oyentes? ¿Puede usted
conocer infaliblemente la condición real de la mente de
aquella persona? ¿Puede estar usted seguro de que ningún

---

[5] Jer. 6.14, 8.11.
[6] Mt. 7.8.

pecado secreto impide la relación entre Dios y su alma? ¿Está seguro de que no guarda alguna iniquidad en su corazón? Temo que usted no ha tenido suficiente cuidado con esto, sino que ha dado ocasión a quienes buscaban ocasión. Pero esto no es todo. Temo que no vio usted la mano de Dios en la lengua de Simei.[7] A usted le fue dado el sufrir un poco de lo que usted en grado sumo necesita: calumnia y mala fama. Pero no reconoció ni la dádiva ni el Dador. Vio solamente al Sr. Olivers, no a Dios. Oh Jemmy, usted no se conoce a sí mismo. Usted no puede resistir estar inmerso continuamente en el veneno, en la estima y el elogio de los humanos; luego me atemoriza su estadía en Dublín. ¡Es el lugar más peligroso para usted bajo el cielo! Todo lo que puedo decir es, que Dios le puede guardar dentro del ardiente horno de fuego,[8] y confío en que lo hará.

Quedo de usted, estimado Jemmy,

Suyo afectuosamente
Juan Wesley

****

Al Dr. Brown

[1768]

Señor

Desde que tuve el placer de recibirle, he reflexionado a menudo sobre la información que nos dieron sobre los indios en Paraguay. Hace alrededor de veinticuatro años leí el primer informe sobre ellos, traducido de un autor francés. Entonces me causó una impresión igual a la que creo que

---

[7] Véase 1 S. 16.5-13.
[8] Véase Dn. 3.

ahora ha causado en usted. Permítame, Señor, expresar libremente mis pensamientos relacionados con esto, los cuales les tendré el gusto de alterar, de recibir información mejor.

Estoy completamente persuadido de que la religión verdadera y genuina es capaz de obrar todos aquellos efectos felices que se alega se lograron allí; y esto, entre los seres humanos más ignorantes y salvajes. Yo he visto ejemplos de esto: ninguno de los indios es más salvaje de lo que eran los mineros de Kingswood; y muchos de ellos son ahora gente más humana, hospitalaria y llena de amor hacia Dios y hacia a los seres humanos: quietos, diligentes en el negocio, contentos en todas las circunstancias, adornando en todos sus caminos el Evangelio de Dios su Salvador.

Pero aquí está la dificultad. No estoy persuadido, de que los misioneros romanos (con pocas excepciones) conozcan o enseñen la religión verdadera y genuina. Y de todos sus misioneros, hablando en términos generales, los jesuitas son los peores. No enseñan la religión verdadera y genuina de Jesucristo. Gastan sus mayores esfuerzos en enseñar a sus llamados conversos sobre las opiniones y costumbres de su iglesia. Quizás el más religioso que haya habido entre ellos sea su «Apóstol de las Indias Orientales», Francisco Xavier. Y en sus propias cartas (cuatro tomos de las cuales tuve) aparece claramente que (lo supiera él o no) nunca enseñó ni una jota de la religión del corazón, sino, escasamente opiniones y cosas externas. Ahora, ¿qué virtud, qué felicidad puede posiblemente surgir de una raíz como esta? Concediendo, entonces, que los conversos paraguayos tienen paz y abundancia, concediendo que tienen honestidad moral, concediendo que tienen una forma externa de la religión (y quizás hasta aquí sus guías les pueden traer), no puedo creer que hayan progresado ni un solo paso hacia, o que conozcan lo que es, la verdadera religión.

¿Experimentan sus instructores el Reino de Dios en su interioridad? *¿Justicia, paz y gozo en el Espíritu Santo?*[9] Y si no, ¿es posible que puedan llevar a otros más lejos de lo que ellos mismos han progresado? ¿Pueden señalar

> La luz eterna de una mente sin mancha,
> Cada oración aceptada, y cada deseo renunciado?
> ¿Deseos calmados, afectos siempre apacibles;
> Lágrimas que deleitan, y suspiros que vuelan al Cielo?[10]

Y sin esto, ¿quién puede ser feliz? ¿Quién puede evitar sentir muchas horas de aburrimiento y pesadez? Que los indios coman, beban, bailen, jueguen: nada de esto llenará los vacíos de la vida. Sus gozos más altos los llevarán no más lejos que «Jack el Ambulante, y Joan la Ociosa» en Prior. ¿Qué los puede llevar más lejos, sino la religión del corazón, la comunión con el Padre y con el Hijo?[11] ¡Oh, que usted y los suyos siempre experimenten esta parte mejor, que es lo único que puede quitar el cansancio de la vida, que es lo único que da aquel gozo profundo del corazón, aquel gozo que no termina, la promesa y primicias de la vida eterna!

Quedo de usted, señor,

Su siervo muy humilde
Juan Wesley

---

[9] Ro. 14.17.
[10] De Alexander Pope.
[11] 1 Jn. 1.3.

1769

A Samuel Levick

Londres, 19 de enero de 1769

Estimado Sammy:
Que tengamos ahora un concurso honesto entre Tommy Rankin y usted a ver cuál de ustedes será más diligente en cuanto a la Deuda General. Sin duda, el Circuito Oriental recibirá ayuda de la colecta hecha por el Occidental, con tal de que ellos mismos hagan todo lo que puedan. Continúe con fe, y prosperará en ésta y en todas las cosas.

El consuelo es que todo lo que usted quiere ya se le ha comprado. Todo está listo. Porque Cristo está listo. Él es suyo. Quedo de usted, querido Sammy.

Su amigo y hermano afectuoso,
Juan Wesley

****

A la Sra. Crosby

Chester, 18 de marzo de 1769

Mi estimada hermana:
Los vientos occidentales me detienen aquí, y no me importa por cuánto tiempo: buena es la voluntad del Señor. Cuando yo esté en Irlanda solamente tiene que dirigir su carta a Dublín y me llegará.

Le aconsejo, como lo hice con Grace Walton antes: (1) Ore en privado o en público todo lo que pueda. (2) Aun en público, usted puede propiamente entremezclar *exhortaciones cortas* con la oración; pero manténgase tan alejada como pueda de lo que se llama la predicación: por lo tanto, nunca escoja un texto; nunca hable en forma discursiva continua, sin alguna pausa, por más de cuatro o cinco minutos. Dígale a la gente: «Tendremos otra *reunión de oración* en tal lugar y a tal hora». Si Hannah Harrison hubiese seguido estas pocas directrices, hubiera sido tan útil ahora como siempre.

Tan pronto pueda, escríbame más particularmente y con más detalles, y que la Hermana Bosanquet haga lo mismo. Ya no hay ningún impedimento; nada que le impida expresarse tan libremente como usted quiera con, estimada Sally.

Su hermano afectuoso,
Juan Wesley

****

A Richard Steel

Londonderry, 24 de abril de 1769

Estimado hermano:

Le diré ahora las cosas que he estado pensando desde que vine a Irlanda del Norte. Si las olvida, usted sufrirá, y también el pueblo; si las observa, será bueno para ambos.

1. Comenzamos con las cosas más pequeñas. Si le importa su salud, no cene sino un poco de leche o cereal con agua. Con la ayuda de Dios esto le protegerá de un desorden nervioso; especialmente si se levanta temprano todas las mañanas, predique o no predique.

2. Sea firmemente serio. No hay país en el mundo donde esto sea más necesario que en Irlanda; porque

usualmente usted estará rodeado de quienes con un poco de estímulo se reirían o despilfarrarían el tiempo todo el día.

3. En cada pueblo visite de casa en casa todo lo que pueda. Digo «todo lo que pueda», porque siempre habrá algunos a quienes no podrá visitar; y si examina, instruye, corrige, exalta como requiere la situación, no le sobrará tiempo. Es por este medio que las Sociedades crecen dondequiera que Thomas Ryan va: predica desde la mañana hasta la noche; advirtiendo a cada persona, para poder presentar la perfecta ante Cristo Jesús.

4. Pero en ésta y en toda otra ocasión evite toda familiaridad con las mujeres. Éste es un veneno mortífero tanto para ellas como para usted. No puede pecar de ser demasiado cauteloso en este asunto; luego comience desde ahora.

5. El tópico principal de su conversación, tanto como de su predicación debe ser sin duda lo más importante de la ley.[1] Hay varias cosas pequeñas (comparativamente) que debe promover sinceramente de vez en cuando; porque «quien desprecia las cosas pequeñas caerá poco a poco». Algunas de ellas son:

(1) Sea activo y diligente; evite toda pereza, flojera, indolencia. Huya de todo grado, toda apariencia de ellas; si no, nunca será más que medio cristiano.

(2) Sea limpio. En esto los metodistas deberían seguir el patrón de los cuáqueros. Evite todo aspecto desagradable, la suciedad, el desaseo, en su persona, su ropa, su casa y en todo lo que le rodea. No apeste. Esto es la fruta mala de la pereza; use toda su diligencia en estar limpio, como se dice,

Que la dulzura de su mente influya en
Su persona, su ropa, y su habitación.[2]

---

[1] Mt. 23.23.
[2] De George Herbert.

(3) Que la ropa que tenga esté en buen estado; ninguna rotura, ningún harapo, ningún trapo. Esto es un escándalo tanto para los hombres como para las mujeres, siendo otro fruto de la vil pereza. Remienden su ropa, o no esperaré que remienden sus vidas. Que nadie vea nunca a un metodista harapiento.

(4) Límpiense de piojos. Éstos son una prueba tanto de la falta de limpieza como de la pereza: esmérense en esto. No corten su cabello; pero límpienlo, y manténganlo limpio.

(5) Cúrense, usted y su familia, de la picazón: una cucharada de azufre les curará. Permitir que esto siga año tras año, prueba tanto la pereza como la falta de limpieza. Quítenselo en seguida. Que la región del norte ya no sea por más tiempo un proverbio de reproche para toda la nación.

(6) No use tabaco a menos que no se lo recete un médico. Es un capricho impuro y dañino; y mientras más habitual sea, más firmemente deberá romper todos los grados de esa costumbre perniciosa.

(7) No aspire tabaco en polvo a menos que no se lo recete un médico. Supongo que no hay otra nación en Europa que esté sujeta en tal grado de vil esclavitud a esta costumbre necia, maliciosa, sucia, como los irlandeses. Pero que los cristianos no continúen con esta esclavitud más tiempo. Reclamen su libertad, y esto inmediatamente: nada se hará por grados. Ahora mismo pueden librarse mediante Cristo que les fortalece.

(8) No toque el licor. Es fuego líquido. Es un veneno seguro aunque lento. Drena las fuentes de la vida. En Irlanda, sobre todos los países del mundo, yo me abstendría religiosamente, porque el mal está tan generalizado; y a

esto y al tabaco en polvo y a las cabañas llenas de humo atribuyo la ceguera que es tan común en la nación.

Pude haber insertado bajo un segundo artículo lo que deseo, particularmente dondequiera que haya predicación, o sea, que haya una casa pequeña para ello. Que esto se consiga sin demora. Donde no tengan una, que nadie espere verme.

Quedo de usted.

Su hermano afectuoso,
Juan Wesley

****

A Mary Yeoman, de Mousehole, Cornwall

St. Ives, 2 de septiembre de 1769

Mi estimada hermana:

Su caso no es peculiar. He conocido a muchos que han estado exactamente como está usted ahora; y el mismo Dios que les libró a ellos está dispuesto a librarla a usted. Le aconsejo que siga en el camino, no importa si encuentra algún beneficio o no. Ore como pueda, aunque se sienta muy fría o muerta. Escuche atenta a la predicación; siga con su clase. El Señor está cerca; perdonará abundantemente.

Quedo de usted.

Su hermano afectuoso,
Juan Wesley

****

A Mary Bishop

Ipswich, 5 de noviembre de 1769

Estimada Srta. Bishop:

Cuando estuve en Bath la última vez, el Sr. Hodsal me dijo que la Srta. Bishop tendría mucho gusto en verme. Pero como no le conocía a usted, ni tuve siquiera una hora libre, no lo pensé más hasta ayer, cuando recibí una carta de la Srta. March, quien me contó más detalladamente de su situación.

Hemos tenido una Sociedad en Bath por casi treinta años, algunas veces más grande, otras veces más pequeña. Este otoño estaba muy reducida, consistiendo solamente de once o doce personas, de las cuales Michael Hemmings era el líder. Hablé con ellos uno por uno, añadí nueve o diez más, les dividí en dos clases, y designé a la mitad de ellos para que se reunieran con Joseph Harris. Pero si usted está dispuesta a echar su suerte con nosotros, preferiría que aquellas mujeres solteras en ambas clases que lo deseen se reunieran con *usted* y con otras personas que no temen al reproche de Cristo. En aquel tratado pequeño, *Un informe claro sobre el pueblo llamado metodista*,[3] usted verá nuestro plan completo. Tenemos una sola meta: ser cristianos completos, cristianos bíblicos y racionales. Por esto, sabemos muy bien, que no solamente el mundo, sino también los *casi cristianos*, no nos perdonarán nunca. De los tales, por lo tanto, si une usted su corazón y sus manos con *nosotros*, no debe esperar ni justicia ni misericordia. Si está decidida, déjemelo saber. Pero considere lo que hace. ¿Puede sacrificarlo todo por Cristo? ¿La esperanza de mejorar su fortuna, una reputación favorable, amigos agradables?

---

[3] *Obras de Wesley*, V.217-250.

¿Puede él compensarle por todas estas cosas? ¿Es él solo una porción suficiente?[4] Creo que encontrará usted que sí lo es. Y si usted fuese tan enteramente devota a Dios como lo fue mi estimada Jenny Cooper, no tendría causa de arrepentirse ni en la vida ni en la eternidad.

Yo nunca he pensado en *ceder* nuestro cuarto a nadie sobre la tierra. Lo que escribí a Lady Huntingdon fue: «Estoy dispuesto a que sus predicadores hagan uso de él tan completa y libremente como *los nuestros*». *No podría* ir más lejos que esto: no tengo el derecho de hacerlo. Espero que me mande una relación tan particularizada como pueda de todo lo que ha pasado últimamente y del estado presente de las cosas. Lo más libremente que escriba, lo más agradable será para,

Su hermano afectuoso,
Juan Wesley

P.D. Me puede escribir a Londres.
****

Al Profesor John Liden, de Lund

Londres, 16 de noviembre de 1769

Para contestar esas preguntas completamente necesitaría un tomo completo. Se ha hecho en parte en los tratados pequeños. En los puntos donde esos tratados no ofrecen claridad añadiré unas pocas palabras como permita el tiempo.

1. Hay varios miles de metodistas en Gran Bretaña e Irlanda que no forman Sociedades. La verdad es que ningunos las forman, a excepción de los que están bajo el

---

[4] Sal. 119.57, 142.5.

cuidado del Sr. Wesley (más bien una parte de ellos). Éstos al presente representan un poco menos de treinta mil personas.

2. Los lugares donde hay predicación constante (por lo menos tres o cuatro veces a la semana) son la Fundición cerca de Moorfields, la Iglesia Francesa [en West Street] cerca de Seven Dials (en estos dos lugares hay predicación cada mañana y noche), la Iglesia Francesa en Spitalfields, la capilla en Snowfields, Southwark, la capilla en Wapping, y otra no muy lejos de Smithfield.

3. Tienen muchas escuelas para enseñar aritmética, y cómo leer y escribir; pero una sola que enseña en las áreas superiores del aprendizaje. Ésta está localizada en Kingswood, cerca de Bristol, y aloja cuarenta estudiantes. Todos son pensionistas, y podrían ser mucho más, pero la casa es muy pequeña. *Las reglas de Kingswood* dan la lista de los libros que leen y el método que se usa.

4. Creo que algunos de los mejores predicadores son James Morgan, Peter Jaco, Jos. Cownley, T. Simson, John Hilton, John Pawson, Alex. Mather, Tho. Olivers, Sam. Levick, Duncan Wright, Jacob Rowell, Christopher Hopper, Dan. Bumstead, Alexander McNab, y William Thompson. Cada uno de estos predicadores recibe su alimentación dondequiera que trabaja y doce libras esterlinas al año para su ropa y otros gastos. Si está casado, tiene diez libras esterlinas al año para su esposa. Este dinero se obtiene de las contribuciones voluntarias de las sociedades. Es a través de ellas también que los pobres reciben ayuda cuando la pensión fijada por las leyes del gobierno no es suficiente. De acuerdo con esto, los mayordomos de las sociedades en Londres distribuyen siete u ocho libras esterlinas cada semana entre los pobres.

5. El Sr. Whitefield es calvinista, los señores Wesley no lo son. Ésta es la única diferencia importante entre

ellos. Y esto ha continuado igual desde que el Sr. Whitefield adoptó esas opiniones. Las consecuencias de aquella diferencia se mencionan en una carta enviada hace dos o tres años a las personas nombradas en ella.

6. Hay solamente tres Sociedades Metodistas en América: una en Filadelfia, una en Nueva York, y una a doce millas de distancia de esta última. Hay cinco predicadores allá. Dos han estado en Nueva York por algunos años. Tres han ido allá últimamente. El Sr. Whitefield ha publicado un relato de todo lo relacionado con el Hogar de Huérfanos [en Georgia].

7. Los autores más eminentes opuestos a los metodistas son el fallecido Obispo de Londres (el Dr. Gibson), el Dr. Church, el Obispo de Gloucester (el Dr. Warburton), y el Obispo Lavington. Los Obispos Gibson y Lavington se convencieron completamente de su error antes de su muerte. Creo que el Dr. Church también. Ninguno, creo, sino el Sr. Perronet, ha escrito *a favor de* los metodistas.

8. Ningunos moravos pertenecen a sus sociedades. No tienen muchas colonias en Inglaterra, pero sí en Londres, Bedford, y Pudsey, un pueblo pequeño cerca de Leeds, en Yorkshire. Guardan un secreto profundo sobre todas las cosas relacionadas con su comunidad. Lo que sé de ellos lo he publicado en mis *Diarios*. La casa del Conde[5] en Chelsea es un palacio para un príncipe. Verdaderamente, son sabios en su generación.

---

[5] Zinzendorf.

1770

A la Srta. March

Dawgreen, 6 de julio de 1770

Cuando las cosas se miran a través de la distancia, uno se inclinaría a imaginar que ningún grado de tristeza podría encontrarse en un corazón que está siempre feliz; que ningún estado de ánimo correcto podría faltar, y mucho menos podría subsistir un estado de ánimo erróneo, en un alma que está llena de amor. Aun así, dudo si existe un alma vestida de carne y sangre que disfrute de un estado de ánimo correcto en el cual no exista ningún grado de error, por ejemplo, un celo injustificado, o tenerle más afecto o menos afecto a una persona de lo que en realidad merece. Cuando decimos, «esto es consecuencia natural y necesaria de la unión del alma con un cuerpo corruptible», esa aseveración de ninguna manera está clara hasta que añadamos: «debido a la debilidad del entendimiento que es resultado de esa unión». Cuando aceptamos esto, la cosa está clara. Hay una relación tan estrecha entre un juicio correcto, por una parte, y una práctica y estado de ánimo correctos, por otra parte, que estas dos últimas realidades no pueden subsistir fácilmente sin la primera. Algún estado de ánimo incorrecto, por lo menos hasta cierto grado, casi siempre surge necesariamente de un juicio equivocado. Entiendo que cuando muchas personas dicen que «mientras el cuerpo permanece, el pecado tiene que permanecer», esto es lo que quieren decir a pesar de que ellas mismas no lo entiendan.

Usted dice: «Mi silencio usualmente procede de mis ideas y pensamientos que tengo acerca de mí misma como cristiana». El Obispo Fénelon[1] dice, «La sencillez es esa gracia que libera al alma de toda reflexión innecesaria sobre sí misma». ¡Observe aquí la clase de sencillez que usted necesita! Cuando le escribo o le hablo, me parece tenerla frente a mí; pero, generalmente hablando, yo no pienso en mí mismo. No pienso si soy sabio o insensato, ignorante o instruido; sino que la veo a usted deseando obtener la gloria y la inmortalidad, y le digo lo que espero, la dirija en su camino y evite que su mente se debilite y se desaliente. Nuestro Señor hará que todas las cosas trabajen para el bien de la hermana Thornton. ¿Qué podrá hacerles daño a quienes confían en él?

Juan Wesley

****

A la Srta. March

Bristol, 15 de septiembre de 1770

Usar la gracia que nos ha sido dada es el verdadero camino para obtener más gracia. Usar toda la fe que usted tenga traerá un aumento de fe. Pero esta idea es muy amplia: conlleva el ejercicio pleno de todos los talentos que nos han sido encomendados. Esto incluye toda la realidad, tanto de la religión interna como externa. Para poder llevar esto a cabo firme y efectivamente, usted necesita la ayuda de esa oración que dice: *«Dame entendimiento, y guardaré tu ley, y la cumpliré de todo corazón».*[2] El propósito de esto es «obtener lo mejor de la vida», lo cual no puede hacerse sin crecer en la gracia. Creo que le ayudaría leer y considerar el sermón sobre

---

[1] Arzobispo católico de Cambray, en Francia.
[2] Sal. 119.34.

«Negarse a sí mismo» en el tomo número cuatro,[3] y el sermón sobre *La rectitud universal* en la *Biblioteca cristiana*.

El que usted experimente necesidades y debilidades, con sus varias pruebas y tentaciones, no le haría mal, a pesar de que son motivos de tristeza por un tiempo y disminuyen el gozo en el Señor. Es un error pensar demasiado sobre esto porque puede debilitar su fe; y, sin embargo, en general no está mal «evaluar el estado de su alma de acuerdo a sus sentimientos»; aunque por supuesto no solamente de acuerdo a ellos, sino a ellos en conjunto con sus palabras y acciones. Es cierto que no podemos juzgarnos por la medida de nuestro gozo, que es el más variable de nuestros sentimientos, y que frecuentemente depende en gran medida del estado de nuestra salud física y emocional. Pero si usted une el amor, el gozo, la paz, la mansedumbre, la bondad y la resignación, ésta sería la mejor medida para evaluar su relación con Dios.

¿Cuál es la diferencia entre «mi estado de ánimo y la condición de mi alma»? ¿Hay alguna diferencia? Yo creo que no. Si hubiese alguna a lo mejor sería la siguiente: mi estado de ánimo podría significar un sentimiento transitorio; y la condición de mi alma, un sentimiento más complicado y duradero, algo que sentimos constantemente. Algunos podrían definir el estado de ánimo como pasiones pasajeras y la condición del alma como disposiciones permanentes. Pero no creo que tenemos la autoridad para usar así estos términos o para distinguir el uno del otro. Aquél cuyo ánimo está en buen estado es verdaderamente una buena persona siempre y cuando continúe así. Por lo tanto, yo no podría exigirle que usted dejara de evaluar su condición del alma por su estado de ánimo, como no podría exigirle que cesara de respirar.

A menos que usted preste atención a quienes han sido puestos bajo su cuidado, no podrá rendir cuentas sobre ellos

---

[3] Véase el Sermón 48 en el tomo III de las *Obras de Wesley*.

a Dios con gozo. Los consejos y las advertencias dados a distancia no tendrán ningún efecto. Para quienes ceden a la tentación de vestirse lujosamente, usted podría leerles o recomendarles lo que se dice en las *Recomendaciones al pueblo metodista*[4] sobre ese asunto. Sería recomendable ir a las raíces del asunto una o dos veces; entonces dejarlo por un tiempo y después de algunas semanas tratar otra vez. Una metodista que use vestimentas lujosas o alegres sufrirá pérdida en su alma, a pesar de que pueda retener un poco de vitalidad espiritual; pero no podrá nunca alcanzar un alto grado ni de santidad ni de felicidad.

Juan Wesley

****

A Joseph Benson

28 de diciembre de 1770

Estimado Joseph:

¡Es una bendición que podamos hablar libremente el uno con el otro sin disimulo o reservas! Mientras podamos hacer esto creceremos en sabiduría y seremos mejores cada día.

Le aconsejo mantenerse firme en la siguiente idea y no dejar que los humanos ni los demonios le aparten de ella. Usted es un hijo de Dios; usted está *justificado gratuitamente mediante la redención que es en Cristo Jesús.*[5] ¡Sus pecados son perdonados! No pierda esa confianza, puesto que tiene un gran premio como recompensa.

---

[4] *Recomendaciones al pueblo llamado metodista respecto a su manera de vestir, Obras de Wesley*, VII.309-26. Véase también *Reflexiones sobre la indumentaria, Obras*, VII.327.

[5] Ro. 3.24.

¿Puede uno estar justificado por otra cosa que no sea la fe? Nadie puede lograr tal cosa. Por lo tanto, usted es un creyente; usted tiene fe en Cristo; y conoce al Señor; usted puede decir, *«¡Señor mío, y Dios mío!»*[6] Y cualquiera que niegue esto podría igualmente negar que el sol brilla al mediodía.

> Pero ¡aún diez mil pasiones permanecen,
> Y hostigan su alma, del pecado absuelta;
> Se esfuerza por reinar la rebelde naturaleza
> Y es usted impuro, impuro!

Esto está igualmente claro e innegable. Y esto no es sólo su experiencia, sino la de miles de creyentes, a pesar de estar tan seguros del favor de Dios como de su propia existencia. Para terminar con todas sus dudas sobre este asunto, le ruego que vuelva a leer con cuidado los siguientes dos sermones: *Del pecado en los creyentes* y *El arrepentimiento del creyente.*[7]

«Pero ¿es que no hay ayuda? ¿Es que no hay liberación, ni salvación, de este enemigo arraigado?» Claro que sí; si no, muchas promesas grandes y hermosas tendrían que darse por terminadas. *«Esparciré sobre vosotros, agua limpia, y seréis limpiados de todas vuestras inmundicias; y de todos vuestros ídolos os limpiaré».*[8] *«Y circuncidará Jehová tu Dios tu corazón»* (de todo pecado) *«para que ames a Jehová tu Dios con todo tu corazón y con toda tu alma».*[9] A esto llamo santificación (la cual es al mismo tiempo una tarea instantánea y gradual), o perfección, el ser perfeccionado en amor, lleno de amor, en el cual todavía hay lugar para crecer. Pero no tengo tiempo para perderlo en discusiones o argumentos sobre términos, especialmente cuando estamos de acuerdo en lo fundamental. Usted acepta lo que yo sostengo,

---

[6] Jn. 20.28.
[7] Los sermones 13 y 14 en el tomo I de las *Obras de Wesley.*
[8] Ez. 36.25.
[9] Dt. 30.6.

una liberación completa del pecado, la recuperación de la imagen total de Dios, el amar a Dios con todo nuestro corazón, alma, y fuerza. Y usted cree que Dios puede darle todo esto; sí, darle todo esto en un instante. Usted confía en que él obrará. ¡Manténgase firme en esto también, en esta bendita esperanza, que él ha obrado en su corazón! Y con todo celo y diligencia ayude a los hermanos (1) a que permanezcan firmes en lo que han obtenido, es decir, la remisión de todos sus pecados por fe en un Señor sufriente; (2) a que esperen un segundo cambio, por el cual serán salvados de todo pecado y perfeccionados en el amor.

Si ellos quieren llamar a esto «recibir el Espíritu Santo», pueden hacerlo: lo único que la frase en ese sentido no es bíblica ni muy adecuada; porque todos *«recibieron el Espíritu Santo»*[10] cuando fueron justificados. Entonces Dios *«envió a vuestros corazones el Espíritu de su Hijo, el cual clama: ¡Abba, Padre!»*[11]

¡O Joseph, manténgase cerca de la Biblia tanto en su significado como en la expresión! Entonces nunca habrá ninguna diferencia básica entre usted y

Su afectuoso hermano,
Juan Wesley

Esta mañana volví a leer calmadamente la carta que escribí a Lady Huntingdon. Todavía creo que todo lo que escribí en ella es cierto y estoy seguro de que le hablé la verdad en amor. Es una gran pena que cualquiera que desee su bien trate de suavizar las heridas que yo expuse con franqueza en mi carta. Mientras ella resienta mi sincero acercamiento, su crecimiento en la gracia disminuirá.

---

[10] Hch. 8.17.
[11] Gá. 4.6.

1771

A John Fletcher

Parkgate, 22 de marzo de 1771

Durante los últimos treinta a cuarenta años siempre he afirmado la caída total del hombre y su completa inhabilidad para hacer ningún bien que salga de sí mismo; la necesidad absoluta de la gracia, y del Espíritu de Dios para que surja aun un pensamiento o deseo bueno en nuestros corazones; que el Señor no premia ni acepta ninguna obra a menos que no proceda de su gracia anticipante, convincente, y que convierte por medio del Amado; que la única causa meritoria de nuestra salvación es la justicia y la sangre de Cristo. ¿Quién hay en Inglaterra que haya afirmado estas cosas con más fuerza y constancia que yo?

Juan Wesley

****

A Mary Bosanquet

Londonderry, 13 de junio de 1771

Mi estimada hermana:

Creo que la fuerza de su causa descansa en esto: en el *extraordinario* llamado que usted tiene. Estoy tan seguro de esto como de que lo tiene cada uno de nuestros predicadores laicos; de lo contrario, de ninguna manera yo podría aceptar su predicación. Está muy claro para mí que toda esta obra de Dios llamada «metodista», es una dispensación extraordinaria de su providencia. Por lo tanto, no me extraña si algunas cosas ocurren en ella, las cuales no caben dentro de las reglas comunes de la disciplina. La regla común de san Pablo era, *«No permito a una mujer hablar en la congregación».*[1] Sin embargo, en casos extraordinarios, él hizo algunas excepciones; particularmente en Corinto.

Quedo de usted, mi estimada hermana.

Su afectuoso hermano,
Juan Wesley

****

A Varios Predicadores y Amigos[2]

Dublín, 10 de julio de 1771

Estimado Señor:

Usted desea saber mis pensamientos adicionales sobre esas proposiciones con que terminan las *Actas* de nuestra última conferencia:

«Nos hemos inclinado demasiado hacia el Calvinismo».

«1. En cuanto a *la fidelidad del ser humano.* Nuestro propio Señor nos enseñó a usar la expresión; y nunca debemos avergonzarnos de ella. Debemos afirmarla fielmente, basándonos en su autoridad, que, si una persona no es fiel *en las riquezas injustas,* Dios no le *confiará lo verdadero».*[3]

Creo que no hay que decir nada más sobre esto, siendo que está basado en la palabra exacta de Dios.

---

[1] Véase 1 Co. 14.34; 1 Ti. 2.12.
[2] En la Conferencia de 1770 se redactaron unas *Actas Doctrinales* cuyo propósito era enfatizar en la responsabilidad moral de parte del cristiano. Wesley fue atacado por personas de tendencia calvinista, acusándolo de haber renunciado a la doctrina de la salvación por la fe. En esta carta Wesley intenta aclarar su posición. Véase también las cartas del 22 de marzo y 14 de agosto de 1771 a John Fletcher y a Lady Huntingdon.
[3] Lc. 16.11-12.

«2. En cuanto a *obrar para obtener la vida*. Esto también nuestro Señor nos ha ordenado explícitamente. *«Trabajad»* (literalmente «obrad») *«por la comida que a vida eterna permanece»*. Y, de hecho, todo creyente *obra para* igual que *a partir de* la vida.[4]

«Todo creyente»: solamente de ellos habla la proposición. ¿Y quién puede dudarlo?

«3. Hemos recibido como una máxima el que, «una persona no debe hacer nada *para obtener* la justificación». Nada puede ser más falso. Cualquier persona que desee ser aceptada por Dios debe *«dejar de hacer lo malo; aprender a hacer el bien»*.[5] Cualquiera que se arrepiente debe producir *«frutos dignos de arrepentimiento»*.[6] ¿Y si esto no es *para* ser aprobado por Dios, por qué lo hace?

¿Y quién puede negar una línea de esto si cree que la Biblia es verdadera?

Hasta aquí, entonces, no hay base para esta magnífica protesta. Aquí no hay herejía, sino palabras verdaderas y sensatas.

Reexamine todo el asunto.

«1. ¿Quién de nosotros *ahora* está aceptado por Dios?» (Con esto quiero decir ¿quién ahora disfruta de su favor? La pregunta no se refiere a *ganar* el favor de Dios, sino a *estar* en él, en cualquier momento). «Quien cree ahora en Cristo con un corazón obediente y lleno de amor».

Bueno, ¿y quién puede negar esto? ¿Quién puede encontrar alguna falta tanto en la idea como en la expresión?

«2. ¿Y qué de las personas que nunca han oído de Cristo? Quien "teme a Dios y hace justicia" según la luz que tiene». Las mismas palabras de san Pedro: *«En verdad comprendo que Dios no hace acepción de personas, sino que*

---

[4] Jn. 6.27.
[5] Is. 1.16-17.
[6] Mt. 3.8.

en toda nación se agrada del que le teme y hace justicia»[7]
(*dekos auto esti*) está ya en un estado de aceptación.
Refute esto quien pueda.

«3. ¿Es esto lo mismo con *quien es sincero?* Casi, si no
completamente».

Así pienso. Pero yo estoy arguyendo por ningún lenguaje en particular. Puede usarse o no.

«4. ¿No es esto la salvación por las obras? No por el
mérito de las obras, pero sí por las obras como una *condición».*

Por «salvación» aquí quiero decir la salvación final. ¿Y
quién puede negar que tanto las buenas obras internas (amar a
Dios y a nuestro prójimo) como las obras buenas exteriores,
(guardar sus mandamientos) son una condición de ésta? ¿Más
o menos no significa esto lo mismo que la *«santidad, sin la
cual nadie verá al Señor»?*[8]

«5. ¿Sobre qué cosa, entonces, hemos estado debatiendo durante estos treinta años? Temo que *sobre el
significado de las palabras».* Eso es, en cuanto a lo que hemos
debatido (como lo hice con el Dr. Church) si las obras son *una
condición* para la salvación; sí, o para la justificación,
suponiendo que tomamos ese término en el sentido en que
nuestro Señor lo hace (Mt. 12.37), donde (hablando del último
día) dice, *«Porque por tus palabras serás justificado».* Esta
proposición no está relacionada con la justificación que
significa nuestra primera aceptación por Dios.

Es cierto que hace treinta años estuve muy molesto con
el Obispo Bull, aquella gran luz de la Iglesia Cristiana, porque
en su *Harmónica Apostólica* distingue entre nuestra primera
justificación y nuestra justificación final, y afirma que tanto

---

[7] Hch. 10.34-35.
[8] He. 12.14.

nuestras obras buenas interiores como las exteriores son la condición de la última, pero no de la primera.

«6. En cuanto al término *mérito*, del cual hemos tenido tanto miedo, somos premiados *según nuestras obras*; sí, *por motivo de nuestras obras*. ¿Cómo difiere esto de *por causa de nuestras obras*? ¿Y cómo difiere esto de *secundum merita operum* (como merecen nuestras obras)? ¿Puede usted hilar tan fino? Yo no puedo».

Yo busco la verdad; y dondequiera que la encuentre, no solamente la acepto, sino que la afirmo públicamente. Si alguien me puede probar que ésta no es la verdad, me retracto. Pero considerémosla parte por parte. (1) «Teníamos mucho miedo del término *mérito*». Nadie lo puede negar. (2) «Somos premiados (en el último día) *según nuestras obras*». Nadie puede negar esto tampoco. (3) *«Sí, por motivo de nuestras obras».* Tomemos el ejemplo de Abraham, el gran ejemplo para los creyentes: *«Que por cuanto has hecho esto.... de cierto te bendiciré»* (Gn. 22.16-17). «¿En qué difiere esto de *secundum merita operum*, como merecen nuestras obras?» Digo otra vez que no puedo hilar tan fino. Quien pueda tiene mi permiso. Y después que se quede sin voz gritando, «¡O que herejía tan terrible!»

«7. La gran objeción a una de nuestras proposiciones anteriores viene de un hecho real. Dios, de hecho, justifica a quienes por su propia confesión ni *temían a Dios* ni *hacían justicia*. ¿No es ésta una excepción a la regla general? Es dudoso que Dios haga excepciones».

Pero prefiero responder que estamos dejando la cuestión principal, que no es cómo *obtenemos*, sino cómo *retenemos* el favor de Dios.

«8. ¿Cuando hablamos de un *estado* justificado o santificado, no tiende esto a descarriar a las personas, llevándolas casi naturalmente a confiar en lo que se hizo en un momento dado? La verdad es que estamos agradando o desagradando a Dios en cada hora y cada momento, *según nuestras obras*, según la totalidad de nuestras disposiciones interiores de ánimo y nuestro comportamiento exterior».

Quizás la primera parte de esta oración sea un poco fuerte. En vez de *casi naturalmente* yo diría *muy frecuentemente*. Pero la última parte contiene una verdad profundamente importante, que no podemos cansarnos de enseñar. Cada hora agradamos más a Dios o le agradamos menos de acuerdo a la totalidad de nuestro comportamiento interior y exterior.

Si alguna persona sincera lo desea, estoy dispuesto a explicar más extensamente mis pensamientos sobre cualquiera de las ideas anteriores.

Soy,

Su afectuoso servidor,
Juan Wesley

****

A la Condesa de Huntingdon

Cerca de Hay, 14 de agosto de 1771

Mi estimada Lady:

Cuando recibí la carta anterior de su Señoría, no supe cómo contestarla; y juzgué que no solamente el silencio sería la mejor respuesta, sino que también mi silencio agradaría a su Señoría. Cuando recibí la carta de su Señoría con fecha del 2 de agosto, inmediatamente comprendí que requería una respuesta. Decidí esperar hasta que pasara la presión de la Conferencia, cosa de no hacer algo sin pensarlo. Sé que su Señoría «no negaría la verdad servilmente». Yo tampoco lo haría; especialmente esa gran verdad de la Justificación por la Fe, la cual el Sr. Law categóricamente niega (y sin embargo el Sr. Law fue hijo de Dios), esa verdad por la cual yo he sacrificado todas mis esperanzas mundanas, mis amigos, mi reputación; sí, por la cual he puesto tantas veces mi vida en peligro, y por la gracia de Dios lo haré otra vez. «Los principios establecidos en las *Actas*», entiendo que no son contrarios a esto, o a *esa fe*, ese plan consistente de la doctrina, la cual fue *una vez dada a los santos*.[9] Creo que quienes consideren calmadamente las *Cartas* del Sr. Fletcher[10] se convencerán de esto. Por lo tanto, temo que «el fervor en contra de esos principios», no es nada menos que el fervor en contra de la verdad y en contra del honor de nuestro Señor. La preservación de su honor es tan sagrada» para mí, y lo ha sido así por más de cuarenta años, que he estimado, y estimo, *todas las cosas como pérdida*[11] en comparación a esto. Pero hasta que alguien conteste las *Cartas* del Sr. Fletcher, debo pensar que todas las cosas que se han dicho en contra de esas *Actas* son totalmente destructivas al honor de nuestro Señor, y un agravio palpable a él como nuestro Profeta y Sacerdote, y especialmente como Rey de su pueblo. Esas cartas (que, por lo tanto, no pueden ser prohibidas sin traicionar el honor de nuestro Señor) ampliamente prueban que las *Actas* no ponen *otro fundamento que el que está puesto*[12] en las Escrituras, y es el cimiento que yo he colocado y enseñado a otros hacer lo mismo, durante estos treinta a cuarenta años. Sería asombroso que Dios prosperara en este tiempo mi trabajo igual que o más que antes, convirtiendo y convenciendo a los pecadores, si yo estuviera «estableciendo otro fundamento en contra del plan total de salvación humana bajo el nuevo pacto de la gracia, así como la doctrina básica de nuestra Iglesia Establecida y de todas las otras Iglesias Protestantes». ¡Ésta es una acusación

---

[9] Jud. 3.
[10] Cinco cartas de John Fletcher que formaron su obra *First Check to Antinomianism*.
[11] Fil. 3.8.
[12] 1 Co. 3.11.

fuerte! Pero me declaro no culpable. Y hasta que no se pruebe esto de mí, me declaro, mi querida Lady,

El afectuoso pero muy herido servidor de su Señoría.

Juan Wesley

1772

A Ann Bolton

Congleton, 25 de marzo de 1772

Mi estimada hermana:
Mientras más pienso en lo que usted dijo en relación con ese *vacío*, más me inclino a pensar que esa amable mujer Betsy Johnson se ha encontrado con algunos de esos que se llaman «escritores místicos», los cuales abundan entre los católicos romanos. Esos están perpetuamente hablando de el «autodespojo, la autoinanición, la autodestrucción», y así por el estilo. Como decía un buen hombre, todas éstas son semejantes a «la autocontradicción». En verdad, nosotros reconocemos que uno debería esforzarse mucho en apartar el orgullo del ser humano. Muchas veces temo que usted vuelva a caer otra vez en el orgullo, y temo que yo mismo contribuya a que usted vuelva a caer en eso mientras le digo exactamente (como es mi costumbre) los pensamientos que surgen en mi corazón.
Mi Nancy, ¿no es esto doloroso para usted? Sea tan sincera *conmigo* como yo lo soy con *usted*. Y aunque nunca podremos ser demasiado modestos, y aunque nunca podremos humillarnos lo suficiente delante del Dios de amor; yo no puedo aprobar el enfatizar la debilidad del ser humano utilizando esas expresiones. Mi primera objeción hacia ellas es que no son bíblicas. Ahora, usted y yo somos fanáticos de la Biblia. Pensamos que el lenguaje bíblico es como la espada de Goliat, que «no hay otra igual». Pero tales palabras también son peligrosas, porque como consecuencia podrían llevarnos a negar los dones de Dios. Y más aún a

hacer de esta negación un mérito. Y esas expresiones podrían llevarnos a imaginar que le honramos a Él, menospreciando lo que Él ha hecho. Que no suceda esto con usted. Reconozca toda su obra mientras le dé a Él toda la gloria.

Afectuosamente,
Juan Wesley

****

Al Rvdo. Carlos Wesley

Congleton, 25 de marzo de 1772

Querido hermano:

¡Giles Ball *fue* una vez un hombre bueno (como dijo Oliver)![1] Espero no volvamos a otros parecidos. Todavía existe uno famoso en Bristol. Ahora entiendo por qué *no pudo* unirse a nosotros. ¡Pobre Sr. B.! Anteriormente, pensaba mejor de él.

Encuentro que casi todos los predicadores en los circuitos han abandonado la predicación de la perfección cristiana. Dicen que la creen; pero nunca predican sobre ella, ni siquiera una vez cada trimestre. ¿Qué se puede hacer? ¿Pasaremos por alto esta situación, o volveremos a insistir en su importancia?

¡O, qué importante es *el cuidado de las almas*![2] ¡Tú y yo estamos llamados a hacer esto; a salvar almas de la muerte, a cuidarles como los que tienen que rendir cuentas! Si nuestro llamado no implicara más que predicar unas cuantas veces a la semana, lo podríamos tomar livianamente. Pero ¡la predicación es solamente una pequeña parte de

---

[1] La referencia es a Oliver Cromwell, de quien se cuenta que en su lecho de muerte declaró que estaba salvo, porque «una vez» estuvo en estado de gracia.
[2] Wesley escribe esta frase en latín.

nuestro deber (tanto tuyo como mío)! Dios te dice a ti tanto como a mí: «Haz todo lo que puedas, que sea más o que sea menos, para salvar las almas por quienes mi Hijo ha muerto». Que esta voz siempre resuene en nuestros oídos; entonces rendiremos cuentas con gozo. ¡*Vámonos, no demores más*!³ Me avergüenzo de mi indolencia e inactividad. ¡Que el buen Señor nos ayude a los dos! ¡Adiós! *Adiós*.⁴

****

A Samuel Bardsley

Bolton, 3 de abril de 1772

Estimado Sammy:
Me alegro saber que está en su circuito otra vez. Ahora esfuércese todo lo que pueda. Nunca se avergüence de la antigua doctrina metodista. Aliente a todos los creyentes a *seguir hacia la perfección*.⁵ Insista en todos los lugares que se puede recibir la segunda bendición por medio de una fe sencilla, y que esto puede suceder en un instante y ahora mismo. Lea otra vez el *Tratado de la perfección cristiana*.⁶ Y procure siempre hablar de una manera sencilla y directa.
Quedo de usted, estimado Sammy, afectuosamente,
Juan Wesley

****

---

³ Cita de un antiguo autor latino, escrita por Wesley en el lenguaje original.
⁴ Wesley escribe esta palabra en griego.
⁵ He. 6.1.
⁶ *Obras de Wesley*, VIII.21-168.

A Hannah Ball

Bradford, 7 de julio de 1772

Mi estimada hermana:

Usted puede aprender una buena lección por lo que ha sucedido últimamente: no construir su fe sobre un solo texto bíblico, y mucho menos sobre una interpretación particular de ese texto. La obra de Dios en su alma es el mismo si se interpreta este texto de una manera u otra. Por lo tanto, tenga cuidado en suponer que su experiencia básica no es genuina, simplemente porque podría usted estar equivocada en cuanto al significado de un texto en particular. Ore; y observe que Dios mismo puede, y frecuentemente lo hace, impactar a una persona (o para justificar o para santificar un alma) usando un significado que no es el sentido directo de ese pasaje. Permitiendo, entonces, que el pasaje mencionado directamente se refiera al cielo,[7] sin embargo, esto no probaría que usted fuese engañada en cuanto a la obra que Dios hizo en su alma cuando el pasaje fue aplicado a usted con otro significado.

¡Mi estimada amiga, adiós!

Juan Wesley

****

A Mary Stokes

Sheffield, 10 de agosto de 1772

Mi estimada hermana:

Habiendo terminado por el momento mis ocupaciones en Leeds, he llegado hasta aquí en mi viaje

---

[7] Se trata de Ap. 3.12.

hacia Bristol. En el camino tendré que detenerme en Haverfordwest; por lo tanto, no espero poder estar en su casa hasta el 30. ¡Cuántas bendiciones podrá usted recibir mientras tanto siempre y cuando las busque en la misma forma en que recibió al Señor Jesucristo! Por lo tanto, siga caminando en él. ¡Guárdese de entrar en caminos nuevos, y de buscar una sabiduría más allá de lo que está escrito! Quizás al principio todo esto sería muy agradable; pero al final se convertiría en algo muy amargo. ¡Oh, mi hermana, mi amiga, temo por usted! Sospecho que usted está desviándose del camino. *Cuando ores entra en tu aposento, y cerrada la puerta, ora a tu Padre que ve en lo secreto,*[8] entonces es el momento de gemir delante de él quien lee en el corazón, la oración inexpresable. Pero el mantenerse en silencio en la congregación de su pueblo es completamente nuevo, y, por lo tanto, completamente erróneo. Por mil seiscientos años nunca se oyó de una reunión silenciosa en la Iglesia de Cristo. Le aconsejo que vuelva a leer con mucha oración ese pequeño tratado, *Carta a un cuáquero.* Temo que está usted al borde de un precipicio, y no lo sabe. El enemigo se ha vestido con la faz de un ángel, y usted lo ha tomado por un amigo. ¡Retírese inmediatamente! ¡No se acerque a esos hombres formales y moribundos llamados cuáqueros! ¡Manténgase cerca de su clase, de su banda, de sus antiguos maestros; ellos tienen las palabras de vida eterna! ¿Alguno de ellos la ha ofendido? ¿Ha sido puesto algún obstáculo en su camino? No esconda nada, mi estimada Molly.

Con verdadero afecto,

Juan Wesley

Espero estar en Haverfordwest dentro de diez días.

****

---

[8] Mt. 6.6.

A Philothea Briggs

19 de octubre de 1772

Para los de corazón sencillo, la diferencia entre la tentación y el pecado es generalmente obvia; pero en algunos casos no es obvia: allí necesitamos la unción del Santo. Esa humildad voluntaria que llama a cada defecto un pecado, no es agradable a Dios. Propiamente hablando el pecado es simplemente *«una transgresión voluntaria de una ley conocida de Dios».*[9]

****

A Penelope Newman

Wycombe, 23 de octubre de 1772

Mi estimada hermana:

Me alegra saber que su pequeño viaje a Bristol fue beneficioso. Siempre estuve seguro de que su conversación con esos cristianos de experiencia sería de ayuda para usted, y la capacitaría mejor para su trabajo con su pequeño rebaño en Cheltenham. Solamente en un punto nuestros amigos en Bristol han estado una y otra vez en algún peligro. Han estado en peligro de ser afectados por la lectura de los que se llaman autores místicos. Estos autores (particularmente Madame Guyon) tienen abundantes ideas excelentes. Tienen muchas observaciones finas y elegantes; pero a la misma vez creen tener una sabiduría más allá de lo que está escrito en la Biblia. Están continuamente *complicando* la sencillez del cristianismo. Pero *complicar* la religión es dañarla. Es la

---

[9] Véase 1 Jn. 3.4.

cosa más sencilla que se pueda concebir: es simplemente el amor humilde, gentil y paciente. No es nada más ni nada menos que esto; según está descrito en el capítulo 13 de [La Primera Epístola a] los Corintios. ¡Oh, no se aparte de esto! ¡Nada puede estar más alto que el amor; que ésta sea su meta, no aspire a nada más! Deje que el fuego del amor sencillo arda en su corazón.

Si tiene la oportunidad de darse un tratamiento eléctrico, esto le quitaría el dolor de su ojo, si éste vuelve a recurrir. Me alegro saber que mis queridas hermanas no sufrieron durante su ausencia. Ésta es otra muestra de que su viaje fue agradable a Dios. Sentí una gran alegría cuando la vi a usted, expresando su amor sencillo y sin fingimiento; y la estimo más por eso. Tan libremente como me hablaría si estuviéramos juntos, mi querida Penny, así libremente escriba a, afectuosamente,

Juan Wesley

De vez en cuando debería decirme lo que Dios ha obrado en usted y a través de usted.

****

A Ann Bolton

25 de octubre de 1772

Mi estimada hermana:

El tema sobre el cual estuvimos hablando últimamente requiere más explicación. No puede imaginarse toda la dificultad que he tenido por muchos años para evitar que nuestros amigos *compliquen* la sencillez de la religión. Por lo tanto, cuidadosamente he tratado de evitar que lean a los escritores místicos, como usualmente se les llama; porque son las personas más astutas en complicar la religión que han aparecido en el mundo cristiano y las más cautivadoras. Hay algo fascinante en ellas. Cuando uno se sumerge en el mundo de ellos, no encuentra como salir. Algunos de los más importantes son, aunque de diferentes maneras, Jacob Behmen y Madame Guyon. Mi querida amiga, no se deje llevar hacia ese mundo secreto; manténgase en el camino sencillo y abierto de la Biblia. No tenga como su meta nada más alto, ni más profundo que la religión descrita ampliamente por nuestro Señor en el Sermón del Monte, y resumida brevemente por san Pablo en el capítulo 13 [de la primera carta] a los Corintios. Mi anhelo es que usted más y más sea llena de un amor sencillo, paciente y gentil. Créame, no encontrará usted nada más alto que esto hasta que esta mortalidad sea revestida de la vida eterna. Todas las expresiones altisonantes o misteriosas usadas por esa clase de escritores o significan esto o están equivocadas. ¡Oh, cuídese de ellos! Déjeles antes de que sea influenciada por ellos.

Fue un placer estar con usted la última vez que nos encontramos. Que su vida esté más y más llena de un amor humilde. Afectuosamente,

Juan Wesley

****

A Ann Bolton

Londres, 5 de diciembre de 1772

Mi estimada hermana:

No recuerdo ningún momento en que usted me haya hecho una pregunta y que yo no haya contestado. Nunca he oído a nadie mencionar nada con relación a usted a causa de eso; pero yo mismo estuve preocupado por usted. A lo mejor puedo encontrar faltas en usted que otros no verán; porque le conozco completamente. Conozco todos sus gestos y estados de ánimo, porque anhelo para usted una vida santa y sin mancha.

Lo que he visto en Londres fue la causa de la primera advertencia que le di. George Bell, William Green, y muchos otros, en aquel entonces llenos de amor, fueron favorecidos con revelaciones extraordinarias y manifestaciones de Dios. Pero por esta misma razón Satanás los sedujo a olvidar la sencillez que hay en Cristo. A través de grados imperceptibles fueron guiados a valorar estos dones extraordinarios más que la gracia normal de Dios; y no les pude convencer que un grano de amor humilde era mejor que todos estos dones puestos juntos. Esta situación, mi querida amiga, fue lo que me hizo temer por usted. Esto me hace llamarle la atención una y otra vez. La fe y la esperanza son dones gloriosos, como también lo es todo rayo de eternidad que penetra en el alma. Aun así, éstos son solamente medios; el amor es el fin de todo, y lo más grande de todo. Que el Señor lo derrame sobre su corazón como nunca lo ha hecho antes.

Sin falta, dedique una hora cada dos días a la labor del amor, a pesar de que usted no puede ayudar a los necesitados como quisiera. Encomendándola a usted a quien es poderoso para hacerla perfecta en cada buena palabra y obra, quedo de usted.

Afectuosamente,
Juan Wesley

****

A Martha Chapman

Londres, 17 de diciembre de 1772

Mi estimada hermana:

Mientras más bien haga, más personas estarán tentadas a ir en contra de usted. Pero siga adelante. El

Espíritu de gloria y de Cristo descansará aún más sobre usted. Resistiendo esa tendencia a la timidez, la conquistará. Mientras más la resista más se debilitará. No debe dejarse vencer por el mal humor; la gracia de Dios es suficiente para usted. Tal parece que está usted en el lugar que le corresponde. ¿Cómo sabe usted que ha ganado a su hermano?[10]

La mejor forma de leer es hacerlo usando un método preciso: por ejemplo, un capítulo o dos (según el tiempo que tenga) en el Antiguo Testamento con las *Notas* en la mañana; y más o menos un capítulo del Nuevo Testamento y las *Notas*[11] en la tarde o en la noche. En segundo lugar, sería útil leer en orden las *Works*,[12] pero no lea muy rápido, ni tampoco demasiado a la vez, puesto que toda lectura debería ir acompañada de meditación y oración. Lea un poco; ore y medite mucho. En nuestras conversaciones en Oxford, teníamos una regla para que éstas fueran útiles. Se planeaba cada conversación antes de reunirnos para considerar cuál sería el asunto más útil para discutir y el procedimiento a usarse. Y aunque usted sola no es suficiente para llevar a cabo todo esto, hay Uno que está cerca para suplirle todas sus necesidades. Ame a Dios y confíe en él para todas las cosas; y continúe amando por su causa, mi estimada Patty, a afectuosamente,

Juan Wesley

---

[10] Mt. 18.15.
[11] Publicadas en los tomos IX y X de las *Obras de Wesley*.
[12] La colección de las *Obras de Wesley* publicada por él mismo.

1773

A George Shadford

[fines de marzo] de 1773

Estimado George:
Le ha llegado a usted el tiempo de embarcarse para América. Debe ir a Bristol donde se encontrará con Thomas Rankin, el Capitán Webb, y su esposa.
Le dejo libre, George, en el gran continente de América. Predique su mensaje abiertamente bajo el sol y haga todo el bien que pueda.
Quedo, mi estimado George.

Afectuosamente,
Juan Wesley

****

A James Creighton

Enniskillen, 24 de mayo de 1773

Reverendo señor:
Sus importantes preguntas merecen una contestación más amplia que la que en estos momentos tengo tiempo para darle. Por lo tanto le ruego acepte dos o tres pequeños tratados[1] donde sus preguntas están contestadas detalladamente.

---

[1] No pude conseguir otra copia del *Llamado ferviente* que esta que está sucia. Nota de Wesley. Véase *Un llamado ferviente a personas razonables y religiosas*, en *Obras de Wesley*, VI.11-73.

(1), (2), (3) Los llamados metodistas, observan más los *Artículos*, *Rúbricas*, y *Cánones* de la Iglesia, que ninguna otra gente en los tres reinos. No discrepan de ninguno de ellos voluntariamente, a pesar de que los *Cánones* ingleses nunca fueron establecidos por la ley. (4) Los metodistas sostienen que ninguna persona puede ser salva por una fe sin obras: que (5) la fe necesariamente no produce buenas obras; (6) ni universalmente ni instantáneamente: (7) que ninguna persona puede ser salva sin su propio esfuerzo: (8) que la persona no es enteramente pasiva en el proceso de salvación. (9) La revelación está terminada: pero no podremos ser salvos a menos que Cristo sea *revelado* en nuestros corazones; (10) ni tampoco hasta que Dios limpie los pensamientos de nuestros corazones por medio de la *inspiración* de su Espíritu Santo.

Que Dios le capacite perfectamente a usted para amarle a él y dignamente magnifique su santo nombre.

Quedo de usted, reverendo señor.

Su hermano y siervo en Cristo,
Juan Wesley

****

A Hannah Ball

Londres, 4 de octubre de 1773

Mi estimada hermana:

Haber sido sellado por el Espíritu en todo el sentido de la palabra, para mí implica dos cosas: (1) el recibir la imagen total de Dios, todo el sentir que hubo en Cristo, como recibe la cera, la impresión completa del sello cuando éste le es aplicado fuerte y propiamente; (2) la completa certidumbre de la esperanza, o una confianza clara y permanente de vivir con Dios en la gloria. Cualquiera de estas dos cosas puede ser dada separadamente una de la otra (y algunas veces es así, a pesar de que no es frecuente). Cuando las dos se unen, entonces yo creo que constituyen el Sello del Espíritu. Pero aun esto ocurre en varias etapas: confío en que usted se encuentre en una de estas etapas. ¡Obre y ore! ¡Haga y sufra la voluntad total de Quien la llama! Y él proveerá lo que necesite.

Quedo, mi estimada hermana.

Afectuosamente su hermano,

Juan Wesley

****

A Thomas Rankin[2]

Londres, 4 de diciembre de 1773

Estimado Tommy:

El Capitán Webb no dice mentiras intencionalmente, pero habla descuidadamente; así que tenemos que tener esto en cuenta cuando él habla, pues de lo contrario seremos engañados. ¿Pero dónde está él ahora y qué está haciendo? Temo que su esposa va a necesitar mucha paciencia.

Sería una falta *de usted* tolerar que alguien que no es parte de la Sociedad permanezca como líder. Bajo ningún concepto hay que tolerar a líderes que son inadecuados. Del mismo modo, debe hablar honestamente con las sociedades presten esta atención o no. No les diga continuamente «Ustedes están muertas», porque eso terminaría con ellas. Esfuércese en estimular esperanzas hablándoles con júbilo,

---

[2] Thomas Rankin fue el Ayudante de Juan Wesley en América. La misión americana comenzó en abril de 1773. Los colegas de Rankin fueron George Shadford, Francis Asbury, Richard Boardman, Joseph Pilmoor y Robert Williams.

pero al mismo tiempo fuertemente. Exhórteles a esperar tiempos mejores; sí, como nunca los han visto antes.

Estimo que George Shadford hará bien en Nueva York. Lo mismo hará Robert Williams por algún tiempo.

Se ha hecho usted mucho daño por estar razonando tanto las cosas, y si no se cuida les hará daño a otros. Ha habido cosas buenas en América. Muchas cosas buenas han sucedido, y hubiesen sido más si los hermanos Boardman y Pilmoor hubiesen continuado siendo metodistas genuinos tanto en la doctrina como en la disciplina. Es responsabilidad *de usted* suplir sus insuficiencias. Para eso ha sido usted enviado. Si el hermano Shadford, Asbury, y usted trabajan en conjunto, ¿quién podrá detenerles? Porque ustedes, confiando en Aquel que los ama, son suficientes para cambiar a América. Continúe en su nombre y el poder de su fuerza y todos sus enemigos serán llamados mentirosos.

¡Lea a David Brainerd otra vez, y vea su ejemplo! Él fue un buen soldado de Jesús. ¡Ah! Pero primero sufrió y después vio el fruto de su labor. ¡Vaya y haga lo mismo!

Le escribí a Robert Williams y le di permiso para publicar las *Notas* por mi cuenta; nada por cuenta propia. Nunca supe lo que hizo hasta después.

¡Sea valiente! Fortalézcase en el Señor, y verá días mejores, y podrá enviar mejores noticias a, estimado Tommy.

Su afectuoso amigo y hermano,
Juan Wesley

****

A Samuel Sparrow

Londres, 28 de diciembre de 1773

Estimado señor:

Estamos completamente de acuerdo en la cuestión de la autoridad. Nuestras guías son las Escrituras y la razón.

Estamos de acuerdo, también, que aquellos predicadores que «se olvidan de sus obligaciones morales, que menosprecian la santidad como si fuera basura, que les enseñan a las personas ese camino fácil para alcanzar el cielo, de la fe sin las obras», no pueden fallar en atraer una multitud de oyentes; y, por lo tanto, no es de extrañar que la iglesia de Blackfriars y la capilla en Lock estuviesen llenas a capacidad.

También hay «una base justa para acusar a los predicadores, tanto allá como en el Tabernáculo,[3] de una falta grave de caridad». La mayoría de ellos mantienen que todos los que no creen como ellos se encuentran en un estado de condenación, es decir, todos los que no creen en ese decreto de elección absoluta, la cual necesariamente implica absoluta reprobación.

Pero nadie fue persuadido por ninguno de estos medios a escucharnos a mi hermano y a mí o los predicadores asociados con nosotros, sino precisamente lo contrario. Nosotros nos basamos en dos principios: (1) Nadie alcanza el cielo sin santidad de corazón y vida; (2) quienquiera que siga esto (no importa cuál sea su opinión) es «*mi hermano y hermana y madre*».[4] Y, hasta hoy, no nos hemos desviado ni por el ancho de un pelo de esta posición.

Así fue que dos jóvenes sin nombre, sin amigos, sin poder o fortuna, «salieron de la universidad con principios totalmente diferentes de los de la gente común» para oponerse al mundo, aprender y desaprender; para «combatir los prejuicios populares» de todo tipo. Nuestro primer principio atacaba directamente toda la maldad en el mundo, el segundo todo el fanatismo. Así intentaron una reforma, no de opiniones (pequeñeces que no valen la pena mencionar), sino de los estados de ánimo y la vida de las personas; de toda clase de

---

[3] La capilla de George Whitefield en Londres.
[4] Mt. 12.50; Mr. 3.35.

vicio; de todo aquello que va en contra de la justicia, la misericordia, o la verdad. Y por esto arriesgaron sus vidas, que tanto la gente común de la nobleza como la del pueblo, los consideraron como si fueran perros rabiosos, y así mismo los trataron; algunas veces diciendo: «¿Quién golpeará ese perro rabioso en la cabeza?»

Deje que cada uno hable, entonces, como pueda; en cuanto a mí, no puedo admirar la sabiduría, la virtud, o la felicidad de los seres humanos. Dondequiera que he estado, he encontrado la mayoría de los seres humanos, cristianos, tanto como los no creyentes, deplorablemente ignorantes, viciosos, y desdichados. Estoy seguro que así son en Londres y en Westminster. El pecado y el dolor están en todos los sitios. ¿Y quién puede explicar esto sino sobre la suposición de que todos estamos en un estado de perdición? Tengo muchas pruebas de que no hay otra explicación. Sin embargo, nadie tiene que perecer; porque tenemos un Salvador poderoso, uno que puede y está deseoso de salvar completamente a todas las personas que vengan a Dios a través de él.

Quedo, estimado señor.

Su afectuoso servidor,
Juan Wesley

1774

A la Sra. Bennis

Londres, 1 de marzo de 1774

Mi estimada hermana:
Elizabeth Harper[1] se sentía frecuentemente sin dirección también; y en ese caso el mejor camino es permanecer quieta: no puede hacer nada más que contarle todas sus necesidades a Dios, quien puede y desea suplirlas.

Le incluyo la carta de James Perfect, con el propósito de que hable con él. Es una persona inteligente y honesta de corazón; pero usted ha malinterpretado completamente su doctrina. Él predica la salvación por la fe en la misma forma en que mi hermano y yo la predicamos, y como el Sr. Fletcher (uno de los mejores escritores de la época) la ha explicado de una manera tan hermosa. Ninguno de nosotros hablamos de ser aceptados por nuestras obras; eso es una calumnia calvinista. Pero todos afirmamos que no somos salvos sin las obras, que las obras son una condición (aunque no la causa meritoria) de la salvación final. Es por la fe en la justicia y la sangre de Cristo que recibimos el poder para hacer todas las buenas obras; y es por causa de esto que todos los que temen a Dios y obran justamente son aceptados por él.

---

[1] Unos días antes, el 10 de febrero, la Sra. Bemmis le había escrito a Wesley diciéndole que había estado leyendo el *Diario* de Elizabeth Harper, cuya fe sencilla le hacía dudar de la suya.

Es mejor para nuestra gente que no escuchen al Sr. Hawksworth.[2] El calvinismo no les hará ningún bien. En cuanto a lo demás, vea la carta que le envié al Sr. McDonald, con quien espero usted tenga algunas conversaciones. No se desaliente: creo verdaderamente que Dios visitará al pobre Waterford en amor. Siga adelante. Aliente al deprimido; por medio de la fe y la oración, fortalezca al debilitado; reprenda y dé ánimo. ¿Ha separado usted algunos días para ayunar y orar? Tome por asalto el trono de la gracia, y persevere en eso, y la misericordia descenderá.

Quedo de usted, mi estimada hermana.

Su afectuoso hermano,
Juan Wesley

****

A la Srta. March

Sunderland, 17 de junio de 1774

Me alegro saber que usted piensa en mí aun cuando no nos vemos; temía que no fuera así. Usted necesita ejercicio y aire fresco; y si hace un plan de ejercicio y lo sigue, probablemente se mejorará y fortalecerá su salud aun cuando tenga treinta y cuatro o treinta y cinco años. Alrededor de esa edad ocurre frecuentemente un cambio en la constitución tanto del hombre como de la mujer. En este momento usted está bien y no necesita preocuparse por el mañana.

El orar por quienes amamos es sin duda el fruto del afecto, pero es un afecto que agrada a Dios y es obra del Espíritu Santo en nosotros. Por lo tanto, es cierto que la

---

[2] En la misma carta, la Sra. Bemmis le informaba a Wesley que este predicador calvinista había llegado a Waterford, donde había problemas en el seno de la Sociedad Metodista, y abiertamente aprovechaba esos problemas para llevarse a los miembros de la Sociedad.

intercesión, que es el resultado del afecto, está de acuerdo a la voluntad de Dios.

He aquí una pregunta extremadamente difícil: «¿Hasta qué punto podemos desear la aprobación de las personas buenas?» No creo que pueda probarse que tal deseo esté prohibido en ninguna parte de las Escrituras. Pero requiere una fuerte influencia del Espíritu Santo para prevenir que el deseo se convierta en exceso.

La amistad es una de las clases de amor; y es, en su sentido adecuado, un amor desinteresado y recíproco entre dos personas. Las personas malvadas, aparentemente, son incapaces de la amistad. Porque «quien no le teme a Dios no puede amar a un amigo». También es cierto, que todo aquel que teme a Dios es capaz de la amistad. La amistad requiere una actitud mental especial, sin la cual no puede existir. Las cualidades de la amistad cristiana son las mismas que las cualidades del amor; las que san Pablo describe tan hermosamente en el capítulo trece de la primera epístola a los Corintios. Y produce, según la ocasión, toda palabra y obra buena. Muchas personas han establecido reglas por las cuales debe regirse el amor; pero su contenido no puede expresarse en pocas palabras. Una es, «Renuncie a todo por su amigo, menos a una buena conciencia delante de Dios».

Indudablemente, ha habido ejemplos de una amistad verdadera entre los judíos; sí, y entre los paganos, quienes fueron susceptibles a ella; pero de ninguna manera eran personas malvadas; eran personas temerosas de Dios y que hacían justicia[3] de acuerdo a la dispensación bajo la cual se encontraban. Entiendo que las personas malvadas, no importa bajo cual dispensación se encuentren, son absolutamente incapaces de una amistad verdadera. Por personas malvadas

---

[3] Véase Hch. 10.34-35.

quiero decir, personas que abiertamente profanan, o que no tienen ni rectitud, ni misericordia, ni verdad. Puede haber una sombra de amistad entre ellos, sean del mismo sexo o diferente. Pero seguramente falta la esencia de la amistad; en todas mis experiencias no he encontrado excepción a esta regla.

Después de haber conocido por treinta y cuatro años a la Srta. Johnson no me siento en libertad al hablar con ella. Quizás usted sí pueda. En la mayoría de los casos tiene buen juicio, a pesar de que su inteligencia natural no es muy sólida. Pero la de la Srta. Newman sí lo es: mientras más uno la conoce, más aprecia uno su espíritu. A las otras que usted menciona, les falta un poco más de edad y experiencia; entonces podrán ser compañeras suyas.

****

A Thomas Rankin

Epworth, 21 de julio de 1774

Estimado Tommy:

En su carta del 30 de mayo me da usted un informe agradable sobre su pequeña conferencia en Filadelfia. Creo que G. Shadford y usted no desean innovaciones, sino que aman la doctrina y disciplina metodista que siempre hemos enseñado. He estado últimamente pensando mucho sobre un detalle, en el cual quizás hemos fallado. No hemos hecho una regla, para que tan pronto una persona sea justificada, se le recuerde que tiene que *continuar hacia la perfección*.[4] Ese es el momento preciso y preferible a todos los otros. Es entonces cuando tienen la simplicidad de los niños pequeños, están fervientes en espíritu, están listos a cortarse

---

[4] He. 6.1.

la mano derecha y sacarse el ojo derecho.[5] Pero si permitimos que este fervor mengüe, se nos haría difícil volver a   traerles otra vez a este punto.

****

A los Autores del «Monthly Review»

Reigate, 30 de noviembre de 1774

Señores:

Fácilmente puedo creer lo que su corresponsal afirma (*Review*, octubre de 1774), que hay algunos dueños de esclavos a quienes les queda muy poca humanidad, y que las leyes de Georgia venden la sangre de solo un esclavo por cada amo, y determinan el instrumento con el cual él debe torturar a los demás.

Lo que todavía es el espíritu general de los dueños de esclavos en América, se puede observar en una carta de Filadelfia que tengo en mis manos:

Como una prueba más de la inhumanidad con la cual los pobres negros son tratados, mencionaré dos anuncios publicados en los periódicos, uno de Virginia y otro de Carolina del Norte:

De la *Williamsburg Gazette*:

«Se escapó el diez de este mes, un negro robusto, llamado Bob. Es un fugitivo de la ley, y daré diez libras esterlinas de recompensa por su cabeza cortada de su cuerpo y cuarenta chelines si lo entregan vivo».

De uno de los periódicos del Carolina del Norte:

«Se escapó en noviembre pasado, del que firma, un negro, llamado Yeb; de treinta y cinco años de edad. Como es un fugitivo, pagaré veinte libras esterlinas a cualquier persona que me entregue su cabeza cortada de su cuerpo y cinco libras esterlinas si lo entrega vivo. John Mosely».

Quedo, señores.

Su humilde servidor,
Juan Wesley

****

---

[5] Véase Mt. 5.29-30.

A Mary Bishop

Reigate, 30 de noviembre de 1774

Mi estimada hermana:

Cuando por primera vez nos convertimos, a todos nos hacemos de todo,[6] para no lastimar nuestras propias almas, y tenemos el propósito firme de agradar a todos para su propio bien, y cuidamos de que nuestra conversación sea siempre edificante y pueda ministrar la gracia a los que escuchan. Pero para poder hacer esto tenemos necesidad del poder que viene de arriba y de la sabiduría que está sentada junto al trono. Solamente esto nos puede ayudar a ordenar nuestra conversación para que sea de beneficio tanto para otras almas como para las nuestras.

Antes de que esto pueda ser llevado a cabo, uno tiene que dominar su tendencia a ser reservado por naturaleza, y solamente ejercitar esa cautela con aquéllos de quienes uno no sabe nada, o no sabe nada bueno. A lo mejor hay una ocasión más en la cual será conveniente, si no necesario; por ejemplo, cuando personas buenas (por lo menos en alguna medida), actúan de una forma indigna de su carácter, pierden el tiempo, o se complacen en una conversación que no tiene ningún propósito de mejorar al que habla ni al que escucha.

Creo que no sería lo mejor para usted salir menos de lo que ha hecho antes. Suponiendo que usted tiene más fe y más amor (como yo quisiera pensar que tiene), ciertamente debería salir más a menudo. De otra forma, su fe morirá poco a poco. Es *por las obras* que la fe puede *perfeccionarse*. Y mientras más uno cede al amor, a la soledad, más aumentará este. Ésta es una tentación común en los seres humanos. En todas las épocas y países Satanás ha susurrado a quienes han

---

[6] Véase 1 Co. 9.22.

comenzado a *gustar los poderes del siglo venidero*[7] (igual que a Gregorio López), «¡Al desierto! ¡Al desierto!»[8] La mayoría de nuestra pequeña manada en Oxford fueron probados con esto, en particular mi hermano y yo. Pero no; yo digo «¡A la Biblia! ¡A la Biblia!» Y allí usted aprenderá, según tenga oportunidad, a hacer bien a todos:[9] advertir a toda persona, exhortar a toda persona cuando tenga la oportunidad; aunque la mayor parte de su cuidado y labor debe ser para los que son *de la familia de la fe*.[10] Ciertamente, puede hacer bien a los demás continuamente sin poner en peligro la salvación de su propia alma. Lo que usted necesita en estos momentos es la sencillez, en el sentido que el arzobispo de Cambray[11] usa la palabra: aquella gracia «por la cual el alma deshecha todas las reflexiones innecesarias sobre sí misma». Quisiera poder decir de usted, como dije de una persona joven hace muchos años, cuando le envié su pequeño libro,

¿En el arte y la naturaleza, podremos encontrar
colores que te describan?
Habla, pluma de Cambray, por la mente de Sally,
que es pura sencillez.

Quedo de usted, mi estimada Srta. Bishop.

Afectuosamente,
Juan Wesley

****

A la Srta. March

Londres, 27 de diciembre de 1774

Estuve unos pocos minutos con la Srta. M____ cuando estuvo en la ciudad dos o tres años atrás. Parecía ser

---

[7] He. 6.5.
[8] Wesley escribe estas frases en francés, aunque Gregorio López era español y vivió en México.
[9] Gá. 6.10.
[10] Gá. 6.10.
[11] Fénelon.

de un temperamento suave, flexible y alerta. Juzgo por sus cartas que todavía tiene muchas convicciones y grandes deseos de ser una verdadera cristiana. Al mismo tiempo, está claro que está rodeada de obstáculos y algunas veces insiste en actuar en contra de su conciencia. Es extremadamente difícil aconsejar a una persona cómo responder en semejantes circunstancias. Lo primero que yo aconsejaría de todos modos es, «no haga nada en contra de su conciencia. En el momento oportuno, después de orar pidiendo valor, dígale a su amiga que usted no está de acuerdo con tales y tales cosas. No dudo que ella tomará especial cuidado en que nadie le presione sobre esos asuntos». Abandonar el lugar es el último paso a tomar si ella descubre que no puede salvar su alma allí.

Usted sabe que es natural para mí pensar que mientras más años uno tiene más sabiduría y bondad se adquieren, y suponer que la experiencia más amplia es la mejor. Pero a pesar de que hay más ventajas en tener una experiencia amplia y que debemos confiar más en un soldado de experiencia que en uno que no la tiene, aun así, Dios no está atado a reglas; frecuentemente hace una gran obra en poco tiempo. Convierte hombres y mujeres jóvenes en personas más sabias que las de más edad; y les da en poco tiempo a muchos una comunión más profunda y más cercana consigo mismo que otros logran durante muchos años. Betsy y Philly Briggs son testigos. Ellas han sobrellevado grandes contradicciones; y Philly ha resistido golpes que hubiesen podido destruir algunas de las almas más estables que tenemos en Londres.

Hay una gran calma y mansedumbre en Betty Johnson; pero yo busco más suavidad y ternura; quiero que lo humano y lo divino se mezclen más. Y algunas veces espero esto de la Srta. March también. Su fervor apasionado no es lo mismo que la ira; por lo menos, no es una ira pecaminosa; a lo mejor seríamos culpables sin ese fervor. No deseo la la apatía en la religión; un cristiano está muy lejos de ser un estoico.

En cada caso, la última apelación debe ser a nuestra propia conciencia. Sin embargo, nuestra conciencia está lejos de ser un guía infalible, porque todo temperamento imperfecto tiende a sobornar y a cegar el juez.

1775

A Thomas Rankin

Londres, 1 de marzo de 1775

Estimado Tommy:

Le envío sin demora mi carta con el paquebote de marzo en vez de esperar hasta abril.

Tan pronto como sea posible debe llegar a un acuerdo claro y completo con el hermano Asbury (si se ha recuperado) y con Jemmy Dempster. Pero le aconsejo al hermano Asbury que regrese a Inglaterra tan pronto como pueda.

Ahora existe una probabilidad de que Dios oirá las oraciones y los consejos de Ahitofel, se convertirán en necedades.[1] Es probable que la paz se restablezca entre Inglaterra y las Colonias.[2] Pero ciertamente la dudosa situación presente se puede mejorar para el beneficio de muchas personas. Estarán más fuertemente inclinadas ahora a «terminar con sus pecados por medio del arrepentimiento, si esto quiere decir alcanzar su tranquilidad».

Quedo, mi estimado Tommy, su afectuoso amigo y hermano.

Juan Wesley

P.D. Pienso viajar mañana a Irlanda.

Añado unas líneas a todos los predicadores:

---

[1] Véase 2 S. 15.12, 31.
[2] El siguiente mes ocurrió la primera batalla de la Revolución Norteamericana, la batalla de Lexington.

Londres, 1 de marzo de 1775

Mis estimados hermanos:

Nunca antes en sus vidas han estado ustedes en una situación tan difícil como en la que se encuentran ahora. Su responsabilidad es convertirse en agentes de paz, ser cariñosos y atentos con todos, pero no incorporarse a ningún partido. A pesar de las insistencias, de las palabras duras o suaves, no digan ni una sola palabra en contra de un lado ni del otro. Manténganse puros, hagan todo lo que puedan para ayudar y suavizar las cosas; pero tengan cuidado en como adoptan este papel.

Estén seguros de estar siempre unidos: esto es sumamente importante. No solamente no dejen que surjan amarguras o corajes entre ustedes, sino tampoco timidez o frialdad. Identifiquen las personas que tratarán de ponerles unos contra los otros. Siempre encontrarán estas personas. No les presten atención; mejor vayan tras ellas y que todo se exponga abiertamente.

La conducta de T. Rankin ha sido de provecho para el plan de los metodistas: espero que todos ustedes sigan sus pasos. Que su ojo sea bueno.[3] Estén en paz los unos con los otros, y el Dios de paz será con ustedes.

Quedo mis estimados hermanos.

Su afectuoso hermano,
Juan Wesley

****

---

[3] Mt. 6.22.

A John King

Cerca de Leeds, 28 de julio de 1775

Mi estimado hermano:

Siempre que le llamen la atención, acepte esto como un favor; es la marca más segura del amor.

Le aconsejé una vez y usted lo tomó como una ofensa; sin embargo, lo haré una vez más.

No grite más;[4] estará poniendo su alma en peligro. Dios le advierte ahora a través de mí, a quien Él ha puesto sobre usted. Hable tan vehemente como pueda, pero no grite. Hable con todo su corazón, pero con voz moderada. Fue dicho de nuestro Señor *«no gritará»*;[5] y eso es lo que la palabra significa. En esto sea un seguidor mío, como yo soy de Cristo. Yo hablo fuerte con frecuencia, a menudo con mucho entusiasmo, pero nunca grito, nunca me excedo. No me atrevo; sé que sería un pecado en contra de Dios y mi propia alma. A lo mejor una razón por la cual ese buen hombre, Thomas Walsh, sí, y John Manners, también sufrieron tanto antes de morir fue porque acortaron sus propias vidas.

¡Oh, John, ore por un temperamento que acepte consejo y enseñanzas! Por naturaleza usted está muy lejos de esto; usted es terco y obstinado. Escribió su última carta en muy mal estado de ánimo. Si no puede aceptar consejos de otros, seguramente puede aceptarlos de

Su afectuoso hermano,
Juan Wesley

****

---

[4] King era conocido como un predicador de voz estentórea.
[5] Is. 42.2. Literalmente el inglés dice *«He shall not cry»*. Luego Wesley explica que la palabra original significa que no gritará, *«He shall not scream»*.

Al Rvdo. Carlos Wesley

Ramsbury Park, 17 de octubre de 1775

Querido hermano:

Se necesita tiempo para corregir las opiniones de la gente; pero no debemos permitir que nada nos desanime. He *echado mi pan sobre las aguas*,[6] y hubiese estado contento, aunque no hubiese habido respuesta. Dediqué varias horas de esta mañana al «Americanus».[7] Trataré de responder a las ideas más importantes. Quisiera explicar todo lo demás tan bien como expliqué mi cambio de opinión.

Ahora ha surgido un peligro nuevo: el peligro de perder mi amor por los americanos; quiero decir por sus miserables líderes; puesto que las pobres ovejas «reciben la fuerza del pecado de otros más que del pecado de ellas mismas», especialmente desde que recibí los informes sorprendentes de James Ireland. Sin embargo, la mayoría de la gente tanto en Inglaterra como en América no tienen malas intenciones; están simplemente siguiendo a sus líderes, y siguen las órdenes sin saber por qué.

Espero estar el viernes en Londres y hablar con el comité acerca de la construcción de la nueva Fundición. Ramsbury Park es un sitio precioso y la familia es muy amable. Es una pena que no puedas visitarles. Está a cuatro millas de Marlborough, y solamente una milla al norte del camino a Londres. ¡La paz sea contigo y con los tuyos! ¡Adiós!

Juan Wesley

****

---

[6] Ec. 11.1.

[7] Seudónimo de un autor que escribió en contra de la posición de Wesley expresada en sus *Apacibles palabras a nuestras colonias americanas* (*Obras*, VII.129-43), donde Wesley critica la Revolución Norteamericana.

Al Editor del «Lloyd's Evening Post»

Norwich, 29 de noviembre de 1775

Señor:

Me han preguntado seriamente, ¿Con qué motivos publicó usted su artículo *Apacibles palabras a nuestras colonias americanas*?

Y seriamente contesto, no para obtener dinero. Si esa hubiese sido mi intención, lo hubiese hecho más largo para vender por un chelín el panfleto y lo hubiese distribuido en el Stationer's Hall.

No para obtener promoción para mí o para los hijos de mi hermano. Soy un poco demasiado mayor para buscarla para mí; si mi hermano o yo la buscamos para ellos, lo único que tenemos que hacer es mostrarle al mundo.

No para agradar a ninguna persona viviente, de alta o baja sociedad. Conozco a la humanidad demasiado bien. Sé que los que le aman a uno por razones políticas, le aman menos que a su comida, y los que le odian le, odian más que al diablo.

De ninguna manera escribí con la intención de enardecer a nadie; sino lo contrario. Traté de hacer una pequeña contribución para extinguir el fuego que cubre todo el país. He tenido más oportunidad de observar esto que cualquier otra persona en Inglaterra. Observo con dolor a qué extremos esto ha llegado en todas partes de la nación. Y veo a muchos echando aceite en la llama al vociferar: «¡Cuán injustamente, cuan cruelmente está el Rey tratando a los pobres americanos, quienes están solamente exigiendo sus libertades y sus privilegios legales!»

No hay manera posible ahora para extinguir esta llama o evitar que siga creciendo y creciendo, sino mostrar que los americanos no están siendo tratados ni cruel ni injustamente;

que no se les está haciendo daño, puesto que no están exigiendo su libertad (esta la tienen plenamente, tanto civil como religiosa); tampoco buscan ningún privilegio legal, porque gozan de todas las garantías que sus cédulas otorgan. Pero lo que ellos exigen es el privilegio ilegal de estar exentos de los impuestos parlamentarios; éste es un privilegio que todavía ninguna cédula ha otorgado a ninguna colonia americana; que ninguna cédula puede dar, a menos que no esté confirmada por el Rey, por la Cámara de los Lores y la Cámara de los Comunes; que de hecho, nuestras colonias nunca han tenido, que nunca han reclamado hasta el gobierno presente, y probablemente nunca lo hubiesen reclamado ahora si no hubiesen sido instigados por cartas desde Inglaterra. Una de éstas fue leída de acuerdo a los deseos del escritor, no solamente en el Congreso Continental, sino de igual manera en muchas congregaciones a través de las provincias combinadas. Les recomendaba apoderarse de todos los oficiales del Rey; y les aconsejaba lo siguiente: «Manténganse firmes solamente por seis meses, y para ese tiempo habrá tales disturbios en Inglaterra que podrán obtener lo que desean».

Siendo esto el estado real de las cosas, sin prejuicios, ¿qué persona imparcial puede acusar al Rey o alabar a los americanos?

Por eso, para apagar al fuego, colocando la culpa donde es debido, se escribieron las *Apacibles palabras*.

Señor, quedo.

Su humilde servidor,
Juan Wesley

En cuanto a los editores, escritores de noticias, el *London Magazine*, y toda esa clase de caballeros, se portaron como yo esperaba que lo hicieran. Déjenlos que le laman la baba al Sr. Toplady, un campeón digno de su causa.

1776

Al Impresor del *Gazetteer*

Londres, [25] de enero de 1776

Hasta cierto punto estoy muy agradecido a los seño-res (o al señor) que dedican tanto tiempo a comentar la *Me-dicina elemental*;[1] y humildemente le pediría de favor que dijeran algo sobre el libro (no importa qué) en media docena o más de sus periódicos. Si no se dijera nada sobre el libro, la mayoría de las personas ignorarían que existe tal tratado en el mundo. Pero al ellos mencionarlo, esto despierta la curiosidad de la gente, y así ayuda a la distribución del libro.

El señor que firmó su comentario como XXX en su periódico de la semana pasada (probablemente el Sr. Antídoto) parece haber dicho su última palabra, y muy débilmente, por cierto. Pero comienza muy generosamente: «El Sr. Wesley está demasiado orgulloso, autosuficiente, y muy dedicado a su propia importancia, para contestar al Sr. Caleb Evans o a otro corresponsal». ¡Cuán gravemente se equivoca y con qué obvia y palpable mentira comienza! ¿No he dado una respuesta directa, tanto al Sr. Evans como al Sr. Antídoto, y a S.E. y P.P. en los periódicos públicos?

Sin embargo, le agradezco por informarme sobre la diferencia entre «onzas, escrúpulos, dracmas, y granos». Sin eso, después de confundir una dracma por un grano, pude haber confundido una onza por una dracma.

---

[1] Un manual que Wesley escribió sobre remedios caseros para enfermedades comunes.

Pero una objeción terrible le sigue: «Algunas personas *leen a la carrera*. La vida completa del Sr. Wesley es una prueba que él es esa clase de lector. De esa forma ha leído las Escrituras, y de esa forma lee todos los libros».

Hay un poco de verdad en esto. Por varios años, mientras mi hermano y yo viajábamos a pie, teníamos por costumbre que el que caminara detrás del otro leía en voz alta algún libro de historia, poesía, o filosofía. Por muchos años después (siendo que mi tiempo en la casa lo dedicaba mayormente a escribir) era mi costumbre mientras viajaba a caballo leer libros menos complicados. En los últimos años, desde que un amigo me regaló un coche, acostumbro leer en él. Pero no es en esa forma que trato las Escrituras: las leo y medito sobre ellas día y noche. No fue *a la carrera* que escribí y repasé dos veces las *Notas*[2] sobre el Nuevo Testamento (sin mencionar las del Antiguo), que contienen más de 800 páginas impresas en cuartos.

«Pero ¿fue corregido este *supuesto error de imprenta* de escribir dracma por grano antes que el error fuese descubierto en el *Gazetteer*?»

Su próxima pregunta contesta esto.

«¿O se hizo referencia sólo en la fe de errata, con *por dracma léase grano*?»

Añado una palabra con relación a la objeción anterior. En un sentido, todavía leo mientras voy caminando. Avanzo, aunque sin apuro. Tengo que hacer esto, porque tengo mucho trabajo y poco tiempo. ¿Cuánto tiempo más le queda a una persona que está entre los setenta y ochenta años? ¿Y por esta razón no podrían permitirme estar equivocado en más de un punto?

Juan Wesley

****

---

[2] *Obras de Wesley*, tomos IX y X.

A Alexander Knox

Londres, 27 de enero de 1776

Mi estimado Alleck:

Le escribí una contestación a su problema específico uno o dos días después que recibí su última carta. No entiendo cómo no llegó, a menos que alguien la haya interceptado. Su enfermedad continuará solamente el tiempo que sea necesario para apagar las pasiones de la juventud, para mantenerle muerto para el mundo, y prevenir que busque la felicidad donde nunca estuvo ni tampoco nunca podrá ser encontrada. Véalo desde este punto de vista: es una gran bendición y una prueba de que Dios se preocupa y vela por usted....

No puedo sino admirar la sabiduría y la bondad de la Divina Providencia con relación a usted. Como ya tiene todas las necesidades y comodidades de la vida; como tiene un padre cariñoso y complaciente; y como tiene por naturaleza un temperamento alegre y libre, con toda probabilidad usted hubiese despertado la admiración y el afecto de sus familiares y amigos, y hubiese depositado su felicidad en ellos, si no hubiese sido preparado un equilibrio tan maravilloso para usted. Una enfermedad corriente, especialmente una transitoria, no hubiese cumplido ese propósito, ni le hubiera salvado de admirarse a usted mismo o ser admirado por otros. Por lo tanto, Dios le mantiene mucho tiempo en su escuela, la mejor escuela donde la Infinita Sabiduría podía ubicarle, para que usted pueda aprender completamente a ser manso y humilde, de corazón, y busque toda su felicidad en Dios.

Deseándole muchas felicidades a mi estimada Sra. Knox y a los pequeños,

Quedo de usted.

Afectuosamente,
Juan Wesley

A la Srta. March

Londres, 7 de febrero de 1776

He encontrado algunas de las personas pobres y sin educación que tienen gustos y sentimientos exquisitos; y muchos, pero muchos ricos, que casi no tienen ningunas de estas cualidades. Pero no quiero hablar de esto: quiero que usted hable más, mucho más, con la gente más pobre, quienes, si no tienen gustos, tienen almas, que usted podría guiar en su camino al cielo. Y ellas tienen (muchas de ellas) fe y el amor de Dios en una medida mayor que ningunas otras personas que yo conozco. Incorpórese poco a poco entre ellas a pesar de la suciedad y de un centenar de circunstancias desagradables, dejando atrás los prejuicios de su clase. No se limite a hablar solamente con personas corteses y elegantes. Esto es lo que a mí me gustaría hacer igual que a usted; pero no puedo encontrar un precedente para esto en la vida de nuestro Señor o ninguno de sus apóstoles. Mi estimada amiga, que usted y yo caminemos como él caminó.

Ahora entiendo lo que usted ha dicho con relación a los Perronet; pero me temo que en esto usted ha sido demasiado susceptible. Es cierto que su predicación está acompañada con el poder de Dios dirigido hacia el corazón de muchos; ¿y por qué no al suyo? ¿No se debe a una falta de sencillez? «¿Va usted a escuchar al Sr. Wesley?» dijo un amigo al Sr. Blackwell. «No», contestó él, «voy a escuchar a Dios: le escucho a él, no importa quien predique; de lo contrario pierdo todo mi esfuerzo».

«Usted no estaría satisfecho, sino convirtiendo mundos enteros. Pero cortará leña, o cargará ladrillos y mortero; y cuando usted haga esto en obediencia, según la disposición de la Providencia, será de más provecho para su propia alma que cualquier otra disposición». Puede que usted recuerde el otro comentario que hizo el Sr. Renty: «Entonces vi que un cristiano bien instruido en la fe nunca se deja detener por ninguna persona o cosa. Porque cualquier cosa que prevenga que él haga buenas obras le da una nueva oportunidad de someter su voluntad a la voluntad de Dios; que en ese momento es más agradable a Dios y más beneficioso para su alma que cualquier otra cosa que él pudiera hacer».

Nunca deje que sus gastos excedan sus ingresos. A los sirvientes yo les pagaría tanto como otros pagan por el mismo servicio y nada más. Es imposible establecer reglas generales en cuanto a lo que quiere decir «ahorrar todo lo que podamos» y «dar todo lo que podamos».[3] Parece que en esto debemos dejarnos dirigir de tiempo en tiempo por la unción del santo. Los espíritus malignos indudablemente tienen abundante trabajo que hacer en un mundo maligno; frecuentemente en conjunto con personas malas, y frecuentemente sin ellas.

Juan Wesley

****

A Joseph Benson

Cerca de Londres, 22 de febrero de 1776

Estimado Joseph:

Basta de amenazas; es hora de actuar. En noviembre pasado le dije a la Sociedad en Londres: «Nuestra regla es reunirnos con una clase una vez a la semana, no una vez cada dos o tres. Les advierto, ahora, que no les daré boletos a nadie en febrero, sino a quienes hayan hecho esto». Yo he cumplido mi palabra. Vaya usted y haga lo mismo dondequiera que visite las clases. Empiece, si es necesario, en

---

[3] Véase el Sermón 50, «El uso del dinero», en el tomo III de las *Obras de Wesley*.

Newcastle, y prosiga a Sunderland. Ya no aceptamos solamente promesas. Excluya a los que no se han reunido siete veces en el trimestre. Lea sus nombres en la sociedad, e infórmeles a todos que en el próximo trimestre serán excluidos todos los que no se hayan reunido doce veces (esto es, a menos que no hayan podido hacerlo por la distancia, enfermedad, o por algún negocio inevitable).

Y sin temor o favoritismo destituya a los líderes, lo mismo de clases que de bandas, que no vigilan sobre las almas que han sido encargadas a su cuidado «como quienes tienen que rendir cuentas».

Quedo, estimado Joseph.

Afectuosamente,
Juan Wesley

****

A Mary Bishop

Rochdale, 17 de abril de 1776

Mi estimada hermana:

El libro del Sr. Jones sobre la Trinidad es más fuerte y claro que ninguno de los que he visto antes sobre el tópico. Si algo falta, es la aplicación, para que no aparezca ser meramente una doctrina especulativa, la cual no tiene influencia sobre nuestros corazones o vidas; pero esto es abundantemente proporcionado por los *himnos* de mi hermano.

Después de toda la discusión que se ha hecho acerca de los misterios, y la molestia que nos ha dado, nada es más cierto que a ningún ser humano se le requiere creer en ningún misterio. Con relación a la Trinidad, por ejemplo, ¿qué se me exige que crea? No la *manera* en que el misterio existe. Esto no es el objeto de mi fe; la sencilla *realidad* es que «estos Tres son Uno». Esto creo, y solamente esto.[4]

La fe es dada de acuerdo a nuestras necesidades presentes. Usted tiene ahora la clase de fe que es necesaria para vivir para Dios. Todavía usted no ha sido llamada a morir. Cuando lo sea, tendrá fe para esto también. Por hoy mejore la fe que tiene ahora, y confíele a Dios el mañana.

Algunos escritores hacen una distinción que parece bien. Hablan de la parte esencial del cielo y de las partes secundarias. Una persona sin ninguna educación haría la misma distinción. Así que el pobre campesino que se estaba muriendo en Frederica dijo: «Claro que el cielo es un buen sitio, un *sitio* muy bueno; pero no me importa eso: yo quiero *ver a Dios* y *estar con Él*». Yo no sé si la pregunta usual estará bien planteada: «¿Es el cielo una condición del ser o un sitio?» No hay oposición entre estos dos; es tanto lo uno como lo otro. Es el *sitio* donde Dios mora más directamente con esos santos que están en una *condición* glorificada. Homero sólo pudo imaginar un sitio que estaba pavimentado con bronce. Milton en una parte de su poema habla de un *cielo pavimentado de láminas de oro*; en otra parte lo define más sublimemente «la casa de Dios, *pavimentada de estrellas*». Una descripción de esta casa de Dios tan completa como somos capaces de imaginar la encontramos en varias partes del libro del Apocalipsis. Allí tenemos una vista hermosa del lugar santísimo, donde hay, primero, el que está sentado en el trono; entonces las cuatro criaturas vivientes; entonces, los veinticuatro ancianos; después, la gran multitud, la cual ninguna persona puede contar; y alrededor de todos ellos, el gran número de ángeles que Dios ha constituido en un orden maravilloso.

---

[4] Véase el Sermón 55, «Sobre la trinidad», en el tomo III de las *Obras de Wesley*.

«Pero ¿qué es lo esencial del cielo?» Indudablemente
es ver a Dios, conocer a Dios, amar a Dios. Entonces enten-
deremos su naturaleza, y sus obras de la creación, de la providencia, y de la redención. Aun en el paraíso, en el estado
intermediario entre la muerte y la resurrección, aprenderemos
más sobre esto en una hora que lo que hubiésemos aprendido
en un eón durante nuestra estadía en el cuerpo. En efecto, no
podemos decir cómo existiremos, o qué clase de cuerpos tendremos: el alma no estará limitada por la carne y la sangre;
sino que probablemente tendrá alguna clase de vehículo etéreo,
aun antes de que Dios nos cubra «con nuestra casa más noble
de luz celestial».

¡No, mi estimada amiga, no! No es egoísmo sentirse
complacida por hacer el bien. Esto prueba que su mente estaba
bien con anterioridad; entonces «Dios le contesta en el gozo de
su corazón». Así que tenga más y más sed de la santidad; y así
conceda más y más alegría a,

Afectuosamente,
Juan Wesley

****

A Penelope Newman

Londres, 9 de agosto de 1776

Mi estimada hermana:

Antes de recibir su carta habíamos estado hablando en
la Conferencia sobre ese mismo punto: las formas de prevenir que la religión espiritual degenere en formalidad. Es
necesario que nos guardemos de esto continuamente, porque
destruye la raíz de toda la obra de Dios. Uno de los medios
mediante los cuales Dios nos cuida de caer en la formalidad
es la tentación, y por supuesto las cruces de todo tipo. Por
estos medios, y por otros, él nos mantiene despiertos, y nos

motiva a que vigilemos en oración. ¡Así está ahora motiván-
dola a usted! Escuche su voz; y sentirá más que nunca la vida
de Dios obrando en usted.

Estimada Penny, quedo de usted.

Afectuosamente,
Juan Wesley

****

A Elizabeth Ritchie

Londres, 12 de agosto de 1776

Mi estimada Betsy:

Hablar de «pensar sin ideas» es una sinrazón completa.
Cualquier cosa que surja en su mente es una idea; así que estar
sin ideas es no pensar. El ver, el sentir, el gozo, la tristeza, el
placer y el dolor son ideas. Por lo tanto, estar sin ideas es estar
sin sentido o razón. El Sr. _____ verdaderamente no entiende
la palabra; él la confunde con las imágenes.

¡Oh, desee solamente el amor! No hay nada más alto
en la tierra o en el cielo. Cualquier cosa de la cual él hable que
parezca estar más alta que el amor es entusiasmo[5] natural o
sobrenatural. No desee ninguna de esas cosas extraordinarias.
Tal deseo puede ser una entrada a miles de engaños. Quisiera
que el enfoque de sus deseos estuviera en:

¡Deseo el testimonio, Señor
De que hago lo que está bien!
¡Conforme a tu palabra y voluntad,
Agradable a tus ojos!
No pido experiencias más altas.
¡Sé complaciente en esto!

---

[5] Véase la nota explicativa sobre «el entusiasmo» en la carta a Susana Wesley,
[11 de junio de 1731] en el tomo XIII de las *Obras de Wesley*. También el
Sermón 37, «La naturaleza del entusiasmo», en el tomo II. Y la nota otra
explicativa en *Obras de Wesley* VI.6.

Y pronto, o luego, llévame
A mi felicidad eterna.
Usted dice que Satanás le ha tendido una trampa. ¿Qué
trampa fue? Me interesa cualquier cosa que a usted le interese.
Oh, continúe recordándome en todas sus oraciones.

Afectuosamente,
Juan Wesley

****

A los Miembros y Amigos de las Sociedades Metodistas

Londres, 18 de octubre de 1776

Mi querido hermano:
La Sociedad en Londres les ha prestado ayuda a sus
hermanos en varios lugares de Inglaterra. Lo ha estado haciendo así por más de treinta años; lo han hecho alegre y
generosamente. En el primer año de la colecta para la Deuda
General, recogieron sobre novecientas libras esterlinas; el
próximo año, cerca de trescientas; y un poco menos el resto
de los siguientes años.
Ahora ellos mismos se encuentran en la necesidad de
asistencia. Están bajo la necesidad de construir, porque la
Fundición y todas sus casas adyacentes van a ser derrumba-
das; y la ciudad de Londres ha otorgado terreno para construir, pero con la condición de que tengamos suficientes fondos para terminar, y con las casas grandes al frente y la nueva
capilla, costaría más de seis mil libras esterlinas, siendo esto
un estimado moderado. Por esto les ruego la cooperación de
todos los hermanos. Es hora de ayudar a la Sociedad madre,
que ha ayudado a las demás grandemente y con buena voluntad por tantos años. Ahora ayúdenme a mí, que considero
esto como una gentileza hacia mí, a lo mejor la última de este
tipo que pediré de ustedes. Reúnan lo que convenientemente

puedan, para ser pagado ahora, en la Navidad o en el próximo Día de la Anunciación.

Quedo.

Afectuosamente su hermano,
Juan Wesley

Los síndicos son John Duplex, Charles Greenwood, Richard Kemp, Samuel Chancellor, Charles Wheeler, William Cowland, John Folgham.

****

A John Mason

Londres, 21 de noviembre de 1776

Mi estimado hermano:

Uno de los *Frenos*[6] del Sr. Fletcher considera ampliamente la suposición calvinista «que el hombre natural está tan muerto como *una piedra*»; y revela la completa falsedad y locura de ella, siendo que ninguna persona está exenta de la gracia anticipante, y cada grado de gracia es un grado de vida.

Que, «por la ofensa de uno, el juicio cayó sobre todos los seres humanos» (todos los nacidos en este mundo) «para condenación», es una verdad indudable, y afecta a cada recién nacido, así como también a cada persona adulta. Pero es igualmente verdad que «por la justicia de uno, el don gratuito vino sobre todas las personas» (todas las nacidas en el mundo, niño o adulto) «para justificación».[7] Por lo tanto, recién nacido infante nunca fue o nunca será «enviado al infierno por la culpa del pecado de Adán», puesto que tal pecado es

---

[6] Título original en inglés: *Checks to Antinomianism.*
[7] Véase Ro. 5.15-16.

cancelado por la justicia de Cristo tan pronto como son enviados a este mundo.

Continúe trabajando, especialmente visitando de casa
en casa y verá usted los frutos de su labor. Quedo.

Su afectuoso amigo y hermano,
Juan Wesley

****

A Mary Bishop

Londres, 26 de diciembre de 1776

Mi estimada hermana:

Su evaluación sobre la Srta. Mahon es correcta. Usted ha hecho todo lo posible; y si ella no aceptara más sus
servicios, su sangre caerá sobre su propia cabeza. Pero yo no
me daría por vencido todavía. Le he escrito al Sr. Valton en
Oxford, y le expresé mi deseo de que hablara con la Sra.
Mahon. Quizás una carta de ella sería de provecho. Pero no
espero oír nada bueno de su hija mientras ella esté avergon-
zada de asistir a la predicación.

O ese texto en Ezequiel 23.8 significa literalmente lo
que dice o no tiene ningún significado. De hecho, nada es más
cierto que esto de que miles mueren por la negligencia de
otros. Y, sin embargo, Dios está completamente justificado en
ello, porque la causa principal de su destrucción es su propia
negligencia; el no ocuparse en su *salvación con temor y
temblor*.[8]

Además de los otros propósitos de la oración, éste es
uno, y parece ser el más importante: que Dios conteste nuestras peticiones. Pedir es el medio establecido para recibir, y

---

[8] Fil. 2.12.

es lo mismo para otros que para nosotros; como podemos aprender en parte de la razón misma, pero más plenamente de nuestra propia experiencia, y más claramente aún de la revelación. La razón nos enseña a argumentar desde la analogía. Por ejemplo, usted (porque me estima) haría por una tercera persona más de lo que hubiese hecho de otra forma, porque yo se lo pido. ¡Aún más, Dios dará bendiciones, en una forma que excede su forma acostumbrada, a aquéllos por los cuales interceden sus hijos amados, porque ellos se lo piden en oración! ¡Y cómo todas estas experiencias confirman esto! ¡Cuántas veces las peticiones de otros han sido contestadas para nuestro bien, y las nuestras para el bien de otros!

Pero de todas las pruebas, la más decisiva es la Escritura: *«Id a mi siervo Job, y él orará por vosotros; porque de cierto a él atenderé».*[9] No era una bendición temporal lo que estaba aquí en cuestión, sino una espiritual, el perdón de sus pecados. Así que cuando san Pablo dijo, *«Hermanos, orad por nosotros»,*[10] no deseaba esto por razones temporales solamente, *«para que fuese librado de la boca del león»,*[11] sino por razones espirituales, *«para dar a conocer con denuedo el misterio del evangelio».*[12] Pero los ejemplos de esto son innumerables. En prueba de la verdad general de que Dios nos da tanto bendiciones temporales como espirituales, en contestación a las oraciones mutuas, solamente tengo que recordarle de una escritura más: *«Oren por él; y la oración de fe salvará al enfermo; y si hubiere cometido pecados, le serán perdonados».* La promesa en el versículo siguiente es más completa: *«Orad unos por otros, para que seáis sana-*

---

[9] Job 42.8.
[10] 1 Ts. 5.25.
[11] 2 Ti. 4.17.
[12] Ef. 6.19.

dos»[13] de cualquier cosa que ustedes hayan confesado los unos a los otros.

Me da tristeza cuando veo a mujeres jóvenes piadosas que no son tan activas como deben ser, viendo que cada una recibirá *su propia* recompensa de acuerdo a *su propia* obra. ¡Oh, no pierda tiempo! Use toda oportunidad para hacer el bien. Y, mi estimada amiga, provéale más alegría.

Afectuosamente,

Juan Wesley

---

[13] Stg. 5.14-16.

1777

A Joseph Benson

Londres, 11 de enero de 1777

Estimado Joseph:

Lo que tengo que decirle es breve. Necesito que usted se reúna con las Sociedades de Sunderland y Shields durante el próximo trimestre y que no le dé boletos a ninguna persona que no se comprometa a no vender o comprar provisiones de contrabando. Siento que _____ no le ahorró la molestia: creí que era otra clase de persona.

Continúe insistiendo con John Reid hasta que escriba un informe sobre la situación. Esto debe hacerse mientras las cosas estén frescas en su memoria. De otra forma perderemos muchos detalles que no deben ser olvidados.

Han trabajado rápidamente para terminar la capilla para la predicación en Sheephill; creí que recién estaban empezando.

Acabo de recibir dos cartas de Nueva York; una de ellas de George Robinson, quien vivía en Newcastle. Me informaron que todos los metodistas allí eran fieles al gobierno, y por esa razón perseguidos por los rebeldes, pero no hasta la muerte; que los predicadores todavía están siendo amenazados, pero se les permite seguir predicando; y que la obra de Dios aumenta en Maryland y Virginia.

Quedo, estimado Joseph.

Afectuosamente,
Juan Wesley

****

A Walter Churchey

Londres, 25 de junio de 1777

Mi estimado hermano:

En el presente estoy bien, porque tengo unas pocas libras esterlinas, si no veintenas de libras, menos que nada. No dejo más dinero en mi testamento que lo que tendré en mi bolsillo el día que me muera.

Mi religión me obliga «a recordarles a las personas de *someterse a las autoridades superiores*».[1] La lealtad es para mí una rama esencial de la religión, y es triste si algunos metodistas la olvidan. Hay una relación muy íntima, por lo tanto, entre mi religión y mi conducta política; la misma autoridad me ordena: *«Temed a Dios»* y *«Honrad al rey»*.[2]

El Dr. Coke promete mucho, y nos da razón para esperar que él traerá no solamente la flor, sino también la fruta. Hasta aquí se ha portado muy bien, y parece estar consciente de su enemigo, el aplauso. También va a estar en peligro porque su testimonio va a ofender a algunos. Si usted le conoce, una carta amigable sería útil, y sería recibida con gratitud. En estos momentos está en una situación indecisa y en la necesidad de toda la ayuda que uno le pueda dar.

Espero estar en Monmouth (viniendo de Worcester) el miércoles, 9 de julio, y en Brecon el 10.

Quedo.

Afectuosamente, su hermano,
Juan Wesley

****

---

[1] Ro. 13.1.
[2] 1 P. 2.17.

A la Sra. Barton

Bristol, 29 de julio de 1777

Mi estimada hermana:

Está bien que usted ha aprendido a decir: *«Jehová dio, y Jehová quitó»*.[3] Su hija ha partido solamente un poco antes de usted. ¡Cuán pronto estaremos con ella! De ninguna forma es inconsistente, con la resignación cristiana pedir, condicionalmente, *«Pase de mí esta copa»*; pero sólo si se añade: *«Pero no sea como yo quiero, sino como tú»*.[4]

El gozo eufórico, que frecuentemente es dado al principio de la justificación o de la santificación completa, es una gran bendición; pero raramente continúa por mucho tiempo antes de que se convierta en amor tranquilo y apacible. Creo que si la Srta. Hurrell pudiera pasar un poco de tiempo con usted, sería de gran ayuda para muchos.

Quedo, con cariño para el hermano Barton.

Afectuosamente, su hermano,
Juan Wesley

****

A Alexander Mather

[Bristol, 6 de agosto] de 1777

¡No, Aleck, no! El peligro de que el metodismo se arruine no está en esto. Surge de un origen diferente. Nuestros predicadores, muchos de ellos, han caído. No son espirituales. Su relación con Dios no es una experiencia viva. Están sin fuerzas, débiles, con miedo de que la gente piense mal

---

[3] Job 1.21.
[4] Mt. 26.39.

de ellos, del trabajo y de las dificultades. No tienen el espíritu que Dios le dio a Thomas Lee en Pateley Bridge o a usted en Boston. Denme cien predicadores que no le tengan miedo a nada, solamente al pecado y que deseen solamente a Dios, y a mí no me importa si son clérigos o laicos. Solamente ellos podrían sacudir las puertas del infierno y establecer el reino de los cielos en la tierra.

Juan Wesley

****

A la Sra. Mary Wesley

Gwennap, 1 de septiembre de 1777

Querida mía:

Sinceramente deseo una reconciliación contigo si pudiéramos hacerla bajo ciertas condiciones. De lo contrario no resultaría; y entonces el último error podría ser peor que el primero. ¿Pero cuáles serían esas condiciones bajo las cuales probablemente podría tener éxito? Para saberlo debemos hablar claramente; lo cual haré tan brevemente como me sea posible, dejando fuera todas las circunstancias innecesarias.

Algunos años atrás, sin mi consentimiento y sin yo saberlo, me dejaste y te estableciste en Newcastle.

Te recibí otra vez sin ningunas condiciones; no, sin ningún reconocimiento de que hubieses actuado mal.

Dos años atrás me dejaste otra vez sin mi consentimiento y sin yo saberlo. Después de unos días, nos encontramos y (para mi sorpresa) parecías dispuesta a regresar. Yo estuve dispuesto a recibirte bajo estas condiciones: (1) Devolver mis papeles; y (2) prometer que nunca más te apoderarías de ellos.

Pero pensándolo bien, veo que actué apresuradamente, puesto que tú habías dado copias de mis papeles, y éstos no los podía recuperar. Además, habías hablado toda clase de mal en contra de mí, particularmente a mis enemigos y a los enemigos de la causa que yo defiendo. Con esto muchas personas malas han triunfado y han sido confirmadas en sus caminos malos; y muchas personas buenas, pero débiles han tropezado, y muchas han sido llevadas otra vez a la perdición. Una espada ha sido puesta en las manos de los enemigos de Dios, y los hijos de Dios han sido armados unos contra los otros.

Estando así las cosas, si yo fuera a recibirte ahora mismo sin ningún reconocimiento o reparación de estos errores de tu parte, sería entendido por toda persona razonable como una confirmación de todo lo que has dicho.

Pero se podría preguntar «¿Qué reparación tú puedes o estás dispuesta a hacer?»

Yo no sé si estás dispuesta a hacer alguna. Si lo estás, ¿qué reparaciones puedes hacer? En verdad muy pocas; puesto que el agua se ha derramado y no puede ser recogida otra vez.

Todo lo que puedes hacer ahora, si tan dispuesta estás, es corregir lo que has dicho. Por ejemplo, has dicho una y otra vez que he vivido en adulterio estos últimos veinte años. ¿Tú crees esto, o no? Si lo crees, como puedes pensar en vivir con tal monstruo. Si no lo crees dilo por escrito. ¿No es esto lo menos que puedes hacer?

Juan Wesley

****

A Samuel Wells

Bristol, 11 de septiembre de 1777

Mi estimado hermano:

Puede ser que usted recuerde que en la reunión trimestral se habló que las contribuciones presentes no pueden

sostener a cuatro predicadores; y se consideró lo siguiente:
¿Qué se puede hacer para aumentar las contribuciones o bajar los gastos?

Pensamos que la forma más fácil para aumentar las
contribuciones era ésta: dejar que las sociedades que tienen
más capacidad económica contribuyan trimestralmente de
acuerdo a sus posibilidades.

	£	c.	p.
Coleford ha decidido contribuir	1	0	0
Motcomb		10	6
Corsely		10	6
Frome		6	6
La de Bradford puede contribuir	1	0	0
Freshford		10	6
Shaftesbury		8	0
Seand		7	6
Catbench		4	6
Oakhill		2	6

Si ellos pueden y hacen esto, nada faltará.

Para poder bajar los gastos, la Sociedad de Motcomb
se ha comprometido a preparar la cena trimestral cada solsticio
de verano, la Sociedad de Coleford cada fiesta de san Miguel,
y las Sociedades de Frome y Corsley cada Navidad. Si la Sociedad de Bradford escoge prepararla en la Anunciación, estaría bien. Si no, Motcomb hará ésta también. De esta manera,
varias libras esterlinas al año serán ahorradas y muchas quejas
incómodas serán prevenidas.

Una cosa más deseo. Les pido a todas las sociedades
de Wiltshire que hagan como hacen en otros circuitos, pagar
su colecta trimestral cuando reciben sus boletos. Y es entonces que espero que las personas que tienen propiedades ade-
lanten sus suscripciones de acuerdo a sus posibilidades. De

estos fondos provean a los otros predicadores primero, y después usted.
Quedo.

Su afectuoso amigo y hermano,
Juan Wesley

****

A Walter Churchey

Londres, 18 de octubre de 1777

Mi estimado hermano:
Usted ve cómo «la buena inteligencia anticipa las cosas». Estamos de acuerdo que no habrá lugar para la política en
la *Revista Arminiana*, Pero habrá lugar para la poesía; solamente mi hermano y yo decidiremos qué poemas serán publicados. Puede ser que algunos piensen que somos demasiado
cuidadosos al escoger los poemas; pero esto no lo podemos
evitar. En cuanto a una reseña de libros religiosos, estaría bien;
pero tengo dos objeciones: (1) dudo de mi capacidad para el
trabajo; (2) por ningún precio voy a estar atado a leer toda la
literatura religiosa que se imprime.
¡La paz sea con usted y con los suyos, jóvenes y ancianos!
Quedo.

Su afectuoso hermano,
Juan Wesley

****

A Mary Bishop

Londres, 16 de noviembre de 1777

Estimada Srta. Bishop:
Me ha quitado usted completamente el miedo (que no
era muy grande) de que siguiera usted el ejemplo de la pobre

Srta. Flower y se uniera con los cuáqueros. Me alegro de que usted no se deje influenciar ni siquiera por quienes ama, y espero que siempre responda, «soy amiga de Sócrates y de Platón, pero mucho más de la verdad».

«Para ser fiel a las enseñanzas del Espíritu de Dios» ha sido usted aconsejada desde que se unió a los metodistas. Este concepto no es peculiar del Sr. Hilton; ni tampoco creo que tenga él ningún particular de ningún concepto bíblico. Lo que no me ha gustado de él por algunos años es su tendencia a *condenar* y a *despreciar* a sus hermanos. No hay debilidad más contagiosa que ésta; es raro que usted no se haya contagiado. Porque de otra manera no hubiese podido hacer un juicio justo sobre el comentario, «que *la mayoría de* los metodistas son degenerados». De ninguna manera usted puede juzgar si lo son o no. Quizás usted hable con cien o doscientos de ellos. Ahora, suponiendo que dos terceras parte de ellos sean degenerados, ¿podrá usted deducir lo mismo con relación a treinta o cuarenta mil?

Sin embargo, estoy de acuerdo de que dos terceras partes de los que se han convertido en ricos se han degenerado grandemente. No *ahorran todo lo que puedan* para *dar todo lo que puedan,* ni lo harán. Y sin hacer esto no pueden crecer en la gracia; todavía más, continuamente entristecen al Espíritu Santo de Dios.

Me alegra saber que está usted recuperando la fuerza corporal. Que continúe usted aumentando su fuerza espiritual también, es el deseo constante, mi estimada Srta. Bishop.

Su afectuoso amigo y hermano,
Juan Wesley

****

A la Sra. Crosby

Londres, 2 de diciembre de 1777

Mi estimada hermana:
Espero que siempre tenga usted su tiempo ocupado.
Lo tendrá, a menos que se canse de hacer el bien. ¿No es la
cosecha abundante todavía? ¿Hemos tenido alguna vez un
campo de acción más amplio? ¿Y estaremos sin trabajar todo
el día o parte de un día? Entonces haríamos daño a nuestro
prójimo y a nuestras propias almas.

Para poder ahorrar sus gastos, pensé que era necesario
que la Srta. Bosanquet se fuera de la casa. Y estuve también
persuadido (como ella también lo estaba) que Dios tenía para
ella algo que hacer en Bath y Kingswood; quizás en Bristol
también, a pesar de que no creo que ella será llamada *allí* a
hablar en público.

La diferencia entre nosotros y los cuáqueros en relación a esto es obvia. Ellos niegan rotundamente la regla en sí,
a pesar de que está muy claro en la Biblia. Nosotros aceptamos
la regla; pero creemos que permite algunas excepciones. En
el presente sólo existen algunas excepciones en toda la Conexión Metodista. Debe avisarme de lo que el Señor está
haciendo dondequiera que usted vaya, estimada Sally.

Afectuosamente,
Juan Wesley

****

A la Srta. March

Cerca de Londres, 10 de diciembre de 1777

Usted no entiende mi manera de vivir. Aunque siempre estoy de prisa, nunca estoy apresurado; porque nunca

comienzo más trabajo del que puedo terminar con tranquilidad. Es cierto que viajo cuatro o cinco mil millas por año.
Pero generalmente viajo solo en mi coche, y, por lo tanto, por
lo menos diez horas en el día estoy tan sólo como si estuviera
en el desierto. En otros días nunca paso menos de tres horas
(frecuentemente diez o doce) sólo durante el día. Así que hay
pocas personas en el reino que pasan tantas horas alejadas de
toda compañía. Sin embargo, encuentro tiempo para visitar al
enfermo y al pobre; y esto debo hacerlo si creo en la Biblia, si
creo que éstas son las características por las cuales el Pastor de
Israel conocerá y juzgará a sus ovejas en el gran día; por lo
tanto, cuando hay tiempo y oportunidad para esto, ¿quién puede dudar, sino que es cuestión de un deber absoluto? Cuando
yo estaba en Oxford, y vivía casi como un ermitaño, no entendía cómo una persona ocupada podía ser salva. Apenas creía
posible que una persona pudiera retener su espíritu cristiano en
medio del ruido y el bullicio del mundo. A través de mi propia
experiencia Dios me enseñó otra forma. Tenía diez veces más
asuntos en América (esto es, en intervalos) que jamás tuve en
mi vida. Pero esto no impedía mi tranquilidad de espíritu.

El Sr. Boehm era capellán al Príncipe George de Di-
namarca, secretario de él y de la Reina Anne, administrador
principal de casi todas las instituciones de beneficencia pública
en el reino, y trabajaba en numerosas obras privadas de caridad. Un íntimo amigo, conociendo esto, le dijo cuando estaban
solos: «¿Señor, no se afecta usted por esa vida apresurada que
lleva? Le he visto en su oficina, rodeado de personas, escuchando a una, dictándole a otra, y al mismo tiempo escribiéndole a una tercera; ¿podría usted entonces conservar el sentido
de la presencia de Dios?»

Y él contestó: «Toda esa compañía y todos esos
asuntos no impedían ni disminuían mi comunión con Dios.
Era igual que si hubiese estado en una iglesia arrodillado

frente a la mesa de la comunión». ¿No era ésta la misma situación con aquella persona a quien Gregorio López le dijo, «Ve y sé ermitaño en México»? Estoy preocupado por usted; lamento que usted se conforme con niveles menores de utilidad y santidad que aquéllos a los cuales usted ha sido llamada. Pero esto no puedo remediarlo, así que me conformo; y

Quedo de usted, mi estimada Srta. March, con sincero afecto,

Juan Wesley

1778

A Thomas Taylor

Londres, 15 de enero de 1778

Estimado Tommy:
Me alegro de que se ha visto usted con el Sr. Pugh. La *Filosofía*[1] está terminada, se le enviará el próximo mes.

Hablé brevemente antes; pero puesto que usted está insistiendo, abordaré el tema directamente.

En cuanto a *predicar*, no debe predicar *constantemente* en contra de esa doctrina antibíblica, blasfema, dañina; ni tampoco *frecuentemente*. Pero *de vez en cuando* debe expresar un testimonio fuerte y completo en contra de ella; de otra forma, usted es un pecador en contra de Dios y de su pueblo y de su propia alma. Muy pocas veces yo he hecho esto; si acaso una vez en cincuenta sermones: debía haberlo hecho una vez en cada quince o diez.

En cuanto a *escribir* y *publicar*, por muchos años este veneno mortal se ha esparcido a través de Inglaterra, particularmente por medio de esas declaraciones pestilentes, el *Gospel* y la *Spiritual Magazine*. Cualquier cosa que se escriba como antídoto contra este veneno debe ser divulgado en la misma manera. Miles han sido envenenados por esos medios, y ya están dos veces muertos. Para proteger a quienes no han sido envenenados todavía (no para obtener dinero), lucho con esos autores con sus propias armas. Mi revista se opone a su revista, aunque es totalmente diferente. Pero parece que usted no sabe nada sobre este asunto. Aparentemen-

---

[1] Wesley editó un *Compendio de filosofía natural*, en cinco tomos.

te, usted no ha leído ni siquiera las propuestas. Esta revista no solamente no contiene críticas, sino que (hablando propiamente) *no contiene controversia*. Sostiene una sola idea: «*Dios quiere que todos los hombres sean salvos y vengan al conocimiento de la verdad*».[2] Sigue directamente a la meta, no tomando en cuenta a sus opositores, pero invariablemente recalcando una idea. Y ésta es la única forma de preservar a los metodistas y callar a los calvinistas. Mientras tanto, las Cartas y las Vidas, que serán una parte considerable de cada número, contienen la esencia de la religión práctica y basada en la experiencia; así que ninguna revista como ésta ha sido publicada antes. Por lo tanto, esta revista es algo nuevo en este país; y quienes anteriormente hablaron en contra de las revistas puede que con buena conciencia recomienden ésta como algo diferente, que se publica con otros motivos. No deseo que ningún calvinista la lea. La publico, no para convencer, sino para preservar. Por experiencia personal reconozco que nunca se doblegarán, sino cuando la guerra amenaza sus propios fundamentos. Esto haré, mientras Dios me dé vida, en amor y en la mansedumbre de la sabiduría. Éste es el camino, y el único camino, para establecer una paz duradera.

Pero ¿no es extraño que un predicador metodista, un asistente, sería el único que ve como equivocados a mi hermano y a mí, a la mayoría de los predicadores, y a la mayoría del pueblo? Tommy, desconfíe de usted mismo. No dependa mucho de su propio entendimiento. Es posible que ellos estén en lo correcto y usted equivocado. Usted no entiende absolutamente nada de lo que está pasando.

Es para nuestro beneficio que estos hombres turbulentos nos hayan dejado. Con cariños para Nancy.

Su afectuoso amigo y hermano,
Juan Wesley

---

[2] 1 T. 2.4.

A Mary Bishop

Londres, 7 de febrero de 1778

Mi estimada hermana:
No importa si esas dudas han surgido en su mente al conversar con el Sr. Hilton, por leer las obras posteriores del Sr. Law (su oráculo), o por su propio razonamiento. Pero el tópico es de esencial importancia, y merece nuestra consideración más seria. De hecho, nada en el sistema cristiano es de mayor consecuencia que la doctrina de la expiación. Propiamente es lo que distingue el deísmo del cristianismo. «El sistema de moral bíblica», dijo Lord Huntingdon, «es lo que todo el mundo debe admirar; pero yo no entiendo la doctrina de la expiación». Aquí, entonces, nos dividimos. Abandonemos la doctrina de la Expiación y los deístas estarán de acuerdo con nosotros.

Este asunto, por lo tanto, merece ser más ampliamente considerado que lo que mi tiempo permite. Pero esto es menos necesario ahora porque ya lo hice en mi carta al Sr. Law; le ruego que haga una lectura seria de esta carta, la haya leído antes o no. Se encuentra en el Tomo 19 de las *Obras*. Pero es verdad que yo no puedo *comprender* esta doctrina más que su señoría; quizás diría más que los ángeles de Dios, más que la inteligencia más alta *creada*. Aquí nuestra *razón* se confunde rápidamente. Si tratamos de vagar libremente en este *campo*, «no encontramos salida, estaremos perdidos en el laberinto».Pero la pregunta es (la única pregunta para mí y nada más): ¿Qué dice la Escritura? Dice: «*Dios estaba en Cristo reconciliando consigo el mundo*»;[3] y que «*al que no conoció pecado,por nosotros lo hizo pecado*».[4] Dice, «*mas él herido fue por nuestras rebeliones, molido por nuestros*

---

[3] 2 Co. 5.19.
[4] 2 Co. 5.21.

pecados».[5] Dice: «*Abogado tenemos para con Dios, a Jesucristo el justo; y él es la propiciación por nuestros pecados».*[6]

Pero es cierto, que, si Dios nunca se hubiese enojado, nunca se hubiese reconciliado. Así que al afirmar que Dios no se enoja, el Sr. Law destruye la base de la doctrina de la expiación, y encuentra un método muy fácil para convertir a los deístas. Aunque no considero a Dios, como el Sr. Law supone, «un Ser colérico», lo que conlleva una idea errónea; sin embargo, creo firmemente que Él estaba enojado con toda la humanidad, que Él se reconcilió con la humanidad a través de la muerte de su Hijo. Y yo sé que estaba enojado conmigo hasta que creí en el Hijo de su Amor; y, sin embargo, esto no pone en tela de juicio su misericordia, que él es tan justo como misericordioso.

Pero indudablemente, mientras el mundo exista, habrá miles de objeciones a esta doctrina bíblica. Porque todavía la predicación de un *Cristo crucificado* será locura para los sabios del mundo.[7] Sin embargo, *mantengamos* la preciosa verdad en nuestros corazones, como también en nuestro entendimiento; y encontraremos por experiencia que esto es para nosotros *el poder de Dios, y sabiduría de Dios.*[8]

Creo que su salud será restablecida suficientemente para que pueda o enseñar en la escuela o vivir en Bath. Pero no sé si podrá hacer las dos cosas, enseñar en la escuela y vivir en Bath. Un poco de tiempo lo determinará. Mientras tanto, sabemos que sucederá lo mejor.

Quedo.

Su afectuoso amigo y hermano,
Juan Wesley

---

[5] Is. 53.5.
[6] 1 Jn. 2.1.
[7] Véase 1 Co. 1.18-24.
[8] 1 Co. 1.24.

A Alexander Knox

Kilrea, 5 de junio de 1778

Mi estimado Alleck:
Le aconsejo,
1. Nunca se acueste más tarde de la diez.
2. Nunca se levante después de las seis.
3. Camine por lo menos, una hora diaria al aire libre: si llueve todo el día, en el comedor.
(....)
7. Dedique la primera hora de la mañana y de cinco a seis de la tarde a orar en privado y leer las Escrituras en orden, con las *Notas* y cualquier otro libro bien práctico.
8. Después dedique algún tiempo en la mañana a leer libros del obispo Pearson o cualquier otro libro de religión; y dedique algún tiempo en la tarde para leer historia, poesía, o filosofía.
9. Confíe en Dios. Rechace todo pensamiento negativo en el momento en que surja. Dios está de su lado. No le crea al viejo asesino que le va a decir lo contrario.
Escríbame todo lo que piensa de vez en cuando. Espero que todos ustedes reciban una bendición cuando se reúnen los días domingo. ¡La paz sea con todos ustedes!
Quedo de usted
Afectuosamente,
Juan Wesley

****

A la Sra. Mary Wesley

Bristol, 2 de octubre de 1778
Siendo que es dudoso que nos encontremos otra vez en este mundo, considerando tu edad y la mía, creo que es

correcto de mi parte decirte lo que pienso de una vez y por todas sin coraje o amargura.

[Hace algunos años te fuiste de mi casa en Londres, sin mi consentimiento y sin yo saberlo, y dijiste que no volvías más. Después de estar ausente por muchos meses, te recibí otra vez sin una palabra de queja. Cuatro años atrás te fuiste de mi casa en Bristol sin mi consentimiento o sin yo saberlo, y le dijiste al Sr. Lewis que no volvías más].[9]

Desde entonces (y en realidad desde mucho antes) te has dedicado a hablar de mis defectos en todas tus conversaciones. Ahora supongamos que un esposo tiene muchos defectos, ¿es correcto de parte de una esposa prudente hablar sobre ellos públicamente, o encubrirlos?

Tú has hablado sobre mis defectos (verdaderos o imaginarios) no solamente a una o dos amistades cercanas (aunque quizás eso hubiese sido demasiado), sino a todo Bristol, a todo Londres, a toda Inglaterra, y a toda Irlanda. Sí, hiciste todo lo posible para hacer públicos mis defectos a todo el mundo.

[Deliberadamente, hablaste en particular a todos aquellos que tú sabías que estaban prejuiciados en contra de mí, a los moravos, los cuáqueros, los anabautistas, los calvinistas, los (llamados) patriotas, el Sr. Hill, el Sr. Toplady] dispuesta a poner una espada en las manos de mis enemigos.

[De esta forma (excluyéndome a mí) has herido excesivamente a muchas almas; tanto, que, si algunas de ellas mueren, su sangre caerá sobre *tu* cabeza. Más que nunca has puesto muchas de ellas en contra del Rey, y en contra de toda verdadera religión. Has levantado innumerables obstáculos en el camino, tanto de los sabios como de los no sabios. Has

---

[9] Las porciones de esta carta entre corchetes no aparecen en la mayoría de las ediciones. La edición de Telford las añadió con base en el texto original de la carta.

servido la causa, y has aumentado el número de rebeldes, deístas, ateos; y has debilitado las manos de quienes aman y temen a Dios].

Si fueras a vivir mil años (dos veces esto) no podrías deshacer el daño que has hecho. Y hasta que tú hayas hecho todo lo que puedas para deshacer esto, ¡te digo Adiós!

****

A William Church

Wallingford, 13 de octubre de 1778

Estimado Billy:

El alma y el cuerpo hacen a la persona; el espíritu y la disciplina hacen al cristiano. Que John Watson y usted estén de acuerdo, y cumplan esto dondequiera que vayan. Insistan en el cumplimiento de todas las reglas de la Sociedad, y en el cumplimiento de todas, aun las más pequeñas, de las reglas de las bandas, por todas las personas que se reúnen en ellas. Por ejemplo, yo no doy boletos de las bandas, a ninguna mujer que usa volantes o un sombrero de lujo. Si alguna no está dispuesta a deshacerse de ellos para no perder ese medio bendito para mejorarse, no lo merece.

Quedo de usted,

Su afectuoso hermano,
Juan Wesley

****

A Mary Bishop

Londres, 18 de octubre de 1778

Mi estimada Srta. Bishop:

Estoy dispuesto a escribirle aun sobre un asunto delicado, porque usted lo evaluará imparcialmente. Y si usted tiene un pequeño prejuicio (¿quién no lo tiene?) sin embargo, está dispuesta a cederlo frente a la razón.

Los metodistas originales eran todos de la Iglesia de Inglaterra; mientras más despertaban a la fe, más celosamente se adherían a la Iglesia en todos sus aspectos, tanto de doctrina como de disciplina. Por esto, en la primera edición de las *Reglas* de nuestra Sociedad dice, «Los que abandonan a la Iglesia nos abandonan a *nosotros*». Y así lo hicimos, no como cuestión de prudencia, sino como cuestión de conciencia. Creemos que es completamente fuera de la ley separarse de la Iglesia a menos que nos impusieran condiciones pecaminosas de comunión; igual que hicieron el Sr. Philip Henry y todos aquellos hombres devotos que eran contemporáneos con ellos.

«Pero sus ministros no predican el evangelio». Ni tampoco lo hacen los ministros de los independientes o los anabautistas. El calvinismo no es el evangelio; está más lejos de él que casi todos los sermones que yo escucho en la iglesia (de Inglaterra). Éstos frecuentemente no son evangélicos; pero aquéllos son contrarios al evangelio. Están (para no decir más) igualmente equivocados; y están mucho más peligrosamente equivocados. Pocos metodistas están ahora en peligro de recibir los errores de los ministros de la Iglesia; pero están en gran peligro de aceptar el gran error (el calvinismo) de los ministros que pertenecen a los disidentes. Quizás miles lo han hecho ya, muchos de los cuales se han vuelto a la perdición. Veo más situaciones como esta de las que más nadie puede ver; y por esta razón también exhorto a todos los que quieren seguir unidos a los metodistas y apartados del calvinismo: «Vaya a la Iglesia, y no a la reunión».

Pero, para hablar libremente, encuentro más vida en las oraciones en la Iglesia que en las oraciones formales improvisadas de los disidentes. Lo que, es más, encuentro más provecho en los sermones sobre un buen carácter o buenas obras que en lo que vulgarmente se llaman sermones evangélicos.[10] Ese término ha llegado a ser *sin sentido*. Quisiera que nadie lo use en nuestra Sociedad. No tiene ningún significado determinado. Pero dejen que un animal autosuficiente y gracioso, que no tiene ni sentido ni gracia, grite algo sobre Cristo y su sangre o la justificación por la fe, y sus oyentes dirán: «¡Qué sermón evangélico más bueno!» Seguramente los metodistas no han aprendido así a Cristo. No conocemos ningún evangelio sin la salvación del pecado.

Hay un error católico romano el cual muchos protestantes aceptan sin darse cuenta. Es una doctrina reconocida de la Iglesia romana que «la intención pura del ministro es esencial a la validez de los sacramentos».[11] Si es así, no debemos participar de los actos ministeriales de una persona impía; pero, en oposición a esto, nuestra Iglesia enseña en el Artículo 28 que «la falta de mérito del ministro no le quita validez a los sacramentos». A pesar de que hay muchas circunstancias desagradables, todavía yo les aconsejo a todas nuestras amistades mantenerse en la Iglesia. Seguramente Dios nos ha creado mayormente para la Iglesia porque *un poco de levadura leuda toda la masa*.[12] Deseo que usted considere seriamente ese pequeño tratado *Razones en contra de la separación de la Iglesia de Inglaterra*.[13] Esas razones nunca fueron contestadas y creo que nunca lo serán.

Me alegro de que usted haya aceptado esa labor de amor, y confío que esto aumentará su salud tanto espiritual como corporal.

Quedo, mi estimada Srta. Bishop.

Afectuosamente,
Juan Wesley

---

[10] «*Gospel sermons*».

[11] En este punto, Wesley interpreta mal la doctrina tradicional del catolicismo romano. Nota del Editor.

[12] 1 Co. 5.6; Gá. 5.9.

[13] *Obras de Wesley*, V.251-261.

A Christopher Hopper

Londres, 31 de octubre de 1778
Mi estimado hermano:
En una conferencia general, la evaluación que se hizo
de David Evans, fue que no estaba cualificado para ser predicador itinerante. En la última Conferencia decidimos no recibir
más predicadores casados. ¿Por qué razón? Por una razón muy
sencilla: porque no podemos mantenerlos. Yo no puedo: si
usted puede, hágalo. Pero la gente no puede o no quiere mantener a más ninguno.
Las profecías de James Kershaw son muy ingeniosas, y
tan auténticas como las de Jacob Behmen.
Verdaderamente creo que los franceses se quemarán
los dedos. Estamos muy agradecidos a ellos por promover la
unión entre los ingleses.
Me alegro saber que la situación desagradable en Bolton ha terminado, y espero que la persona descontenta esté
ahora de buen humor.
Quedo, con cariños a la hermana Hopper.
Su afectuoso amigo y hermano,
Juan Wesley
****

A Hannah Ball

[Robertsbridge], 2 de diciembre de 1778

Mi estimada hermana:
Las cosas pequeñas contrarias a nuestra voluntad
podrían ser de grandes bendiciones. Necesitamos poner en

práctica esa palabra general, «*Tome su cruz, y sígame*»,[14] en las miles de pequeñas situaciones: un cuarto lleno de humo, una mañana fría, un día lluvioso, la torpeza y la maldad de aquéllos con quienes estamos; éstas e innumerables pequeñas cruces nos ayudarán a continuar hacia el reino. Pero la cruz que tiene más valor que todas las demás para su propia alma puede ser que sea la *falta de fe* de sus hermanas o *su falta de frutos*. Sin estas faltas nunca hubiesen perdido las bendiciones que Dios les había dado. Nada puede desafiar y, por lo tanto, aumentar más sufe y amor que la impresión de que está empleando todas sus energías para nada. ¡Oh, cuánto esto aumenta, mi estimada Hannah, mi cariño hacia usted! ¡Cuánto más esto aumenta el amor de Aquél por quien usted trabaja!

No entendemos el significado de esa palabra que dice: «*Los tiempos o las sazones, que el Padre puso en su sola potestad*».[15] Indudablemente él tiene sabias razones para derramar su Espíritu en un momento dado, en vez de en otro; pero estas razones son demasiado profundas para la comprensión de los seres humanos. A nosotros nos dice: «*Lo que yo hago, tú no lo comprendes ahora; mas lo entenderás después*».[16]

Quedo, mi estimada Hannah.

Su afectuoso hermano,
Juan Wesley

---

[14] Mr. 8.34.
[15] Hch. 1.7.
[16] Jn. 13.7

1779

A la Sociedad en Keighley

Londres, 11 de enero de 1779

Tengo algunas preguntas que me gustaría proponer a la Sociedad en Keighley.

¿Quién fue que hizo posible que los primeros predicadores metodistas entraran en Leeds? William Shent.

¿Quién fue el primero en recibir a John Nelson en su casa cuando llegó? William Shent.

¿Quién me invitó y me recibió cuando yo llegué? William Shent.

¿Quién se mantuvo a mi lado mientras yo predicaba en la calle con piedras volando por todos lados? William Shent.

¿Quién soportó la tormenta de la persecución de todo el pueblo y la detuvo poniendo en peligro su vida? Willliam Shent.

¿La palabra de quién bendijo Dios por muchos años de una forma notable? La palabra de William Shent.

¿A través de quién fueron llevados al Señor tantos niños que ahora están en el paraíso y también muchos que aún viven? William Shent.

¿Quién es el que va a ser despedazado y echado a la calle? William Shent.

¿Y a nadie le importa esto? William Shent cayó en pecado y fue públicamente despedido de la Sociedad; pero ¿tiene que morirse de hambre también? ¿Tienen él con sus cabellos grises y todos sus hijos que estar sin un sitio donde reposar su cabeza? ¿Pueden ustedes soportar esto? *¡Oh, no* *lo anunciéis en Gat!*[1] ¿Dónde está la gratitud? ¿Dónde está la compasión? ¿Dónde está el cristianismo? ¿Dónde está la humanidad? ¿Dónde está el interés por la causa de Dios? ¿Quién es entre ustedes sabio? ¿Quién tiene interés en el evangelio? ¿Quién se ha vestido de misericordia? Que se levante esta persona y haga algo para resolver esta situación. Ustedes todos aquí levántense como un solo cuerpo y retiren el oprobio. Vamos a ponerlo sobre sus pies una vez más. Puede que se salve él y su familia. Pero lo que hagamos, hagámoslo pronto.

Quedo, estimados hermanos.

Su afectuoso hermano,
Juan Wesley

****

A Hester Ann Roe
Londres, 11 de febrero de 1779

Mi estimada Hetty:

Es un gran favor de Dios que, por un lado, usted ha tenido avisos de las pruebas que se le acercan; y, por otro lado, no se ha preocupado por ellas, pero se ha preparado para enfrentarlas. Sabemos, en verdad, que éstas (como todas las cosas) son ordenadas por la Sabiduría que no se equivoca, nos son dadas exactamente en el tiempo oportuno, y en la medida exacta. Y continúan el tiempo necesario; porque *EL AZAR* no tiene cabida en el gobierno del mundo. *«EL SEÑOR REINA»*,[2] y dispone todas las cosas con mano fuerte y dulcemente para el bien de todos los que le aman. Me regocijo al saber que usted tiene menos obstáculos en el camino y puede conversar más a menudo con el pueblo de

---

[1] 2 S. 1.20.
[2] Ap. 19.6.

Dios. Asegúrese de mejorar cada una de esas preciosas oportunidades de hacer y recibir el bien.

A menudo me entristece observar que, aunque por su parte, *«irrevocables son los dones y el llamamiento de Dios»*;[3] aunque él nunca se arrepiente de nada de lo que nos ha dado, sino que siempre está dispuesto a darlo; sin embargo son tan pocos los que retienen la misma pasión de afecto que reciben o cuando son justificados o cuando son (más plenamente) santificados. Ciertamente, no necesitan perder ninguna parte de su luz o amor. *Puede* aumentar más y más. De esto usted es un testigo de Dios; y también lo es nuestra estimada Srta. Ritchie. Usted no ha perdido nada de lo que ha recibido; su luz nunca ha disminuido ni su amor se ha enfriado desde el momento en que Dios por primera vez le visitó con su gran salvación. Y espero que también siempre tenga el mismo afecto para quien queda de usted afectuosamente,

Juan Wesley

****

A Elizabeth Ritchie

Londres, 12 de febrero de 1779

Mi estimada Betsy:

El comentario de Lutero de que «un avivamiento religioso muy pocas veces continua más de treinta años» ha sido verificado muchas veces en varios países. Pero no siempre es cierto. El avivamiento religioso presente en Inglaterra ha continuado ya por cincuenta años. Y, bendito sea Dios, tiene la probabilidad de continuar según fue hace veinte o treinta años atrás. En verdad, es más probable ahora; según no solamente se extiende más ampliamente, sino que se profundiza más que nunca, más y más personas tie-

---

[3] Ro. 11.28.

nen el poder para testificar que la sangre de Cristo limpia de todo pecado. Por lo tanto, tenemos razón para esperar que este avivamiento religioso continuará, y continuamente aumentará, hasta el tiempo cuando *todo Israel será salvo y haya entrado la plenitud de los gentiles.*[4]

Supe que el Sr. [Maxfield] está en Londres, pero no he oído dónde está ni qué está haciendo. De lo que he podido saber, vive en la más íntima privacidad y ya no predica. Parece que piensa que su llamado en estos momentos es ser un ermitaño en Londres.

Seguramente es la sabiduría de usted *estar firme,* aun en *la libertad* externa *con que Cristo nos hizo libres.*[5] Usted está ahora felizmente desligada de la preocupación por las cosas de este mundo, y solamente necesita preocuparse por las cosas del Señor, cómo puede ser santa en cuerpo y espíritu, y cómo puede promover su reino sobre la tierra.

Tengo pruebas suficientes de que la fiebre del Barón Swedenborg, la cual él tuvo por treinta años antes de morir, afectó mucho su entendimiento. Sin embargo, su tratado es «majestuoso, aunque en ruinas». Contiene pensamientos hermosos y valiosos, y puede ser leído con provecho por un lector serio y cauteloso.

Hace algunas semanas, empecé otro *Diario*, y voy a continuar con él cada vez que tenga algunos momentos libres; probablemente estará terminado el próximo mes. Mis planes son visitar a Yorkshire esta primavera, cuando espero verla.

Quedo.

Afectuosamente,
Juan Wesley

---

[4] Véase Ro. 11.25-26.
[5] Gá. 5.1.

A Ann Bolton

Sunderland, 18 de mayo de 1779

Mi estimada Nancy:

Usted me hace sonreír. Se dirige usted a mí como si nunca me hubiese conocido. ¿Por qué? ¿Le he dicho yo a usted que el afecto que siempre le he tenido ha disminuido? Y, sin embargo, para decirle la verdad, nunca he estado más preocupado por usted que lo que he estado últimamente. Usted estuvo en mi casa por muchos días. Sin embargo, apenas tuve una hora de conversación con usted. Siempre una cruel «cosa u otra» se interpuso y me privó de su compañía. Sin embargo, me alegro que otros sí la disfrutaron. Y su labor con ellos no fue en vano. Fue usted una mensajera del bien para muchas almas, que bendicen a Dios por la consolación. Si usted sufre un poco por ayudar a otros, es mejor; esto se tornará para su bien. No puedo menos que desearle que sea «paciente en soportar el mal y en hacer el bien».

Hay poco peligro de atribuirle demasiado a la buena providencia de Dios. Esa providencia está profundamente interesada aun en extraer el bien de los defectos, locuras, sí y pecados de los seres humanos en general. Pero tiene interés especial en todas las cosas, sean grandes o pequeñas, que tienen que ver con los hijos de Dios. Arregla en forma fuerte y dulce todo lo que les acontece, quizás a través de sus propios errores, para su beneficio, para que puedan participar en forma más amplia de su santidad. Él gobierna todo lo que usted hace y sufre. Y es una regla invariable, que «lo que usted misma no escoge, Dios escoge por usted». Usted no escogió la aflicción de su amiga; por lo tanto, Dios la escogió por usted. De igual manera él escogió todas las circunstancias que surgieron de esa aflicción que eran dolorosas para usted.

Le diré, Nancy, lo que me causó pesar. Me parecía que usted había perdido su afecto hacia mí, que había llegado a ser fría e indiferente. Y puede ser que eso solamente haya estado en mi propia imaginación. Pero tengo un interés especial por usted, porque le tengo un cariño especial y siempre se lo he tenido desde que la conocí. Esto me hace sentir extremadamente responsable por usted. ¿Cómo está su salud en estos momentos? ¿Tiene algún otro dolor además de su dolor de cabeza? ¿No se aliviaría eso con un baño frío? Escriba sin reservas mi estimada Nancy.

Su amigo de siempre,
Juan Wesley

[Escriba] directo a [Londres] en cualquier momento.
****

A Duncan McAllum

Londres, 4 de agosto de 1779

Estimado Duncan:

Dos predicadores han sido asignados para Inverness y Keith, dos para Aberdeen y los lugares rurales adyacentes. Deseo que los dos anteriores cambien con los últimos cada ocho semanas. Y deseo que los hermanos Dufton y Sanderson vayan sin demora a Inverness y Keith.

Cada uno puede quedarse dos o cuatro semanas en o cerca de Inverness mientras el otro trabaja la parte sur del circuito. Confío que habrá tal trabajo en Escocia este año como nunca se haya visto antes.

Quedo de usted, estimado Duncan.

Afectuosamente,
Juan Wesley

****

A Alexander Knox

Londres, 23 de diciembre de 1779

Estimado Alleck:

Todo lo que usted todavía dice de sí mismo me convence más y más de lo que una vez y otra observé con relación a la naturaleza de su problema. Es innegable (1) Que tiene una enfermedad corporal. Sus nervios están grandemente alterados; y a pesar de que es solamente de vez en cuando que sus nervios se alteran tanto que ocasionan un ataque, sin embargo, tienen una influencia constante sobre usted que le produce una depresión. Esta depresión suya no es un pecado como tampoco es el fluir de la sangre por sus venas. (2) Aunque no diría que usted no tiene fe, sin embargo, es cierto que su fe es pequeña; y que tiene miedo, porque su fe es pequeña: ésta es otra fuente de su inestabilidad. (3) Usted necesita que el amor de Dios sea derramado en abundancia sobre su corazón. Y solamente de vez en cuando usted tiene un poco de agradecimiento, y una chispa pequeña de ese fuego divino; el resultado natural es la ira, o por lo menos el mal humor y la terquedad. Añada a éstas (4) la causa principal: una fuerza diabólica. Seguramente Satanás se aprovechará de la ocasión, de la situación en que usted se encuentra, para sugerirle mil pensamientos; y luego acusarle de ellos. Pero él, no usted, responderá a Dios por ellos. Dios está de su lado. Él sabe de qué está usted hecho; y Jesús cuida de usted. Él le cuida a usted y a mi estimada Sra. Knox como a la niña de sus ojos; su Espíritu suple a sus debilidades. Él le está purificando en ese horno; y cuando haya sido probado, saldrá como el oro. Espere la bendición: ¿no está a la mano?

Quedo, mi estimado Alleck.

Afectuosamente,
Juan Wesley

1780

Al Impresor del «Public Advertiser»

City Road, 12 de enero de 1780

Señor:

Hace algún tiempo me enviaron un panfleto titulado *Un llamado de la Asociación Protestante al pueblo de Gran Bretaña*. Dos días después, llegó a mis manos una respuesta a esto, que dice «su estilo es despreciable, su razonamiento esinadecuado, y su propósito es malicioso». Por el contrario, creo que el estilo es claro, fácil y natural; en general el razonamiento es fuerte y convincente; el propósito e intención, gentil y bondadoso. Y en cumplimiento del mismo propósito gentil y bondadoso, esto es, para preservar nuestra feliz constitución, trataré de apoyar la esencia de ese tratado con unos pocos argumentos sencillos.

No tengo nada que ver con la persecución. No persigo a ninguna persona por sus principios religiosos. Que haya «una libertad tan amplia en religión» como cualquier persona pueda imaginar. Pero esto no es el punto; no voy a discutir si la religión es verdadera o falsa. Supongamos que la Biblia, si usted quiere, sea una fábula, y el Corán sea la palabra de Dios. No estoy debatiendo si la religión romana es verdadera o falsa; mi argumento no está basado sobre esta suposición. ¡Por lo tanto, dejemos fuera todas las declaraciones sobre intolerancia y persecución en la religión! Supongamos que toda palabra dicha en el Credo del papa Pío sea cierta; supongamos que el Concilio de Trento haya sido infalible; aun así, insisto que ningún gobierno que no sea católico romano debe tolerar personas de creencias católicas romanas.

Esto se puede probar con un simple argumento (conteste el que pueda). Demostraré que ningún católico romano puede asegurar su lealtad o comportamiento pacífico en esta forma: es un principio católico romano, establecido por un concilio público y no por ciudadanos privados, que uno «no tiene que cumplir su palabra con los herejes». Esto fue aprobado abiertamente por el Concilio de Constanza; pero nunca fue retractado abiertamente. Si fue aprobado o desaprobado por ciudadanos privados, es un principio de la Iglesia de Roma. Mientras esto sea así, nada está más claro que el hecho de que los miembros de esa Iglesia no pueden asegurar razonablemente a ningún gobierno de su lealtad o conducta pacífica. Por lo tanto, no deben ser tolerados por ningún gobierno, protestante, musulmán o pagano.

Usted puede decir: «No, pero harán un *juramento* de lealtad». Cierto, quinientos juramentos; pero el principio de que «no tiene que cumplir su palabra a los herejes» barrerá todos sus juramentos como a una tela de araña. Por lo que, a pesar de todos sus juramentos, ningún gobernante que no sea católico romano puede estar seguro de su lealtad.

Otra vez, quienes reconocen el *poder espiritual* del Papa no pueden asegurar su lealtad a ningún gobierno. Pero todos los católicos romanos lo reconocen; por lo tanto, no pueden asegurar su lealtad.

El poder de conceder *absoluciones* para todos los pecados, pasados, presentes y venideros, es, y ha sido por muchos siglos, una rama de su *poder espiritual*. Pero quienes reconocen que él tiene este poder espiritual no pueden asegurar su lealtad, puesto que creen que el Papa puede perdonar rebeliones, altas traiciones, y todos los otros pecados no importa cuáles sean.

El poder de *eximir* de cualquier promesa, juramento, o voto es otra rama del *poder espiritual* del Papa. Y todo aquél que reconoce su poder espiritual, tiene que aceptar esto.

Pero cualquiera que reconoce el *poder de eximir* del papa no puede asegurar su lealtad a ningún gobierno. Los juramentos y las promesas no son nada; son como el aire que no tiene peso; una dispensación lo anula a todo.

¡No, no solamente el papa, sino hasta *un sacerdote* tiene *el poder* para perdonar pecados! Ésta es una doctrina esencial de la Iglesia de Roma. Pero los que reconocen esto no pueden bajo ninguna circunstancia asegurar su lealtad a ningún gobierno. Los juramentos no son ninguna seguridad, puesto que el sacerdote puede perdonar tanto el perjurio como la alta traición.

Poniendo la religión a un lado, está muy claro que, basándonos sobre argumentos racionales, ningún gobierno debe tolerar a personas que no pueden asegurar su lealtad y su conducta pacífica a ese gobierno. Pero esto no lo puede hacer ningún romanista, no solamente mientras afirme que «no tiene que cumplir su palabra a los herejes», sino también mientras reconozca la absolución sacerdotal, o el *poder espiritual* del papa.

Pero usted dice que «el Acta que recién se promulgó, ni *tolera* ni *anima* a los católicos romanos». Apelo a una realidad. ¿No entienden los mismos romanistas esto como una tolerancia? Usted sabe que sí. ¿Y no les está animando ya (no importa lo que *pueda* hacer en el futuro) a predicar abiertamente, a construir iglesias (en Bath y en otros sitios), a levantar seminarios, y a convertir numerosas personas día a día a sus intolerantes principios perseguidores? Puedo señalar si es necesario varias de estas personas. Y cada día aumentan más.

Pero, «la libertad inglesa no tiene nada que temer de ellos». No estoy seguro de eso. Algún tiempo atrás, un sacerdote romano vino donde alguien que conocí; y después de hablar largamente con ella, dijo: «¡Usted no es una hereje! ¡Usted tiene la experiencia de una cristiana verdadera!» «¿Me

quemaría usted viva?» le preguntó ella. Él dijo: «Dios no lo
quiera! ¡Amenos que no sea para el bien de la Iglesia!»

¿Ahora, qué seguridad hubiese tenido ella por su vida si
hubiese dependido de ese hombre? *El bien de la Iglesia* hubiera roto todos los lazos de la verdad, justicia, y misericordia;
especialmente por cuanto podría contar con la absolución de un
sacerdote, o (de ser necesario) un perdón papal.

Si alguien quiere contestar a esto, y firmar su nombre,
probablemente responderé; pero a la producción de escritores
anónimos no prometo hacerles caso.

Quedo señor.

Su humilde servidor,
Juan Wesley

****

A Lancelot Harrison

Londres, 16 de enero de 1780

Mi estimado hermano:

Percibo que muchos en su circuito no conocen nuestras
reglas. Debe leerlas inmediatamente en cada Sociedad, y no
recibir ningún miembro nuevo hasta que no las haya leído. Que
todo el mundo sepa lo que quieren decir.

El Plan de un Circuito debe incluir (1) las diferentes
sociedades, (2) el número de miembros en cada una, (3) los
nuevos miembros, (4) los que se han vuelto negligentes, (5) las
personas de las bandas. Luego las conversiones, las muertes,
los matrimonios, los que han sido excluidos, con el número
total al pie de cada columna. Hágame llegar ese plan para el
próximo trimestre.

Hizo muy bien en recomendar los *Himnarios*, y hará
todavía mejor en aprovechar cada oportunidad para recomendar la *Revista*.

¡Sea fervoroso! ¡Sea activo! *¡Avive el del don de Dios que está en usted!*[1]

Quedo.

Su afectuoso amigo y hermano,
Juan Wesley

****

A Hannah Ball

Dorking, 17 de febrero de 1780

Mi estimada hermana:

No hay nada extraño en una unión especial de espíritus entre dos personas que verdaderamente temen a Dios. No es nada fuera de lo común: durante algunos años he conocido muchos casos así. Y no veo ninguna razón por la cual tal unión pudiera ser destruida por la muerte. No concibo que sea así. Desde que Fanny Cooper murió, he encontrado una unión de espíritu maravillosa con ella; y algunas veces, de momento he mirado de un lado hacia el otro esperando poder verla. Así que recuerde lo que el Sr. De Renty dice a sus amigos: «Morir no es estar perdido: nuestra unión con cada uno en el más allá será más completa de lo que puede ser aquí». Y le he oído decir a mi madre que muchas veces ella había estado «tan sensible a la presencia del espíritu de mi abuelo que era igual que si lo hubiese visto de pie frente a ella».

Así que el Sr. Hawes se ha ido. ¡Espero que haya sido en paz! ¡Estemos también nosotros listos!

Quedo, mi estimada hermana.

Su afectuoso hermano,
Juan Wesley

---

[1] 2 Ti. 1.6.

A las sociedades metodistas

Manchester, 25 de marzo de 1780

Por cuanto durante los últimos meses el pueblo llamado metodista ha predicado en un salón en Delph, en Saddle-
worth, en el condado de York (los predicadores itinerantes han
estado viniendo allí regularmente cada dos semanas desde
Manchester, además de predicadores locales ocasionalmente
los domingos); y *por cuanto* el verano pasado multitudes asis-
tieron a este salón donde no había espacio suficiente para ellos,
y la Sociedad también ha aumentado rápidamente, con la gran
probabilidad de poder hacer mucho bien en este sitio: es por lo
tanto necesario que una capilla sea construida en Delph, de
doce yardas de largo y ocho de ancho. El costo de tal construcción, de acuerdo al plan que se ha hecho, será mucho más
de lo que la Sociedad podrá recaudar entre ellos mismos. *Por
lo tanto,* han pedido nuestro consentimiento para poder visitar a
nuestras sociedades, para pedir las contribuciones caritativas
de aquellos amigos que voluntariamente promoverían tal proyecto. Esta carta es para certificar que aprobamos la medida, y
que recomendamos lo mismo a nuestros amigos cristianos en
todos los lugares, con la esperanza de que ellos rápidamente y
alegremente contribuyan a la misma.

Juan Wesley

****

A los Editores del *Freeman's Journal*

Chester, 31 de marzo de 1780

Señores:

En una carta publicada en Londres hace algún tiempo, escribí, «Los católicos romanos no pueden ofrecerles a

las personas que consideran herejes ninguna seguridad de una conducta pacífica», (1) porque ha sido públicamente reconocido en uno de sus concilios generales, y nunca públicamente retractado, que no hay que cumplir la palabra dada a los herejes; (2) porque ellos creen en la doctrina de la Absolución sacerdotal, y (3) la doctrina de las Absoluciones y dispensaciones papales.

El Sr. O'Leary ha publicado *comentarios* sobre esta carta. En ellos, de diez partes nueve están fuera de lugar. No es que estén fuera de lugar para *su* propósito, el cual es introducir un discurso de alabanza sobre los católicos romanos, mezclado con una censura aguda en contra de los protestantes. Que esto sea cierto o falso no viene al caso. Todo esto está admirablemente calculado para inspirar en los lectores una aversión hacia estos herejes y traerlos de nuevo a la santa, inofensiva y ofendida Iglesia de Roma. Y no me asombraría si estos seis papeles produjeran seis mil conversos a ella.

El no intenta hacer un razonamiento cuidadoso, sino que alardea, salta de una idea a otra, y erráticamente cubre todos los puntos de la brújula en una forma amena y entretenida.

Anteriormente, contesté lo que tenía la apariencia de argumentos en su primera carta. Por el momento me desentenderé de las cartas del 14, 16, 18 y 21 de este mes. Solamente pensaré ahora en lo que él publicó en su *Journal* del 12 de marzo.

Allí leo: «En cuanto a la segunda carta del Sr. Wesley, véase la última página». La he visto; pero no encuentro nada de la segunda carta ni en la última página ni en la primera. Sería extraño si encontrara algo; puesto que esa segunda carta solamente existe en los *comentarios* del Sr. O'L. «¿Por qué, entonces, será que la menciona una y otra vez?» La verdad es que no sé por qué.

El comienza: «El fanatismo». ¡Un momento! No hay ningún fanatismo en mi carta, sino una racionalidad sobria y clara. Yo «espero ahora» (estas son sus propias palabras) «una respuesta seria a una acusación seria».

Mi argumento fue: El Concilio de Constanza abiertamente ha aprobado la violación del cumplimiento de la palabra dada a los herejes; pero nunca se ha retractado públicamente. Por lo tanto, quienes están señalados como herejes no pueden confiar en quienes aprueban ese Concilio. Ésta es mi conclusión inmediata. Y si se admiten las premisas, esto infaliblemente seguirá.

Sobre esto, el Sr. O'L. dice: «Un Concilio citado tan a menudo necesita atención especial. Lo examinaremos con toda la precisión e imparcialidad posible. El Concilio de Constanza fue llevado a cabo en un momento en que los predicadores de una nueva doctrina» (tan nueva como la Biblia) «estaban prendiendo el fuego de la rebelión y sacudiendo los cimientos de tronos y reinados». (¡Palabras grandes, pero completamente vacías de la verdad!) «A este Concilio fue citado Juan Hus, famoso por propagar errores, con tendencias a quitar el cetro de las manos de los reyes». (¡Igualmente cierto que lo anterior!) «Él fue rechazado por la Iglesia y el Estado». Por la Iglesia de Roma sí; pero no por el Estado bajo ningún concepto.

«Legisladores protestantes y católicos formularon las leyes para quemar los herejes». ¡Cuán sabiamente están éstos mezclados; y los protestantes nombrados primeros! Pero veamos ¿qué legisladores protestantes hicieron tales leyes, fue antes o después de las leyes católicas? Conozco un señor, Serveto, que fue quemado en Ginebra; pero no sé si había alguna ley relacionada con esto. Y conozco una mujer, Joan Bocher, quemada en Smithfield, aun en contra de la voluntad del rey Eduardo. Pero ¿qué es esto ante el número de los que fueron inhumanamente asesinados por la Reina María, y esto sin mencionar a su salvaje esposo? «Pero las mismas leyes fueron llevadas a cabo por la Reina Isabel y el Rey Jacobo». ¿Cómo? ¿Alguno de estos dos quemó herejes? La Reina Elizabeth mandó a matar a dos anabautistas; pero ¿qué es esto en comparación con lo que hizo su hermana?

El añade una apología muy bien diseñada de las persecuciones romanas a los protestantes como consecuencias necesarias de la naturaleza de las cosas y no de principios erróneos. Y esto lo ilustra por el trato anteriormente dado a los metodistas, «cuyas cenas de ágape y vigilias provocaron que fueran vigilados por los magistrados e influenciaron la ira del populacho». Realmente ellos no hicieron esto. No solamente ningún magistrado se opuso ni a lo uno ni a lo otro, sino que ni aun en los tiempos más turbulentos fueron interrumpidos por la turba.

Pero en cuanto al Concilio: «Hus destruye las bases de todo poder temporal y autoridad civil. Osadamente dice que todos los príncipes, magistrados, etc., que están en un estado de pecado mortal, son destituidos *ipso facto* de todo poder y jurisdicción. Y predicando estas doctrinas hace de Bohemia un teatro de guerra civil. Véanse las *Actas* del Concilio de Constanza en la *Colección de concilios* de L'Abbé».

Las he leído, y no encuentro nada de esto en ellas. Pero hablaré de esto más adelante.

«Él notificó que asistiría a su juicio; pero trató de escapar». No, nunca. Esto es pura invención. «Es arrestado en Constanza» (de donde nunca trató de escapar) «y encarcelado. Sus amigos reclamaron su salvoconducto. El Concilio entonces declaró: "Ningún salvoconducto otorgado por el Emperador o por otros príncipes a los herejes debe protegerles de ser castigados como requiere la justicia. Y la persona que ha prometido velar por su seguridad no está obligada a cumplir su promesa, no importa la promesa contraída"».

¿Y el Concilio de Constanza declaró esto? «Sí» dice el Sr. O'Leary. No necesito más evidencia. Pero, antes de que argumente sobre este punto, permítanme dar una explicación más completa de toda la situación:

El Concilio de Constanza fue constituido por el emperador Segismundo y el papa Juan XXIII en el año 1414. Antes de que empezara, el Emperador envió algunos caballeros de Bohemia para acompañar a Juan Hus a Constanza, prometiendo solemnemente que él podría «venir y regresar libremente sin interrupción o fraude».

Pero antes de salir de Praga visitó al Obispo de Nazaret, el inquisidor papal de esa ciudad y diócesis, quien en presencia de muchos testigos le dio el siguiente testimonio:

«Nosotros, Nicholás, por la presente ponemos en conocimiento de toda persona, que hemos hablado muchas veces con ese hombre honorable Maestro Juan Hus, y a través de todos sus dichos, sus actos, y su comportamiento, hemos constatado que es un hombre fiel; no encontrando ninguna clase de hechos malos, siniestros o erróneos hasta el presente en él. PRAGA, 30 de agosto de 1414».

Esto fue certificado por la firma y sello del notario público, llamado Michael Pruthatietz.

Después de esto, Conrado, arzobispo de Praga, declaró ante todos los Barones de Bohemia que «él sabía que JuanHus no era culpable ni responsable de ningún crimen u ofensa».

¡Así que ni el inquisidor ni el arzobispo sabían absolutamente nada de «hacer de Bohemia un teatro de guerra civil»!

En octubre Hus comenzó su viaje, acompañado por dos nobles, Wenceslao de Duba y Juan de Clum. El 3 de noviembre llegó a Constanza y fue tratado con mucho respeto. Pero un poco después de esto fue arrestado súbitamente y echado en una fétida prisión. Allí enfermó rápidamente. Durante su enfermedad sus acusadores publicaron doce artículos en contra de él. Pero ninguno de ellos le acusó de rebelión. Solamente tienen que ver con la Iglesia.

14 de mayo de 1415. Los nobles de Bohemia se quejaron ante el Concilio: «Cuando el Maestro Juan Hus vino al Concilio, amparado en el salvoconducto del Emperador, fue encarcelado antes de que fuera escuchado, en violación de la promesa pública». Añaden: «Y ahora está gravemente atormentado, con cadenas y con hambre y sed».

8 de junio. Sus acusadores presentaron treinta y nueve artículos más, y después otros veintiséis. Pero ambos grupos de artículos tienen que ver completamente con la Iglesia.

Próximamente, siete más fueron presentados. El primero de ellos es: «Si el papa, el obispo, o el prelado están en pecado mortal, entonces no es papa, ni obispo ni prelado». Pero esto Juan Hus mismo lo explica en el mismo tratado del cual se tomó. «Estas personas en cuanto a sus méritos, no son dignamente papas o pastores delante de Dios; sin embargo, en cuanto a su oficio, son papas y pastores».

Después de éstos, seis artículos más fueron presentados; pero todos relacionados con la Iglesia, al igual que los otros diecinueve que les siguieron. En fin, otros diecinueve fueron formulados en contra de él por el Canciller y la Universidad de París. Uno de ellos fue: «Ningún hombre en pecado mortal es verdadero papa, prelado, o señor». Esto parece ser lo mismo del cargo anterior; solamente que lo han enmendado añadiendo la palabra *Señor*. Otro fue: «Los súbditos deben censurar públicamente los vicios de sus gobernantes». No parece que él haya sostenido esto.

En la sesión número diecisiete la sentencia y la condena de Juan Hus fueron leídas y publicadas. El Emperador ordenó al duque de Bavaria que lo entregara a sus ejecutores; y por esta gloriosa hazaña el obispo de Landy en nombre del Concilio le dijo: «¡Esta obra santísima y buena fue reservada sólo para ti, honorable Príncipe! Sobre ti solamente descansa, a quien todo el gobierno y administración de la justicia le es dado. Por eso tu elogio y fama han sido establecidos; aun por las bocas de los niños y los que maman tu elogio será celebrado para siempre».

De todo este asunto podemos observar:

(1) Que Juan Hus no fue culpable de ningún crimen, de palabra o de acción; aun si tomamos por jueces a sus enemigos, el arzobispo de Praga y el inquisidor papal.

(2) Que nunca predicó ni escribió nada que promoviera la rebelión; ni tampoco hubo de hecho allí ninguna rebelión, mucho menos una guerra civil en Bohemia mientras él ministraba allí.

(3) Que realmente su única falta fue oponerse a las usurpaciones papales.

(4) Que este «honorable príncipe» fue un asesino fanático, cruel, y traicionero; y que los padres del Concilio merecen el mismo elogio, puesto que lo instigaron a mancharse las manos de sangre inocente en violación a la promesa pública, y lo exaltaron hasta el cielo por haberlo hecho, y puesto que han establecido como máxima, que la promesa más solemne hecha a un hereje puede ser violada.

«Pero», dice el Sr. O'Leary: «Esto tiene que ver con el caso especial de los salvoconductos otorgados por los príncipes a los herejes». Si usted quiere decir que se aprovecharon de un caso particular para establecer una regla general, es cierto. ¿Y qué? Si la promesa pública a los herejes puede ser violada en un caso, puede ser violada en miles de casos. «¿Pero puede la regla interpretarse en un forma más amplia?» Puede ser; debe ser: no tiene límites. ¡Suspenda, entonces, el juego con un asunto tan serio! ¿Bromea usted con la sangre humana? El quemar personas vivas es una cosa muy seria. Suspenda sus burlas sobre la situación.

Pero usted tiene otro argumento: «Segismundo solamente prometió protegerlo contra cualquier violencia en el
camino al Concilio». Esto no tiene nada que ver. ¿Qué hombre
en sus cabales hubiese dado un paso basado en tal promesa?
«Pero esto es todo lo que estaba en su poder hacer». No es
cierto. Estaba en su poder haberle dicho al Concilio: «Mi propio honor y el de ustedes y el del Imperio está en juicio. Bajo
ninguna circunstancia permitiré que la promesa pública sea
violada. No quiero aparecer como infame a todas las generaciones. Mi nombre no será aborrecido por todas las épocas
futuras. Prefiero abdicar mi imperio, perder mi vida». Pudo
haber salvado a Juan Hus de las manos de sus ejecutores y
pudo haberlo enviado a su propio país. Lo hubiese hecho si
hubiese sido un hombre honesto, si hubiese tenido honor y
conciencia. Le pregunto al Sr. O'Leary: ¿No lo hubiera hecho
usted de haber estado en el lugar de Segismundo? Si usted dice
que «No», un protestante no debe depositar su confianza en
usted como tampoco debería hacerlo en un toro salvaje.

Temo que tal sea el caso, porque usted añade extraña-
mente: «Fue inútil de parte de Segismundo otorgarle un salvoconducto; porque ni el Rey ni el Emperador podían quitarles a
los obispos su derecho de juzgar» (y, de asesinar) «herejes».
Está claro que Segismundo pensó que él podría, que podría
proteger a Hus de todos los peligros. De otra forma hubiese
sido un tonto o un bribón al prometer esto; especialmente en un
documento público, que comprometió su propio honor y el de
todo el Imperio por su seguridad.

Ahora para un toque decorativo: «Así que el cargo
anticuado de la violación de las promesas a los herejes» (no
más anticuado ahora de lo que fue mientras Juan Hus estaba en
las llamas) «se desvanece». No, ni lo hará nunca. Todavía
esto es vigente; y lo será hasta que otro Concilio General
públicamente y explícitamente revoque esa infame determi-

nación del Concilio de Constanza, y declare que el haber quemado a Juan Hus fue una violación abierta de la justicia, la misericordia y la verdad. El toque decorativo continúa: «Quedando destruidos los argumentos sin fundamentos del Sr. Wesley» (de ninguna forma) «por supuesto la superestructura se desvanece, y su larga serie de aseveraciones falsas y no cristianas». ¿Qué quiere decir esto? No conozco ninguna «larga serie de aseveraciones», sean verdaderas o falsas. Yo uso tres argumentos, y nada más, en prueba de una conclusión.

«¡Qué cosa más absurda que insistir que un Concilio general revoque una doctrina que nunca enseñó!» Ellos la enseñaron; y no de paso, ni incidentalmente, si no que la establecieron como una regla de acción dictada por el Espíritu Santo. Cito el capítulo y el verso: Yo digo también, «Vea los *Concilios* de L'Abbé, publicados en París en 1672». ¡Si, y no se avergonzaron de publicar esta determinación a todos los cristianos del mundo, y de demostrar su sinceridad quemando a un hombre vivo! ¡Y este Sr. O'Leary chistosamente lo compara con el acto de hornear un pedazo de carne de res! Supongo que con la misma ternura compararía el «hacerle las barbas a los herejes» (esto es, el tirarles un mazo de yerba en llamas a sus caras) al quemarles las puntas de las plumas a un ave antes de hornearla.

«Con repudiar esto cuando se nos acusa de ello, es suficiente». Entonces repúdielo sin demora; porque en realidad usted tiene la responsabilidad. ¡Lo que, es más, ustedes la tienen cada vez que salga una nueva edición de los *Concilios*; porque en todas ellas este Concilio aparece «como un memorial perpetuo a este asunto»,[2] y esta determinación sin el menor sentido de culpabilidad! Por lo tanto, se mantendrá como una doctrina reconocida de la Iglesia de Roma que los

---

[2] Wesley escribe esta frase en el latín original.

«herejes deben ser condenados y ejecutados, no obstante, las más solemnes promesas de hacer lo contrario». En otras palabras, que «la promesa pública, incluso la de los reyes y emperadores, no tiene que ser guardada para con los herejes».

¿Qué seguridad por mi vida puede alguien darme hasta que renuncie completamente el Concilio de Constanza? ¿Qué seguridad puede un romanista dar a un protestante hasta que esta doctrina sea públicamente renunciada? Si el Sr. O'Leary quiere aducir algo más a favor de este Concilio, le seguiré paso a paso. Pero debe cumplir su palabra y «contestar seriamente a los cargos serios». Se puede hacer bufonería cuando hablamos de asar aves, pero no cuando hablamos de asar hombres.

¿Quisiera, entonces, que los católicos romanos sean perseguidos? Nunca dije ni sugerí tal cosa. Aborrezco la idea; es ajena a todo lo que he predicado y escrito durante estos cincuenta años. Pero quisiera que los romanistas en Inglaterra (no tenía a más ningunos en mente) fueran tratados todavía con la misma indulgencia con que han sido tratados durante estos sesenta años pasados; que tuvieran libertad, tanto civil como religiosa, pero que no se les permitiera socavar la nuestra. Quisiera que fueran exactamente como estaban antes de que el *Acta* reciente fuera aprobada; no perseguidos ni perjudicados ellos mismos, pero sí prevenidos con gentileza de perjudicar a su prójimo.

Quedo, señores.

Su servidor obediente,
Juan Wesley

****

A Penelope Newman

Bristol, 31 de julio de 1780

Mi estimada hermana:

Cualquier carta dirigida a mí en Londres me llegará a dondequiera que esté. Espero que usted nunca caiga en el quietismo (o el cuaquerismo, que es una forma de él). Porque entonces caería en la tibieza; ¿y quién puede predecir lo que vendría luego? He conocido a diez cuáqueros en mi vida cuya experiencia había llegado hasta la justificación. Nunca he conocido ni siquiera uno que experimentara claramente lo que *nosotros* llamamos la «santificación». Pero la verdad es que su lenguaje es tan oscuro y ambiguo que apenas uno sabe lo que experimentan y lo que no.

Creo que no debe, por temor de ofender a la gente, privarse de hacer un viaje por unos días si esto es para beneficio suyo o de otras personas. Nuestra conferencia este año durará hasta el viernes, el 11 de este mes. Y en el futuro (por lo menos mientras yo viva) durará siempre diez días. Menos tiempo no sería suficiente para estudiar a fondo los distintos puntos de importancia que tenemos que considerar.

El brazo del Señor no está limitado ni en Gran Bretaña, ni en Irlanda. Todavía lleva a cabo su propia obra y muestra que él es poderoso para salvar.

Quedo de usted, mi estimada Penny.

Afectuosamente,
Juan Wesley

****

Al Dr. Lowth, obispo de Londres[3]

10 de agosto de 1780
Mi Señor:
Hace un tiempo atrás recibí la carta de su señoría, por la cual estoy muy agradecido. Esas personas no solicitaron nada de la Society[4] porque no tenían nada que pedirle. No querían ningún sueldo para su ministro; porque ellos mismos pueden y quieren sostenerlo. Por lo tanto, solicitaron a su señoría a través de mí, como miembros de la Iglesia de Inglaterra, y deseosos de continuar siendo miembros de ella, rogando de favor a su señoría, que ordenara a un hombre piadoso que pudiera funcionar como su ministro, después de que su señoría lo hubiese examinado.

Pero Su señoría observa: «Hay tres ministros ya en aquel país». Es cierto, mi señor; pero ¿cómo pueden tres cuidar a todas las almas en ese país tan grande? ¿Me permitiría su señoría hablar libremente? No tengo otra alternativa. Estoy al borde del sepulcro y no sé la hora en que caeré en él. Supongamos que hay sesenta de esos misioneros en el país, ¿podría yo en buena conciencia encomendar estas almas a su cuidado? ¿Cuidan ellos de sus propias almas? Si así lo hacen (¡lo digo en serio!) temo que sean los únicos misioneros en América que hacen esto. Mi señor, no hablo precipitadamente: he estado en América; y también han estado allí varias personas con las cuales he podido conversar últimamente. Y tanto ellas, como yo sabemos la clase de personas que son la mayoría de ellos. Son hombres que no tienen ni *el poder ni la*

---

[3] Wesley más tarde haría referencia a esta carta al explicar por qué fue necesario que él mismo ordenara personas para el ministerio en América. Cuando el obispo rehusó escucharle, no le quedó otro remedio.
[4] La «Society for the Propagation of the Gospel in Foreign Parts».

apariencia de la religión;[5] hombres que no son ni piadosos ni siquiera decentes.

Permítame, mi señor, hablar todavía más libremente: quizás sea la última vez que importune a su señoría. Conozco las habilidades de su señoría y su extensa erudición; y creo, lo que es de mayor importancia, que su señoría teme a Dios. Me han dicho que su señoría es extremadamente diligente en examinar a los candidatos para las órdenes sagradas. Sí, que su señoría generalmente se toma el trabajo de examinarlos *usted mismo.* ¿Sobre qué temas? Pues, ¡si entienden un poco de *latín* y *griego* y si pueden contestar unas pocas preguntas triviales en la ciencia de la teología! ¡Ay, de cuán poca utilidad es esto! ¿Su señoría les examina si sirven a *Cristo* o a *Belial*? ¿Si aman a Dios o al mundo? ¿Si alguna vez han tenido pensamientos serios sobre el cielo o el infierno? ¿Si tienen un deseo verdadero de salvar sus propias almas o las almas de otras personas? Si no, ¿qué tienen que ver ellos con las órdenes sagradas? ¿Y qué pasará con las almas que han sido encomendadas a su cuidado?

Mi señor, no desprecio la erudición; conozco muy bien su valor. Pero ¿para qué sirve, especialmente en un ministro cristiano, en comparación con la piedad? ¿Cómo es una persona que no tiene religión? «Como una joya en el hocico de un cerdo».

Hace un tiempo atrás, recomendé a su señoría un hombre sencillo, a quien yo había conocido por más de veinte años como una persona de una piedad profunda y genuina, y de conversación intachable. Pero él ni entendía el latín ni el griego; y afirmó muchas veces que él creía que su deber era predicar, estuviera ordenado o no. Así lo creo yo también. Lo que le pasó desde entonces no lo sé; pero supongo que recibió la ordenación presbiteriana, y no le culpo si lo

---

[5] Véase 2 Ti. 3.5.

hizo. Probablemente pensó que cualquier ordenación era mejor que ninguna.

Yo no sé si el Sr. Hoskons tenía algún favor que quería pedir a la Society. Pidió el favor a su señoría de que le ordenara para poder ministrar a un pequeño rebaño en América. Su Señoría no vio con buenos ojos la ordenación *de él*; empero su señoría sí vio con buenos ojos la ordenación de otras personas que sabían algo de griego y de latín, para enviarlas a América, pero que en cuanto a cómo salvar almas sabían lo mismo que en cuanto a atrapar ballenas.

Por esto yo también lamento la situación de la pobre América, por las ovejas dispersas por todas partes. Muchas de ellas no tienen pastores, particularmente en las colonias del norte; y la situación de las demás no es mejor, porque sus propios pastores no tienen compasión de ellas. No pueden porque no tienen compasión de ellos mismos. No piensan ni se preocupan por sus propias almas.

Deseándole a su señoría toda bendición del gran pastor y obispo de las almas,

Quedo, mi señor.

El hijo respetuoso y servidor de su señoría,

Juan Wesley

****

A los Líderes en Sheffield

Bristol, 4 de septiembre de 1780

Mis estimados hermanos:

Dejen que las personas cuyos propósitos son subvertir el plan metodista mezclando en su capilla a los hombres y a las mujeres, consideren las consecuencias. Primero, nunca más pondré un pie en ella. Segundo, prohibiré que se haga una colecta para ella en nuestras sociedades.

Quedo de ustedes, mis estimados hermanos.

Afectuosamente, Juan Wesley

1781

A Hester Ann Roe

Liverpool, 10 de abril de 1781

Mi estimada Hetty:
Muchos de nuestros hermanos y hermanas, durante aquel gran derramamiento del Espíritu en Londres, hablaron de varias bendiciones *nuevas* que habían recibido. Pero después de todo, no pudieron encontrar nada más alto que el *amor puro*, que generalmente acompaña la plena seguridad de la esperanza. Las Escrituras inspiradas siempre presentan el amor como el punto más alto; lo único es que hay innumerables *grados* de él. La plerofía (o la seguridad plena) de la fe, es una convicción tan clara de que *yo estoy ahora* en el favor de Dios, que excluye toda duda y temor con relación a esto. La seguridad plena de la esperanza es una confianza tan clara de que *gozaré* de la gloria de Dios que excluye toda duda y temor con relación a esto. Y esta confianza es totalmente diferente de la opinión que sostiene que «ningún santo caerá de la gracia». No tiene nada que ver con esto. A menudo hombres atrevidos y presumidos sustituyen esta idea por aquella preciosa confianza. Pero podemos observar que la *opinión* permanece igual de fuerte, mientras las personas están pecando y sirviendo al diablo, que cuando están sirviendo a Dios. La santidad o la falta de santidad no afecta esto en el menor grado. Mientras que el ceder a cualquier cosa impía, o en la vida o en el corazón, oscurece la plena seguridad de la esperanza; y esa esperanza solamente puede seguir existiendo mientras el corazón se adhiera firmemente a Dios.

Estoy persuadido que la tormenta que nos hizo regresar no fue algo casual, sino providencial; por lo tanto, desisto
en estos momentos de ir a Irlanda.

Quedo, mi estimada Hetty, con el mismo tierno
afecto de siempre.

Juan Wesley

****

A Mary Bishop

Warrington, 21 de mayo de 1781

Mi estimada hermana:

He escrito al Sr. Pawson, y espero que Keynsham no
será descuidada más. No esperaba que usted tuviera una
prueba de esta naturaleza; pero hay que estar preparado para
todo.

Cuando Molly Madden enseñaba a unos pocos niños
en Kingswood, vi una escuela verdaderamente cristiana.
Forjar cristianas de las niñas era su primera preocupación; y
después se les enseñaba lo que las mujeres necesitan aprender. Visité otra escuela cristiana en Leytonstone, bajo el cuidado de la Srta. Bosanquet. En ninguna de las dos escuelas
encontré defectos; no observé nada de lo que se estaba haciendo que hubiese querido omitir, ni nada de lo omitido que
hubiese querido hacer.

¿Puedo hablar sin reserva? Creo que puedo. Yo esperaba ver una escuela cristiana en Publow; y por un tiempo la
vi. Pero por algunos años no ha respondido a mis expectaciones. ¿Qué fue entonces lo que pasó? No lo sé exactamente. No sé cómo expresarlo. No vi la sencillez que tenía al
principio. Parece que una atmósfera mundana se estaba infil-
trando en ella. Admiro una buena educación; pero ¡cuan di-

fícil es mantenerla limpia de superficialidades y de actitudes que no están de acuerdo con el sentir que hubo en Cristo!

Quiero que sus estudiantes sean educadas en la misma forma en que la Srta. Bosanquet educaba las suyas. A pesar de que eran muy educadas, sin embargo, había algo en ellas, en toda su forma de ser, que denotaba que pertenecían a otro mundo. La Sra. Castleman fue una de las estudiantes de Molly Maddern. Como usted ve, ella es educada; sin embargo es cristiana.

¡Forje cristianas, mi estimada Srta. Bishop, forje cristianas! Que ésta sea su meta. Forje cristianas tales como Miranda,[1] la Srta. Ritchie; y como fue la Srta. March. Deje que todo lo demás que usted enseña esté subordinado a esto. ¡Ocúpese de una sola cosa! Que de las mujeres jóvenes que usted educa se diga:

La gracia estaba en toda ella, el cielo en sus ojos,
En todos sus gestos, santidad y amor.[2]

Pero ¡qué poder se necesita para llevar a cabo todo esto! *¡Pedid y se os dará!*[3] ¿No podría usted tener las primicias de esto ahora?

Quedo, mi estimada Srta. Bishop.

Su afectuoso amigo y hermano,
Juan Wesley

****

A Ann Loxdale

Douglas, Isla de Man, 10 de junio de 1781

Mi estimada Srta. Loxdale:

Tuve muchas esperanzas de que a mi regreso a Shrewsbury hubiese podido verla. Pero estamos en las manos

---

[1] Un personaje en el *Llamado serio a una vida devota y santa*, de William Law.
[2] Cita de *El Paraíso Perdido*, de John Milton. Se refiere a Eva.
[3] Mt. 7.7.

de Aquel que sabe qué es lo mejor para todos los que confían en Él; y si nuestra reunión tiene que ser postergada por una temporada, cuando esos inconvenientes sean removidos será de más bendiciones para nosotros. Aquel hombre de Dios, Gregorio López, observa acerca de sí mismo que las grandes manifestaciones con las cuales Dios le favoreció al principio abrumaron su cuerpo y casi le privaron de su entendimiento; lo que, es más, lo dejaron inconsciente. Pero después de algún tiempo no interrumpieron ni lo uno ni lo otro, ni interrumpieron el funcionamiento de ninguna de sus facultades. Yo creo que si esas manifestaciones que usted tuvo hubiesen continuado, lo mismo le hubiese sucedido a usted; ellas hubiesen dejado de abrumarla como hicieron al principio, y hubieran fluido con la calma de un arroyuelo.

Hace muchos años, las *Obras* de Madame Bourignon llegaron a mis manos, particularmente los tratados que usted menciona, y su *Vida externa y externa*, escrito por ella misma. Era obvio que ella era una persona muerta al mundo y muy dedicada a Dios; sin embargo, no alcanzaba el nivel ni del Sr. De Renty, ni de Gregorio López; aún más, no creo que haya tenido ni siquiera la clase de experiencia cristiana que tuvo David Brainerd o Thomas Walsh. Lo que hace que muchos pasajes, tanto de su vida como de sus escritos, sean tan impresionantes es que son muy peculiares; son tan propiamente de ella, tan diferentes de todo lo que hemos visto o leído en cualquier otra parte. Pero en realidad, ésta no es una excelencia, sino un defecto capital. Yo evito, tengo miedo de, lo que sea peculiar, ya sea en la experiencia o ya en el lenguaje de las personas. No deseo nada, no acepto nada, que no sea la fe común ni la salvación común; y quiero que usted, mi estimada hermana, sea solamente una cristiana común y corriente, tal como fue Jenny Cooper. Las nuevas expresiones de Madame Bourignon, naturalmente tienden a ofrecerle nuevas ideas. Seguramente estimularían su imaginación, y le harían imaginar cosas maravillosas; pero serían solamente sombras. Yo no tengo la menor duda de que el Sr._____, o usted o su hermana hayan experimentado más de la vida de la fe y una comunión más profunda con el Padre y el Hijo que jamás ella tuvo en su vida. Porque entiendo que está usted un poco confundida por la lectura de esos tratados no usuales, me gustaría que leyera otra vez con atención el *Estudio acerca de la perfección cristiana*;[4] y usted puede estar segura que no hay religión bajo el cielo más alta o profunda que la que se describe allí. Pero ciertamente es posible mantener su mente puesta en Dios igual que su corazón. Esto usted lo experimentó por un tiempo, y debería continuamente esperar recibirlo otra vez. *«Pedid, y se os dará»*:[5]

> Porque las promesas están aseguradas
> Al que persevera en la oración.

Hace tiempo que escribí al Sr. Fletcher, y me sorprende que no me ha contestado. Espero que usted escriba, sin reserva, mi estimada Srta. Loxdale.

Suyo afectuosamente,
Juan Wesley

---

[4] *Obras de Wesley*, VIII.21-168.
[5] Mt. 7.7.

1782

Al Sr. _____

Lewisham, 9 de enero de 1782

1. El verano pasado recibí una carta de Yorkshire firmada por varias personas serias, donde exponían una dificultad que tenían, pero no sabían cómo resolverla. Y, en verdad, no sabía qué consejo darles. Así que tardé en darles una contestación concreta hasta que pudiera consultar el asunto con nuestros hermanos en la próxima Conferencia.

2. Ésta era la dificultad: «Usted aconseja constantemente a todos los miembros de nuestras sociedades asistir a los servicios de la iglesia. Hemos hecho esto por algún tiempo considerable. Pero frecuentemente el Sr. R., nuestro ministro, predica una doctrina que no solamente nosotros creemos que es falsa, sino peligrosamente falsa. Él afirma e insiste en probar que no podemos ser salvos de nuestros pecados en esta vida, y que no debemos esperar ser perfeccionados en el amor antes de nuestra muerte. Nuestra naturaleza humana está dispuesta a recibir esto; por lo tanto, nos puede hacer daño. Por lo consiguiente, tenemos dudas si es nuestro deber escuchar esta predicación, que la experiencia nos dice, tiende a debilitar nuestras almas».

3. Presenté esta carta ante la Conferencia, y percibimos fácilmente que la dificultad expuesta aquí concierne no solamente a la Sociedad en Bailon sino a muchas otras en diferentes partes del reino. Fue considerada largamente, y nuestros deseos fueron de que todos nuestros hermanos expresaran sus sentimientos libremente. En conclusión acordaron unánimemente, primero, que era muy importante que

todos los (así llamados) metodistas, que han sido educados como metodistas, asistan al servicio de la iglesia tan a menudo como les sea posible; pero que, segundo, si el ministro empieza o a predicar los decretos absolutos o a predicar en contra y poner en ridículo la perfección cristiana, deben callada y silenciosamente salir de la iglesia, sin embargo, asistir en la próxima oportunidad.

4. Desde entonces he pensado una y otra vez sobre el asunto; y mientras más lo considero, más estoy convencido que ésta fue la mejor contestación que pudimos haber dado. Todavía aconsejo a mis amistades, que cuando esto ocurra, callada y silenciosamente salgan. Solamente debo seriamente advertirles que no sean críticos; que no acusen a una persona por una palabra. No, ni por unas pocas oraciones, y que cualquier persona que cree en los decretos puede mencionarlos sin pensar. Pero si el ministro en cualquier momento trata de establecer deliberadamente y a propósito la predestinación absoluta o trata de refutar la perfección bíblica, entonces les aconsejo a todos los metodistas en la congregación que calladamente salgan.

Juan Wesley

****

A Hester Ann Roe

Londres, 17 de enero de 1782

Mi estimada Hetty

En el éxito que ha tenido la predicación del Sr. Leech tenemos una prueba entre mil que la bendición de Dios siempre acompaña el anuncio de que la salvación completa se puede obtener ahora por una fe sencilla. Pero aquí hay un gran peligro del cual debemos cuidarnos: esto es, que los otros predicadores pudieran sentir celos de su éxito. Esto ha sido un caso muy común. Y apenas usted puede concebir el obstáculo tan grande que esto siempre ha sido para la obra de Dios. Tanto él, por lo tanto, como todos los que le aman deben hacer todo lo que esté en su poder para impedir esto; él, especialmente, por su comportamiento humilde, condescendiente y agradable hacia sus colegas. Y sería prudente para todos ustedes que no hablen mal de él en la presencia de ellos; porque, usted sabe, que «el espíritu que mora en nosotros es muy dado a ser envidioso».

Nunca me he arrepentido de mi último viaje a Chester; una llama fue prendida tanto allí como en Wrexham, la cual confío no se apagará pronto. Hace tantos años que no pasaba un día en Chester con tanta satisfacción.

Esta tarde tuve la agradable sorpresa de recibir una carta de nuestra estimada Srta. Ritchie. Parece ser que Dios, en contestación a muchas oraciones, nos la ha prestado por un poco más de tiempo. Él nos lleva al sepulcro y nos resucita otra vez. ¡Sabios son todos sus caminos!

No estoy seguro de que esos dolores que usted tan frecuentemente experimenta no sean algo sobrenatural. Es probable que sean causados por un mensajero de Satanás a quien se le ha dado permiso para abofetearla. Pero todo está bien; encontrará en esto y en todas las cosas que la gracia de Dios es suficiente para usted.

Quedo siempre, mi estimada Hetty.

Afectuosamente,
Juan Wesley

****

A Ann Loxdale

Liverpool, 12 de abril de 1782

Mi estimada Srta. Loxdale:

Le aconsejo a usted, como anteriormente aconsejé a mi estimada Jenny Cooper, que lea y medite frecuentemente sobre el capítulo 13 de la primera epístola a los Corintios. ¡Allí hay un retrato verdadero de la perfección cristiana! Imitemos esto con todos nuestros esfuerzos. Creo también que le sería útil leer más de una vez el *Estudio acerca de la perfección cristiana*.[1] ¡Realmente, la perfección es el amor humilde, gentil, y paciente! Sin duda es nuestro privilegio estar siempre gozosos,[2] con un gozo tranquilo, apacible, y sincero. Sin embargo, raras veces esto dura mucho tiempo. Muchas circunstancias pueden hacer que disminuya y vuelva a fluir. El gozo, por lo tanto, no es la esencia de la religión. Ésta no es otra cosa que el amor humilde, gentil, y paciente. Pienso que todos éstos están incluidos en esa sola palabra, la resignación. Porque la lección más importante que nuestro Señor (como hombre) aprendió mientras estaba sobre la tierra era decir, «*Pero no sea como yo quiero, sino como tú*».[3] ¡Que él la confirme más y más!

Afectuosamente suyo,
Juan Wesley

****

A Thomas Taylor

Liverpool, 12 de abril de 1782

Estimado Tommy:

La diferencia entre nosotros es muy poca, y estoy de acuerdo con la mayoría de lo que usted dice. Que «la guerra ha sido mal dirigida», que «millones de dinero y miles de vidas han sido desperdiciadas», que «numerosas familias han sido arruinadas, y el comercio muy perjudicado», que no

---

[1] *Obras de Wesley*, VIII.21-168.
[2] 1 Ts. 5.16.
[3] Mt. 26.39.

solamente estamos «en peligro de perder toda América del Norte, sino las Indias Orientales también», «que nuestros líderes militares tanto en el mar como en la tierra, aman el robo y el pillaje mucho más que la pelea», son verdades melancólicas que nadie que tenga un conocimiento de los asuntos públicos puede negar. Pero usted no sabe la mitad de esto todavía. Si vivimos para encontrarnos, le podré contar cosas más extrañas que todas éstas.

He cambiado mi plan de viajes: desde Leeds voy a Lincolnshire, y así a través de Hull y Scarborough a Newcastle. Así que no estaré en York hasta la última parte de junio.

Quedo de usted, con mi cariño a la hermana Taylor, estimado Tommy.

Su afectuoso amigo y hermano,
Juan Wesley

****

Al Sr.

Londres, 23 de diciembre de 1782

Mi estimado hermano:

Hace muchos años, cuando leí las palabras en la Lección del día, *«Hijo de hombre, he aquí que yo te quito de golpe el deleite de tus ojos»*,[4] estuve tan afectado que apenas pude hablar una palabra más. Pero después de un tiempo, Dios me ayudó a decir: *«Buena es la voluntad del Señor»*.[5] Espero que él le haya enseñado esa gran lección, la cual la razón no puede enseñar. Su propósito final, sean sus dispensaciones agradables o dolorosas, es separarnos de todas las

---

[4] Ez. 24.16.
[5] Véase Ro. 12.2.

cosas aquí en la tierra y unirnos a él mismo. Usted ve la dispensación presente de su providencia a través de una luz verdadera. Él está justificando su derecho a reinar en su corazón, reclamándole como suyo solamente. Y él puede darle grande recompensa por todo lo que le ha quitado con sólo entregare a sí mismo a usted.

Que el resultado de esta medicina sea completamente efectivo. «Es una pérdida muy grande deshacerse de una aflicción». Ahora es el tiempo en que usted está seriamente llamado a entregarse completamente a Dios. Su camino más sabio sería seleccionar dos o tres amistades íntimas, que tengan una relación viva con Dios; y relacionarse solamente en asuntos que sean necesarios con aquellas personas que no conocen a Dios. Si usted acepta esta resolución y se mantiene firme en ella, volverá a encontrar a nuestro querido amigo otra vez dentro de un poco de tiempo. ¡Que Dios le ayude a hacer esto! Su gracia es suficiente para usted.

Quedo de usted.

Su hermano afectuoso,
Juan Wesley

1783

A John Cricket

Londres, 10 de febrero de 1783

Mi estimado hermano:

Varios años atrás, la Sociedad en Barnard Castle, tan grande como la de Derry, estaba notablemente muerta. Cuando Samuel Meggot (ahora con Dios) vino donde ellos, les aconsejó a guardar un día para ayuno y oración. Una llama brotó y se extendió a través de todo el circuito; la cual no se ha apagado aún.

Le aconsejo hacer lo mismo en Derry. El domingo en la mañana, repréndales fuertemente por su infidelidad y escasez de frutos, y aconséjeles a todos los que temen a Dios que se humillen a sí mismos en ayuno el siguiente viernes. Tengo la esperanza que una llama brotará igualmente en Londonderry.

Pero ustedes deben inmediatamente asumir por lo menos la forma de una Sociedad metodista. Le prohíbo a usted absolutamente o a cualquier otro predicador ser un guía; por el contrario, escoja a la persona más insignificante en cada clase para que sea el guía de ella. Y trate de persuadir a tres hombres, si no más, y a tres mujeres para que se reúnan en bandas.

¡No pierda la esperanza hasta el final! Vendrán días mejores.

Quedo de usted.

Afectuosamente,
Juan Wesley

P.D. Mientras más claro, usted hable más bien hará. Hay que hablar claramente en Derry. Estoy de salud tan bien como estuve hace cuarenta años atrás.

****

A los Predicadores en América

Bristol, 3 de octubre de 1783

Estimado hermano:

1. Que todos ustedes estén decididos a cumplir con la doctrina y disciplina metodista publicadas en los cuatro volúmenes de *Sermones* y en las *Notas sobre el Nuevo Testamento*, junto con las *Minutas extensas* de la Conferencia.

2. Tengan cuidado con los predicadores que vienen de Gran Bretaña o Irlanda sin una recomendación completa de parte mía. Tres de nuestros predicadores itinerantes han deseado ansiosamente ir a América; pero bajo ningún concepto puedo aprobar esto, porque no creo que están de acuerdo completamente con nuestra disciplina o nuestra doctrina. Yo creo que ellos difieren de nuestro criterio en una o en ambas. Por lo tanto, si éstos o cualesquiera otros llegan sin mi recomendación, tengan cuidado cómo los reciben.

3. Tampoco deben recibir a cualquier predicador, no importa cuán recomendado esté, que no esté subordinado a la Conferencia americana y de buena voluntad acepte las *Actas* tanto de la Conferencia americana como de la inglesa.

4. No quiero que nuestros hermanos americanos reciban a nadie que no acepte a Francis Asbury como el asistente general. Indudablemente, el mayor peligro a la obra de Dios en América probablemente surgirá o de predicadores que vienen de Europa, o de los que surjan de entre ustedes mismos y que hablen cosas falsas, o que introduzcan entre ustedes, nuevas doctrinas, particularmente el calvinismo. Deben

tener mucho cuidado en guardarse en contra de esto; porque es mucho másfácil mantenerles fuera, que tener que echarles fuera.

Les encomiendo a todos a la gracia de Dios.

Quedo de usted.

Su afectuoso amigo y hermano,

Juan Wesley

1784

A Isaac Andrews

City Road, 4 de enero de 1784

Mi estimado hermano:
No importa lo que yo le diga, usted no lo entenderá a menos que el Espíritu Santo no abra su entendimiento.

Sin duda, la fe es *obra de Dios*; y, sin embargo, es *el deber* del ser humano creer. Cada persona puede creer *si* quiere, aunque no *cuando* quiere. Si busca la fe a través de los medios designados, tarde o temprano, el poder del Señor estará presente, por el cual (1) Dios obra; y por el poder *de Dios* (2) el ser humano cree.

En el orden del pensamiento, la obra de Dios va primero; pero no en el orden del tiempo. Creer es el acto de la mente humana, fortalecida por el poder de Dios. ¿Qué si usted lo encontrara ahora?

Quedo de usted.

Su afectuoso hermano,
Juan Wesley

****

A la Sra. Parker

Cerca de Londres, 21 de enero de 1784

Mi estimada hermana:
He tomado el tiempo para considerar su carta con calma; y ahora le hablaré libremente acerca de ella.

Usted da tres razones para descartar los predicadores metodistas: la primera, porque varias personas que habían abandonado su capilla prometieron unirse otra vez a ustedes, a condición de que no se les permitiera a los metodistas predicar más allí; la segunda, que predicaban la perfección; y la tercera, que mientras uno de ellos estaba predicando, varias personas de repente fueron afectadas violentamente.

Pero ¿son válidas estas razones? Vamos a considerarlas delante de Dios con calma e imparcialidad.

1. «Varias personas que les habían abandonado prometieron unirse otra vez a ustedes, a condición de que no se permitiera a los metodistas predicar más en su capilla». Yo creo que usted nunca debió haberse unido con o recibido a personas con esta clase de espíritu. ¡Qué espíritu papista tan rígido fue éste! ¡Qué fanatismo vil! ¡El espíritu exacto del calvinismo! Seguramente nadie que no sea calvinista debe estimularlo ni por palabra ni por obra. Yo considero que toda persona que hace esto, lo que hace es mantener *una causa mala*, tan mala como el mal puede ser. ¿Para quiénes ha puesto Dios gente como ellos en Gran Bretaña, Irlanda y América? ¿Para quiénes ha puesto él ahora gente como ellos en Yorkshire, en Cheshire, en Lancashire, en Cornwall? En verdad éstos son los signos de nuestra misión, la prueba de que Dios nos ha enviado. Veinte mil personas mirando hacia el cielo, y muchas de ellas regocijándose en Dios su Salvador. Usted vio un ejemplo de esto en Leeds. Venga otra vez a ver si la obra es o no de Dios. Oh, considere el peso de esta palabra: «El que te rechaza a ti, me rechaza a mí y al que me envió».[1]

2. «Pero ellos predican *la perfección*». ¿Y usted no lo hace? ¿Quién no lo hace si habla como los oráculos de Dios? Esa palabra bíblica significa ni más ni menos *«amar a Dios*

---

[1] Véase Jn. 13.20.

con todo nuestro corazón»,[2] o tener el *sentir que hubo en Cristo*[3] yandar *como él anduvo*.[4]

3. «Pero, mientras uno de ellos estaba predicando, varias personas cayeron al piso, clamaron en voz alta, y fueron afectadas violentamente». ¿Usted nunca ha leído mis *Diarios*? ¿O la *Narración* del Dr. Edwards? ¿O las *Colecciones histórica* del Dr. Gillies? ¿Usted no entiende, entonces, que Dios, que hace todas las cosas con sabiduría, ha querido, durante casi cincuenta años, cuando ha obrado en la forma más poderosa, que estas señales externas (sean naturales o no) acompañen la obra interna? ¿Y quién le puede criticar por esto? Déjenle que haga lo que le parezca bien.

Por lo tanto, tengo que pensar que ni éstas ni ningunas otras razones pueden justificar el rechazo de los mensajeros de Dios, y consecuentemente que todos los que lo hacen o lo animan, están manteniendo una causa mala. Sin embargo, Quedo de usted.

Su amigo y hermano afectuoso,
Juan Wesley

****

A su sobrino Charles Wesley

Dundee, 2 de mayo de 1784

Querido Charles:

No dudo que Sarah y tú estén afligidos porque Samuel ha «cambiado su religión».[5] No; él ha cambiado sus *opiniones* y su *modo de adorar*. Pero eso no es religión; es

---

[2] Mt. 22.37.
[3] Fil. 2.5.
[4] 1 Jn. 2.6.
[5] Este Samuel, hermano menor del destinatario de la carta, había abrazado el catolicismo romano.

completamente otra cosa. Tú puedes preguntar, «entonces, ¿él no ha sufrido ninguna pérdida con el cambio?» Sí, una pérdida irreparable; porque su nueva opinión y modo de adorar son tan desfavorables para la religión que ellos hacen esto extremadamente difícil si no imposible, para uno que una vez supo mejor.

«¿Entonces qué es la religión?» Es la felicidad de Dios, o del conocimiento y amor de Dios. Es la *fe que obra por el amor*,[6] produciendo *justicia, paz y gozo en el Espíritu Santo*.[7] En otras palabras, es un corazón y una vida devota a Dios; o la comunión de Dios, el Padre y el Hijo; o *el sentir que hubo también en Cristo Jesús*,[8] que hace posible que andemos *como él anduvo*.[9] Ahora, o tiene él esta religión o no la tiene. Si la tiene, finalmente no perecerá, a pesar de las opiniones absurdas y no bíblicas que él ha adoptado y las formas de adorar supersticiosas e idólatras. Pero ésas son muchas cadenas que impedirán grandemente que él corra la carrera que tiene trazada frente a sí. Si no tiene esta religión, si no ha entregado a Dios su corazón, el caso es inefablemente peor: dudo si alguna vez lo hará, porque sus nuevos amigos tratarán continuamente de impedirlo ofreciéndole algo más en su lugar, alentándolo a que descanse en la forma, nociones, o cosas externas, sin haber nacido de nuevo, sin tener a Cristo en él, *la esperanza de la gloria*,[10] sin haber sido *renovado en la imagen de aquel que le creó*.[11] Esto una perversidad mortal. A menudo he lamentado que él no tuvo esta *santidad, sin la cual nadie verá al Señor*.[12] Pero a pesar

---

[6] Gá. 5.6.
[7] Ro. 14.17.
[8] Fil. 2.5
[9] 1 Jn. 2.6.
[10] Col. 1.27.
[11] Véase Ef. 4.23-24.
[12] He. 12.14.

de que no la tenía, sin embargo, en sus horas de reflexión profunda él no esperaba ir al cielo sin ella. Pero ahora está siendo o será enseñado que, con solamente tener una «fe» verdadera (esto es tales y tales creencias), y añadir a esto tales y tales obras *externas*, será salvo. ¡Verdaderamente puede que pase algunos años en el fuego purificador, y final y seguramente irá al cielo por fin!

Por lo tanto, tú y mi querida Sarah tienen mucha razón para llorar por él. Pero ¿no sienten ustedes también la necesidad de llorar por ustedes mismos? ¿Le han entregado ustedes su corazón a Dios? ¿Tienen la santidad en sus corazones? ¿Tienen el reino de Dios dentro de ustedes: justicia, paz y gozo en el Espíritu Santo? ¿La única verdadera religión bajo el cielo? ¡Oh, clamen al que es poderoso para salvarles para que puedan tener esa única cosa necesaria, la religión verdadera! ¡Seriamente y diligentemente usen todos los medios que Dios ha puesto abundantemente en las manos de ustedes! De otra manera no me sorprenderé si Dios permite que se dejen llevar por una gran ilusión. Pero ¡si ustedes fueron o no fueron, si son protestantes o papistas, ni ustedes ni él podrán entrar a la gloria, a menos que no sean limpios de toda contaminación del cuerpo y del espíritu, y se perfeccionen en el temor de Dios!

Quedo, mi querido Charles.

Tu afectuoso tío,
Juan Wesley

****

A su sobrino Samuel Wesley

[Trecwn,] 19 de agosto de 1784

Querido Sammy:

Como te he estimado desde que eras pequeño, a menudo he pensado escribirte con libertad. Estoy persuadido de que lo que se escribe con amor se entenderá con amor; y si es así, si no te hace bien, no te hará mal.

Hace muchos años observé que, en la misma forma en que le agradó a Dios darte un talento notable para la música, así te había dado una comprensión rápida de otras cosas, una capacidad de progresar en los estudios, y (lo que es de mucho más valor) un deseo de ser cristiano. Pero, mientras tanto, a menudo he estado triste por ti, temiendo que no habías comenzado bien tu camino; no quiero decir en cuanto a ninguna clase de opiniones, protestante o romanista (descarto todas estas cosas); sino en cuanto a los asuntos de más gravedad, en los cuales, si se equivocan, tanto protestantes como papistas perecerán para siempre. Temía que no habías nacido de nuevo; y *«el que no naciere otra vez»*, si creemos al Hijo de Dios, *«no puede ver el reino de Dios»*,[13] si no experimenta aquel cambio interior de la mente terrenal y sensual por *el sentir que hubo en Cristo Jesús*.[14]

Pudiste haber entendido completamente la doctrina bíblica del nuevo nacimiento; sí, y pudiste haberla experimentado hace tiempo, si hubieses aprovechado las muchas oportunidades para mejorarte que Dios te había puesto en tus manos mientras creías que tanto tu padre como yo éramos maestros enviados de Dios. Pero, ¡ay! ¿quién eres ahora? No me interesa si eres de esta iglesia o de aquélla; puedes ser salvo o condenado en cualquiera de las dos; pero temo que no has nacido de nuevo, y si no naces de nuevo no puedes ver el reino de Dios. Tú crees que la Iglesia de Roma es la correcta. ¿Y qué? Si no eres nacido de Dios, *tú* no eres de *ninguna iglesia*. No importa si es Belarmino o quien Lutero tiene la razón; ciertamente tú estás equivocado, si no has

---

[13] Jn. 3.3.
[14] Fil. 2.5.

nacido del Espíritu, si no estás renovado en el espíritu de tu mente, según la imagen del que te creó.[15]

Creo que tú nunca te convenciste de la necesidad de ese gran cambio. Y ahora hay más peligro que nunca de que jamás lo harás; que estarás desviado de pensar en ella por una serie de ideas nuevas, prácticas nuevas, nuevos modos de adorar: todos juntos (sin considerar si son antibíblicos, supersticiosos e idólatras o no) todos, digo, juntos, no llegan ni a un grano de la religión verdadera, vital y espiritual.

¡Oh Sammy, estás fuera de tu camino! ¡Estás fuera del camino de Dios! No le has entregado tu corazón. ¡No has encontrado (aún más, sería mucho si hubieras buscado) tu felicidad en Dios! ¡Y los pobres zelotes, mientras tú tengas esta mentalidad, tratarán de confundirte acerca de cuál de las dos iglesias es mejor! ¡Oh, tontos y ciegos! Tales guías llevan a los seres humanos por multitudes al abismo sin fondo. Mi querido Sammy, tu primera necesidad es arrepentirte y creer en el evangelio.[16] ¡Tienes que reconocerte como un pobre pecador, culpable y sin ayuda! ¡Luego tienes que conocer a Jesucristo y él crucificado! Permite que el Espíritu mismo de Dios dé testimonio a tu espíritu que eres hijo de Dios,[17] y que *el amor de Dios sea derramado en tu corazón por el Espíritu Santo que te es dado*,[18] y luego si no tienes nada más que hacer, te hablaré de la transustanciación y el purgatorio.

Mientras tanto, te encomiendo al que puede guiarte a toda la verdad; y quedo, querido Sammy.

Tu tío afectuoso,
Juan Wesley

****

---

[15] Véase Ef. 4.23-24.
[16] Véase Mr. 1.15.
[17] Véase Ro. 8.16.
[18] Véase Ro. 5.5.

A «nuestros hermanos en América»

Bristol, 10 de septiembre de 1784

Por una serie de providencias extraordinarias muchas de las provincias de América del Norte están completamente separadas de la madre patria y convertidas en estados independientes. El gobierno inglés no tiene ninguna autoridad sobre ellas, ni civil ni eclesiástica, como no la tiene sobre los Estados de Holanda. La autoridad civil es ejercida sobre ellas, en parte por el Congreso, y en parte por las Asambleas de Provincias. Pero nadie hace uso o reclama ninguna autoridad eclesiástica para nada. En esta situación peculiar algunos de los miles de habitantes de esos estados han pedido mi consejo; y en cumplimiento a ese pedido, he diseñado un pequeño bosquejo.

2. Lo que escribió Lord King: *Descripción de la Iglesia primitiva*, me convenció hace años que los obispos y presbíteros son una misma orden y consecuentemente tienen el derecho de ordenar. Por muchos años me han pedido de vez en cuando que ejercite este derecho ordenando a algunos de nuestros predicadores itinerantes. Pero hasta ahora me he negado, no sólo para mantener la paz, sino porque había decidido violar lo menos posible las reglas establecidas por la Iglesia nacional a que pertenezco.

3. Pero el caso es diferente entre Inglaterra y América del Norte. Aquí hay obispos que tienen una jurisdicción legal. En América no hay ninguno, ni tampoco ministros parroquiales. Así que por algunas cien millas a la redonda no hay nadie ni para bautizar, ni para ofrecer la Santa Cena. Aquí, por lo tanto, olvido mis escrúpulos, y me siento en completa libertad, siendo que no violo ninguna orden y no invado el derecho de ningún hombre al ordenar y enviar obreros a la cosecha.

4. Por lo tanto, he asignado al Dr. Coke y al Sr. Frances Asbury a ejercer una superintendencia unida sobre nuestros hermanos en América del Norte; como también a Richard Whatcoat y Thomas Vasey, a ejercer como presbíteros entre ellos, bautizando y oficiando la Santa Cena. Y he preparado una liturgia, muy semejante a la de la Iglesia de Inglaterra (la cual creo es la mejor iglesia nacional del mundo), que les recomiendo a todos los predicadores itinerantes para que la usen en el Día del Señor en todas las congregaciones, leyendo la letanía solamente los miércoles y viernes, y que en los otros días oren extemporáneamente. También aconsejo a los presbíteros que oficien la Santa Cena en cada Día del Señor.

5. Si alguien me muestra una forma más racional y bíblica para alimentar y guiar esas pobres ovejas en el desierto, con mucho gusto la adoptaré. En estos momentos no veo un método mejor que el que he adoptado.

6. Es cierto que ha sido sugerido que los obispos de Inglaterra sean los que ordenen parte de nuestros predicadores para América. Pero a esto yo me opongo: (1) Quise que el obispo de Londres ordenara sólo a uno, pero esto no fue posible.[19] (2) Si hubiesen aceptado, sabemos lo mucho que se tardan estos procedimientos; y no podemos demorar. (3) Si los ordenaran ahora, por lo mismo esperarían gobernarlos. ¡Cuántos problemas graves esto nos ocasionaría! (4) Siendo que nuestros hermanos americanos están ahora completamente separados, tanto del estado como de la jerarquía inglesa, mejor es que no se metan en dificultades ni con el uno, ni con la otra. Están ahora en completa libertad simplemente de seguir las Escrituras y la Iglesia primitiva. Y juzgamos que esto es lo mejor, que se mantengan firmes en esa libertad con

---

[19] Véase la carta del 10 de agosto de 1780.

la cual Dios de una manera tan extraordinaria les ha hecho libres.

1785

Al Rvdo. Carlos Wesley

Bristol, 17 de marzo de 1785

Querido hermano:

Estoy preparándome para mi viaje al norte; y debo dedicar un tiempo para escribirte dos o tres líneas. ¡Me detengo un momento para admirar las dispensaciones sabias y misericordiosas de la divina providencia! Nunca antes ha habido un llamado tan fuerte a todos los miembros de tu familia. Si hasta la fecha no te han respetado a ti o al Dios de tus padres, ¿qué más sería necesario para convencerles que el verte por tanto tiempo al borde de la muerte? Y verdaderamente creo, que, si ellos comprenden la advertencia, Dios te levantará a ti otra vez. Sé que la sentencia de muerte está sobre ti, como estuvo sobre mí doce años atrás. Sé que la naturaleza está completamente agotada; pero ¿no está la naturaleza sujeta a la palabra de Dios? Yo no dependo de los médicos, sino de Aquel que levanta a los muertos. Que toda tu familia despierte y se dedique a orar sin cesar; entonces sólo tengo que decirle a cada uno: *«Si crees, verás la gloria de Dios».*[1] *«Fortaleceos en el Señor, y en el poder de su fuerza».*[2] Adiós.

Juan Wesley

****

---

[1] Jn. 11.40.
[2] Ef. 6.10.

219

A Barnabas Thomas

Birmingham, 25 de marzo de 1785

Estimado Barnabas:

No tengo ni la inclinación, ni el tiempo para controversias; pero le diré lo que pienso en unas pocas palabras.

Estoy tan firmemente vinculado a la Iglesia de Inglaterra, ahora como estuve, desde que usted me conoció. Pero mientras tanto sé que soy un obispo cristiano tan real como lo es el arzobispo de Canterbury. Sin embargo, siempre estuve decidido, y todavía lo estoy, a no actuar como tal, excepto en caso de necesidad. Tal situación no existe en Inglaterra (quizás nunca existirá). En América sí existía. Esto lo hice saber al obispo de Londres y le pedí su ayuda. Pero él rehusó terminantemente. Todos los otros obispos estaban de acuerdo con él; la explicación que dieron fue que ellos no tenían nada que ver con América. Entonces todo se aclaró, y estuve completamente convencido de cuál era mi deber y qué era lo que tenía que hacer. Del grupo de personas que se ofreció, escogí a quienes juzgué eran las más dignas, y positivamente rehúso ser juzgado en esto por la conciencia de nadie, sino solamente por la mía.

Quedo de usted, estimado Barnabas.

Su afectuoso hermano,
Juan Wesley

****

A la Conferencia metodista

Chester, 7 de abril de 1785

Mis estimados hermanos:

Algunos de nuestros predicadores itinerantes han expresado su temor de que después que yo muera ustedes los excluirían o de predicar en conexión con ustedes o de otros privilegios de los cuales ellos disfrutan ahora. No sé de qué otra forma prevenir tal inconveniencia, sino dejar con ustedes estas últimas palabras.

«Les ruego por las misericordias de Dios que nunca se aprovechen del Acta de declaración para asumir cualquier superioridad sobre sus hermanos, sino permitan que todas las cosas continúen entre aquellos itinerantes, que escojan permanecer juntos, exactamente en la misma forma como cuando yo estaba con ustedes, siempre y cuando las circunstancias lo permitan.

«En particular, les ruego, que si alguna vez me amaron, y si ahora aman a Dios y a sus hermanos, que no hagan acepción de personas al nombrar un predicador, al escoger los niños para la Escuela de Kingswood, al disponer de la Contribución anual y del Fondo de los predicadores o de cualquier otro dinero público. Pero hagan todas las cosas con justicia, como he hecho yo desde el principio. Continúen de esta forma, haciendo todas las cosas sin prejuicio o parcialdad, y Dios estará con ustedes hasta el final».

Juan Wesley

****

A Freeborn Garrettson

Dublín, 26 de junio de 1785

Mi estimado hermano:

El Dr. Coke habla sobre usted en uno de sus *diarios.* Así que, a pesar de que no le conozco personalmente, conozco la clase de persona que usted es. Por supuesto envíeme, cuando tenga la oportunidad, un informe más detallado de sus experiencias y viajes. Es posible que Dios encuentre una forma para que usted visite Inglaterra; y puede ser esto un medio por el cual usted recibirá más fuerza como también más luz. Es algo muy deseable que los hijos de Dios puedan comunicar sus experiencias los unos a los otros, y sería todavía de más provecho, si pudieran hacerlo frente a frente. Hasta que la Providencia abra un camino para que usted pueda visitar Europa, haga todo lo que pueda para el buen Maestro en América.

Me alegro saber que el hermano Cromwell y usted han comenzado esa labor de amor, de visitar a Nueva Escocia, y sé que ustedes trabajan en armonía con el pequeño grupo que estuvo casi solo hasta que ustedes llegaron. Ésta será la forma más sabia de hacer que todos los que desean unirse, conozcan a fondo todo el plan metodista, y que se acostumbren desde el principio, a observar debidamente todas nuestras reglas. Que ninguno esté satisfecho con ser cristiano a medias. Cualquier cosa que hagan, háganlo con todas sus fuerzas y será mejor, tan pronto uno de ellos encuentre la paz con Dios, exhortarle a seguir hacia la perfección. Mientras más fuerte y vigilantemente usted insista para que todos los creyentes aspiren a una santificación plena que se obtiene ahora por una fe simple, más prosperará la obra de Dios.

No espero ningún gran interés de parte del obispo. Dudo que sea sincero; y si es así, no le hará ningún bien ni a usted ni a cualquier otro. Debe ser un consuelo para usted saber que no lo necesita. Usted no necesita nada de lo que él pueda darle.

Es una noble propuesta la del Sr. Marchington; pero dudo que prosperará. Usted no conoce la situación de los metodistas ingleses. No son muy ricos, como muchos de los metodistas americanos. Es con mucha dificultad que podemos recaudar quinientas o seiscientas libras esterlinas al año para cubrir nuestros gastos extras. Así que es completamente imposible recaudar quinientas libras esterlinas entre ellos para construir en América. Es cierto que podrían hacer mucho; pero es una triste observación que los que tienen más dinero, son los que menos gracia tienen.

¡La paz de Dios sea con sus espíritus! Quedo.
Su afectuoso amigo y hermano,
Juan Wesley

****

Al Rvdo. Carlos Wesley

Plymouth Dock, 19 de agosto de 1785.

Querido hermano:

Te diré lo que pienso con toda sencillez, y aguardaré mejor información. Si estás de acuerdo conmigo, bien; si no, podemos (como decía el Sr. Whitefield) concordar en estar en desacuerdo.

Durante estos cuarenta años he estado en duda con relación a esa pregunta, «¿Qué obediencia debemos a "sacerdotes paganos y obispos infieles"?» De vez en cuando he compartido mis dudas con los clérigos más piadosos y sensibles que he conocido. Pero no me dieron ninguna satisfacción; más bien parecían estar confundidos igual que yo.

Yo siempre rendí alguna obediencia a los obispos en obediencia a las leyes del país. Pero no creo que estoy bajo ninguna obligación de obedecerles más allá de lo que esas leyes requieren.

Es en obediencia a esas leyes que nunca he ejercido en Inglaterra el poder que yo creo que Dios me ha dado. Creo firmemente que yo soy tan *episcopos*[3] bíblico como cualquier hombre en Inglaterra o en Europa; porque sé que la *sucesión ininterrumpida* es una fábula, que nadie pudo o puede probar. Pero esto de ninguna forma interfiere con el hecho de que yo permanezca en la Iglesia de Inglaterra; de la cual no tengo ningún deseo de separarme igual que no lo tuve hace

---

[3] Palabra griega que significa «obispo», «guardián» o «superintendente».

cincuenta años. Todavía asisto a todas las ordenanzas de la Iglesia cada vez que se me presenta la oportunidad; y deseo seria y constantemente que así lo hagan todos los que están relacionados conmigo. Cuando el Sr. Smyth nos urgió a «separarnos de la Iglesia», quiso decir, «no asistir más a la Iglesia». Y esto es lo que yo quise decir hace veintisiete años cuando persuadí a nuestros hermanos a «no separarse de la Iglesia».

Pero ahora surge otra pregunta: «¿Qué es la Iglesia de Inglaterra?» No es «toda la gente de Inglaterra». Los papistas y los disidentes no son parte de ella. Tampoco es toda la gente de Inglaterra excepto los papistas y disidentes. ¡Entonces verdaderamente tendremos una gloriosa iglesia! No, de acuerdo con nuestro Artículo veinte,[4] una iglesia particular es «una congregación de fieles» (*coetus credentium*, en las palabras de nuestra edición en latín), «entre los cuales la palabra de Dios es predicada y los sacramentos debidamente administrados». Aquí encontramos una definición lógica y verdadera, que contiene tanto la esencia como las características de una iglesia. ¿Qué, entonces, de acuerdo a esta definición, es la Iglesia de Inglaterra? ¿Quiere decir esto «todos los creyentes en Inglaterra (excepto los papistas y disidentes) quienes tienen la palabra de Dios y los sacramentos debidamente administrados entre ellos»? Temo que esto no se asemeja a tu idea de «la Iglesia de Inglaterra». Bien, ¿qué mas vas a incluir en esa frase? «Pues, todos los creyentes que creen en la doctrina y disciplina establecida por la Convocación bajo la Reina Isabel». No; esa disciplina está casi desaparecida, y también la doctrina que tú y yo creemos.

No quiero decir que nunca ordenaré a nadie mientras esté en Inglaterra; pero no para usar el poder que reciben mientras estén en Inglaterra.

---

[4] De los 39 *Artículos de Religión* de la Iglesia de Inglaterra.

Todavía sostengo todas esas razones en contra de una separación de la Iglesia, definida en este sentido. ¿A qué entonces tienes miedo? No me separo de la Iglesia ahora igual que no lo hice en el año de 1758. Todavía me someto (aunque mi conciencia duda algunas veces) a "obispos infieles". Es cierto que difiero de ellos en algunos aspectos de la doctrina y en algunos aspectos de la disciplina, como por ejemplo, el predicar al aire libre, orar extemporáneamente, y formar sociedades; pero ni por un pelo me paso más allá de lo que creo adecuado, correcto, y mi obligado deber. Todavía sigo la misma regla que he seguido entre cuarenta y cincuenta años.

No hago nada precipitadamente. No es probable que lo haga. El tiempo para actuar apresuradamente ha pasado. Si quieres caminar de acuerdo conmigo, hazlo. Pero no seas un obstáculo para mí si no quieres ayudar. Quizás si te hubieses mantenido cerca de mí, yo hubiese hecho mejor. Sin embargo, con ayuda o sin ella, avanzo lentamente. Como he sido hasta la fecha, así confío seguiré siendo.

Tu afectuoso amigo y hermano,
Juan Wesley

****

A Francis Asbury

Bristol, 30 de septiembre de 1785

Mi estimado hermano:

Me alegra saber que Dios prospera su trabajo aun en la desolada tierra de Carolina del Sur. Alrededor de cincuenta años atrás prediqué en la iglesia de Charlestown y en algunos otros lugares, y atendieron lo que dije con seriedad. Pero temo que solamente unos pocos recibieron impresiones duraderas.

En la próxima Conferencia valdría la pena considerar profundamente si algún predicador debe permanecer en un sitio tres años consecutivos. Esto me alarma. Es una alteración drástica de la disciplina metodista. No tenemos esa costumbre en Inglaterra, Escocia, o Irlanda. Nosotros [no le permitimos a nadie] excepto al *asistente*, quien se queda un segundo año, quedarse más de [un año].

Quizás yo mismo tenga temas más variados sobre el cual predicar que muchos de nuestros predicadores. Sin embargo, estoy seguro que, si tuviera que predicar tres años consecutivos en un sitio, tanto las personas como yo mismo, llegaríamos a estar tan muertos como las piedras. Más aún, esto está en contra de toda la economía del metodismo: Dios siempre ha trabajado entre nosotros a través de un cambio constante de predicadores.

Hay que proveerles con suficientes libros, mientras sea posible, a las personas recién convertidas. A través de esto, el despertar continúa y crece.

Dentro de dos o tres días espero estar en Londres. Entonces hablaré con el Sr. Atlay sobre el asunto. Dedíquese completamente a Dios.

Quedo de usted.

Su afectuoso amigo y hermano,
Juan Wesley

****

A Mary Cooke

Londres, 30 de octubre de 1785

Mi estimada Srta. Cooke:

Se inclina a la opción más conservadora. Es más seguro tener poca estima de usted misma que demasiada. No culpo a nadie por no creer que está en el favor de Dios hasta que se sienta forzada a creerlo.

Pero, tomando en cuenta todas las circunstancias, no tengo duda de que usted tiene una medida de fe. Muchos años atrás cuando alguien estaba describiendo el glorioso privilegio de un creyente, exclamé: «Si esto es así yo no tengo fe». Él contestó: «*Habes fidem, sed exiguam*, tienes fe, aunque débil». Lo mismo le digo a usted, mi estimada amiga. Usted tiene fe, pero es solamente como un grano de mostaza. Conserve la que tiene, y pida la que necesita. Hay una variedad irreconciliable en las operaciones del Espíritu Santo sobre las almas de las personas, específicamente en cuanto al proceso de la justificación. Muchas le sienten como un torrente que se precipita sobre ellas, mientras experimentan «el poder abrumador de la gracia que salva». Ésta ha sido la experiencia de muchas personas; quizás más, en esta última visitación que en ninguna otra época desde los tiempos de los apóstoles. Pero en otras trabaja en una forma muy diferente:

Su influencia se permite infundir,
Dulce, refrescante, como el silencioso rocío.

Le plugo a él trabajar en esta última forma con usted desde el principio; y es probable que continúe (como comenzó) a obrar de una manera gentil y casi imperceptible. Deje que Él siga su propio camino: Él es más sabio que usted; Él hará todas las cosas bien. No argumente en contra de Él; sino que deje que la oración de su corazón sea: «!Moldea como tú quieras, tu barro pasivo!»

Entrego a usted y a sus estimadas hermanas al cuidado amoroso de Dios, y quedo, estimada amiga.

Afectuosamente,
Juan Wesley

1786

A Elizabeth Ritchie

Londres, 24 de febrero de 1786

Mi estimada Betsy:

Sin duda es la voluntad de Dios que seamos guiados por nuestra razón dentro de lo que sea posible. Pero en algunos casos la razón nos da muy poca luz, y en otros, ninguna. En todos los casos no puede dirigirnos correctamente si no solamente en subordinación a la unción del Santo. *Reconócelo en todos tus caminos, y él enderezará tus veredas.*[1]

No recuerdo haber oído ni haber leído nada igual a mi propia experiencia. Desde que puedo recordar algo he sido guiado en una forma peculiar. Mi temperamento es tranquilo: ni me altero ni me deprimo mucho. El Conde Zinzendorf observa que hay tres formas diferentes en que a Dios le place guiar a su pueblo: algunos son guiados casi en cada instante por textos apropiados de las Escrituras; otros encuentran una razón clara y sencilla para todo lo que hacen; y sin embargo, otros son guiados no tanto por las Escrituras o la razón, sino por impresiones particulares. Raramente yo me dejo guiar por impresiones, generalmente es por la razón y la Escritura. Entiendo abundantemente más de lo que siento. Necesito sentir más amor y fervor por Dios.

¡Mi muy estimada amiga, adiós!

Juan Wesley

****

---
[1] Pr. 3.6.

229

A Henry Brooke

Whitby, 14 de junio de 1786

Estimado Harry:

Le daré una respuesta completa.

En el año de 1729 cuatro jóvenes formaron un grupo
en Oxford, todos eran miembros devotos de la Iglesia de
Inglaterra, y todos decididos a ser cristianos bíblicos. En seis
años el grupo aumentó a dieciséis, y todos pensaban lo mismo todavía. En el año 1738 solamente quedaban dos; pero
unos pocos más se unieron a ellos, y el grupo aumentó
continuamente hasta llegar a ser algunos cientos. Pero todavía
asistían continuamente a la iglesia; sin embargo, si algún di-
sidente deseaba unirse a ellos, no tenían ninguna objeción a
que siguiera asistiendo a los servicios a los cuales él estaba
acostumbrado.

Pero, en 1740 el Dr. Gibson, obispo de Londres entonces, dijo: «¿Por qué los señores Wesley no dejan la Iglesia?
Entonces no podrán hacer más daño». Esto lo entendimos muy
bien. Significaba: «No podrán hacer más bien; porque ni uno de
diez de sus oyentes, los escucharía». Pero, nos escuchasen o no,
no nos iríamos; nuestra conciencia no lo permitiría.

En 1743, las *reglas* de nuestra Sociedad fueron
publicadas; una de las cuales fue: «asistir a la Iglesia y al
sacramento». Todos nuestros miembros (excepto los disidentes), tenían que cumplir con esto, o no podrían permanecer con
nosotros.

En 1744, durante nuestra primera conferencia, nos
consideramos a nosotros mismos (los predicadores metodistas) como mensajeros extraordinarios a quienes Dios había
llamado para provocar los celos de los mensajeros regulares,
el clero; para predicar el evangelio a los pobres, y llamar a

todas las personas de todas las denominaciones a adorarle a Él en espíritu y en verdad. Pero en ningún momento pensamos en separarnos de la iglesia o formar un grupo aparte. Y he aquí que surge un fenómeno nuevo en la tierra, nunca antes visto: un grupo de personas altamente favorecidas por Dios, quienes escogieron continuar en su propia comunidad religiosa, y no separarse, con el motivo de ser servidores de todos.

Pero no fue fácil mantener esta resolución. Porque aquéllos entre nosotros que habían sido disidentes frecuentemente estaban repitiendo estas palabras: «Salgan de entre ellos, y sepárense». Y muchos de los clérigos les apoyaban, bien a través de sus insultos y acusaciones mentirosas, o bien mediante sus vidas pecaminosas o doctrinas falsas; y como resultado muchos se endurecieron en su pecado, y muchos que habían comenzado bien, regresaron como un perro a su vómito.

Estas objeciones fueron tan frecuentes y recomendadas tan fuertemente, que en el año 1758 en la Conferencia en Leeds se consideró «si deberíamos separarnos de la Iglesia o no». Después de evaluar con calma todo el asunto, determinamos no separarnos. El Sr. Ingham, que estaba presente, felicitó nuestra determinación con palabras muy fuertes; concluyendo que el día en que los metodistas dejen la Iglesia, Dios se alejará de ellos.

Para prevenir esto, todos estuvimos de acuerdo en (1) exhortar a toda nuestra gente a asistir constantemente a la iglesia y al Sacramento; y (2) continuar predicando los domingos, en la mañana y en la noche, pero no en las horas de los servicios de la iglesia. Realmente si hubiésemos escogido los pasos contrarios, exhortando a nuestra gente a no ir a la iglesia o (lo que hubiese sido lo mismo) asignando predicadores en las horas de la iglesia, nos hubiésemos separado de ella en seguida.

El año pasado el caso de nuestros hermanos en América del Norte fue considerado, porque están completamente desligados de la Iglesia de Inglaterra y del Estado. Es un caso tan particular que creí era mi deber tomar un paso extraordinario para poder enviarles a ellos toda la ayuda que podía. Y bendigo a Dios que esto ha tenido un resultado admirable.

«¿Pero por qué», dicen algunos, «no toma usted el mismo paso aquí»? Porque no es el mismo caso. Ellos no se han separado de nadie. ¡Los americanos no tenían iglesia! ¡Qué lástima, tampoco tenían Rey! Nosotros tenemos los dos.

«Bueno, considere sus razones. ¿Deberíamos ir a la iglesia a escuchar cómo nos maltratan con sus insultos; sí, y con sus acusaciones mentirosas?» ¿Qué dijo ese hombre bienaventurado Philip Henry, cuando su amigo le dijo (después de escuchar tal sermón): «Espero, señor, que usted no vuelva más a la iglesia»? «En verdad, iré en la tarde; si el ministro no conoce su deber, bendigo a Dios de que yo sí conozco el mío».

Somos miembros de la Iglesia de Inglaterra. No somos una secta particular o un partido. Somos amigos de todos. No discutimos con nadie por sus opiniones o forma de adorar. Amamos a todas las personas de la iglesia en donde crecimos; pero no imponemos nuestras ideas a nadie. En algunas circunstancias que no son esenciales variamos un poco de las formas usuales de adoración, y tenemos varias pequeñas ayudas prudenciales peculiares a nosotros mismos; pero aun así nosotros no nos separamos, ni nos separaremos, ni nos atreveremos a separarnos de la iglesia hasta que no exista una buena razón para hacerlo. Hasta entonces digo con san Agustín (solamente tomando la palabra «hereje» en el sentido bíblico, que no tiene nada que ver con opiniones), «Errar puedo, pero no quiero ser hereje».[2]

Quedo de usted, mi estimado Harry.

Afectuosamente,
Juan Wesley

****

A Mary Cooke

Bath, 9 de septiembre de 1786

Me da mucha satisfacción, mi estimada amiga, observar que usted está más feliz que cuando me escribió la última vez. No dudo que, algunas veces, usted anticipa el placer del estado de ánimo que anhela su alma. Y todavía

Llevada por esos ondulantes destellos de luz
Y tiernas pasiones celestiales
Como un ángel brillante te detienes,
Algunos instantes, sobre un trono de amor.

Pero usted sabe que no debe detenerse aquí; ésta es solamente una gota fuera del mar. Solo que la experiencia nos ha enseñado que uno de esos momentos felices ha sido un preludio al amor puro. Esa experiencia ha desembocado en la plena libertad de los hijos de Dios. ¿Quién sabe si esta experiencia feliz podría ser su experiencia? ¿Si la próxima vez que su espíritu se encuentra arrebatado así, el que la ama, podría tocar su persona y limpiarla, y de esta forma llevarla al lugar santísimo, de tal forma que:

¿Podría nunca dejar el cielo,
Nunca a la tierra regresar?

Estoy dedicado ahora a mi trabajo, terminando la *Vida* del Sr. Fletcher. Esto va a requerir todo mi tiempo; así que en lo que sea posible, debo encerrarme por dos o tres meses. Estaré en

---

[2] Wesley escribe la frase en su latín original.

Bristol dos semanas y después regresaré a Londres. Por lo tanto, no podré tener la alegría de visitar a Trowbridge en el otoño. ¿Pero no puedo verla a usted y a sus hermanas en Bristol? Si soy invisible a otros, no lo seré para usted. Usted siempre puede disponer de todo lo que está en el poder de mi, estimadísima amiga.

Suyo en la vida y en la muerte,

Juan Wesley

****

A Ann Bolton

Cerca de Londres, 15 de diciembre de 1786

Mi estimada Nancy:

No hay ninguna razón posible para dudar de la felicidad de ese niño. El temía a Dios, y según sus circunstancias obraba justamente. Ésta es la esencia de la religión, de acuerdo a san Pedro. Su alma, por lo tanto, estaba «oscuramente segura con Dios», aunque estaba solamente bajo la *dispensación judía.*

Cuando el Hijo del Hombre venga en su gloria y le asigne a cada persona su propio galardón, ese galardón indiscutiblemente será de acuerdo, primero, a nuestra santidad interior y a nuestra semejanza a Dios, segundo, a nuestras obras, y tercero, a nuestros sufrimientos; por lo tanto, lo que usted sufre ahora, será una ganancia indecible en la eternidad. Muchos de sus sufrimientos, quizás la mayor parte, han pasado; pero ¡el gozo vendrá! ¡Alce los ojos, mi estimada amiga, alce los ojos y vea la corona frente a usted! Un poco más, y beberá de los ríos de placer que fluyen a la diestra de Dios para siempre.

Mi estimada Nancy, ¡Adiós!

Juan Wesley

1787

A Samuel Hoare

Isla de Guernsey, 18 de abril de 1787

Señores:

Hace una o dos semanas atrás recibí una carta del Sr. Clarkson, informándome sobre su propósito verdaderamente cristiano, de procurar, de ser posible, un acta del Parlamento para la abolición de la esclavitud en nuestras haciendas. Por mucho tiempo he deseado quitar esa deshonra de nosotros, una deshonra no solamente a la religión, sino a la misma humanidad. Especialmente cuando leo los tratados del Sr. Benezet, y lo que el Sr. Sharp ha escrito acerca del asunto. Mis amigos en América piensan lo mismo. Ellos ya han libertado varios centenares de los pobres negros, y están libertando cada día más y más, tan rápidamente como les es posible cuando las circunstancias lo permiten. Éstos son pequeños pasos en contra de esta terrible abominación; pero el plan del Sr. Clarkson la ataca de sus raíces. Y si esto puede ponerse en práctica será un honor permanente para la nación británica. Es una gran satisfacción el saber que tantos de ustedes están decididos a respaldarlo. Pero sin duda, ustedes pueden esperar encontrarse con una oposición fuerte y violenta. Porque los dueños de esclavos son un grupo numeroso, rico, y por lo tanto, muy poderoso. Y cuando su negocio está en peligro, ¿no están tocando ustedes la niña de sus ojos? Entonces, ¿no acopiarán ellos todas sus fuerzas en contra de ustedes y mandarán a llamar a todos sus amigos? ¿Y no emplearán escritores mercenarios, quienes les tratarán sin justicia o misericordia? Pero, confío, señores, que esto no les causará miedo; no, ni cuando algunos de sus amigos se vuelvan en contra de ustedes: quizás algunos quienes han hecho las afirmaciones más sinceras de buena voluntad, las promesas más firmes de ayudarles. Espero que no se desanimen por esto; sino que les haga más firmes y decididos. Yo entiendo, que con los seres humanos esto es imposible, pero ¡sabemos que para Dios todas las cosas son posibles! Lo poco que yo pueda hacer para promover este trabajo excelente lo haré con mucho gusto. Publicaré una edición extensa del tratado que escribí hace unos años atrás, *Reflexiones sobre la esclavitud*,[1] y la enviaré (lo cual tengo la oportunidad de hacer una vez al mes) a todos mis amigos en Gran Bretaña e Irlanda, añadiendo unas pocas palabras a favor del plan de ustedes, lo cual creo tendrá alguna influencia con ellos. Les encomiendo al único quien es capaz de ayudarles a superar toda la oposición y sostenerles en todos sus desalientos, y soy, señores.

Quien les desea lo mejor,
Juan Wesley

****

A James Barry

Cerca de Bath, 26 de septiembre de 1787

Mi estimado hermano:

Creo que usted malinterpretó lo que un papista en Lisboa preguntó a un protestante: «¿Dice usted que yo no puedo ser salvo en mi religión?» Le contestó él, «Le diré que posiblemente usted podría ser salvo en esa religión. Pero yo no podría». De igual forma a uno que me pregunta lo siguiente: «¿No puedo yo ser salvo si bailo o juego barajas?» Le contesto: «Posiblemente usted podría ser salvo a pesar de que

---

[1] *Obras de Wesley*, VII.99-128.

baile y juegue barajas. Pero yo no podría». Hasta aquí usted puede hablar sin riesgo; pero no más. Yo les aconsejo a nuestros predicadores a hablar esto y nada más. Pero no puedo aconsejarles así a personas que no son convertidas. Esto solamente les hará enojarse, y no les convencerá. Esto es comenzar por el final. Un predicador sencillo en Londres decía: «Si usted le quita al niño su cascabel, él se enojará; es más, si puede le arañará o le morderá. Primero dele algo mejor, y él mismo botará el cascabel». Sin embargo, yo no recuerdo haber llamado estas cosas «diversiones inocentes». Y usted sabe que nosotros no permitimos continuar en nuestra Sociedad a nadie que haga estas cosas. Sin embargo, soy indulgente con quienes *están fuera*. Si no, puede ser que envíe a mi propio padre y madre al infierno, aunque no solamente vivieron muchos años, sino que murieron en la plena seguridad de la fe.

Parece que usted no se ha dado cuenta que le plugo a Dios darles a los metodistas tal medida de luz como apenas le ha dado a ningún otro grupo en el mundo. Y Él espera que *nosotros* usemos toda la luz que hemos recibido, y tratemos con ternura a quienes no la han recibido.

No me sorprende que el Dr. Walter no entienda bien la doctrina del Nuevo nacimiento. Tampoco yo la entendía aun después de muchos años de haber sido ordenado. Tenga paciencia con él, y poco a poco entenderá mejor. No veo ninguna razón por la cual usted no debería comulgar con el hermano Garrettson y con él también. Cuando puedo recibo la Cena del Señor en cada iglesia que visito.

Quedo de usted.

Su afectuoso hermano,
Juan Wesley

****

A William Black

Cerca de Bath, 26 de septiembre de 1787

Mi estimado hermano:
Usted tiene una razón muy grande para alabar a Dios por las muchas cosas que él ha hecho; y debería esperar todavía cosas mayores que éstas. Su gran dificultad ahora será proteger a su rebaño de ese consumado seductor. Cuando usted mencionó que una persona vino de Escocia, di por sentado que era un calvinista. Pero encuentro esto peor: porque creo que un sociniano es peor que un creyente en la predestinación; y uno puede identificarlo como tal escuchando el bosquejo de ese sermón miserable. Sin embargo, les aconsejo a usted y a todos nuestros predicadores que nunca se opongan a él abiertamente. Esto lo único que hará es darle una ventaja al mundo no converso en contra de ustedes. Le aconsejo aún más: nunca hable severamente, ni mucho menos despectivamente, de él cuando esté en compañía de personas no creyentes. No use ningunas armas para oponerse a él, sino solamente las de la verdad y del amor. Su sabiduría es (1) inculcar fuertemente las doctrinas que él niega, pero sin mencionarle a él ni dar la apariencia de que conoce a alguien que sí las niega; (2) aconsejar a todos nuestros hermanos (pero no en público) que nunca le escuchen para no poner en peligro sus almas; (3) investigar minuciosamente si alguien ha sido afectado, y corregirle tan pronto sea posible. En esta forma, con la bendición de Dios, aun los lisiados no caerán del camino. ¡La paz sea con su espíritu!
Quedo de usted, estimado Billy.

Su afectuoso amigo y hermano,
Juan Wesley

****

A Granville Sharp

Londres, 11 de octubre de 1787

Señor:

Desde la primera vez que escuché sobre el horrible tráfico de esclavos sentí un odio completo hacia eso, pero más particularmente desde que tuve el placer de leer lo que usted había publicado acerca del asunto. Por lo tanto, lo menos que puedo hacer es utilizar todo mi poder para que el plan glorioso de su Sociedad progrese. Debe ser un consuelo para toda persona humanitaria observar el espíritu con el cual usted ha trabajado hasta la fecha. Verdaderamente, usted no puede seguir adelante sin tomar una determinación más fuerte que la común, considerando la oposición con la cual tendrá que encontrarse. Se encontrará con toda la oposición que puede ser hecha por personas sin conciencia, honor o humanidad, y se apresurarán *per fasque ne fasque*, utilizando todos los medios posibles, para asegurar su gran diosa, *el interés*. A menos que no estén obsesionados con sus propios intereses, utilizarán todo el dinero que puedan para llevar a cabo su causa; y el dinero tiene el valor de mil argumentos para la generalidad de las personas.

Y usted puede estar seguro que estas personas se aprovecharán de todos los posibles argumentos en contra de usted, y los aumentarán. He estado preocupado de que se quejarán sobre la forma en que usted consigue la información. *Contratar* o *pagar* informantes no es una buena idea y puede ser que surjan innumerables prejuicios en su contra, de los cuales no podrá defenderse. ¿No valdría la pena considerar dejar de utilizar este medio y contentarse con la información que usted pueda conseguir a través de medios más honorables?

Después de todo, creo que el asunto dependerá de esto: «¿Sirve el mercado de esclavos a los intereses de la nación?» Y aquí hay que considerar la multitud de marineros que perecen en ese comercio. ¡Qué consuelo es considerar en todas esas dificultades (tan fuera de moda como esto esté) que hay un Dios! ¡Sí, y que (a pesar de que los seres humanos no piensen en esto) Él todavía tiene todo el poder, tanto en el cielo como en la tierra! Le encomiendo a usted y su gloriosa causa a Él, y soy, señor.

Su afectuoso servidor,

Juan Wesley

****

A Francis Asbury

Londres, 25 de noviembre de 1787

Mi estimado hermano:

Verdaderamente Dios ha estado realizando por varios años, y todavía lo está haciendo, una obra gloriosa en América. Pero una cosa me ha preocupado a menudo: Dios está visitando la descendencia de Jafet (los ingleses), quienes ahora *habitan en las tiendas de Sem*,[2] según la profecía de Noé. Aún más, él:

> La servil descendencia de Ham
> Toma como pago de su sangre.

Pero mientras tanto la descendencia de Sem (los indios) parece haber sido olvidada. ¡Cuán pocos de éstos han visto la luz de la gloria de Dios desde que los ingleses se establecieron entre ellos! ¡Y ahora apenas uno de cincuenta de aquéllos entre los cuales nos establecimos, quizás apenas uno de cien de ellos, aún está vivo! ¿No parecería como si Dios hubiese

---

[2] Gn. 9.27.

planeado que todas las naciones indias estuviesen destinadas no a la reformación, sino a la destrucción? ¡Cuántos millones de ellos (en América del Sur y América del Norte) han muerto ya en sus pecados! ¿No tendrán compasión ni Dios ni el ser humano de estos parias de la humanidad? Sin duda si depende del ser humano es imposible que les pueda ayudar. Pero ¿será esto demasiado difícil para Dios? ¡Oh, si Él se levantara y defendiera su propia causa! ¡Si Él inquietara los corazones de algunos de sus hijos a orar solemnemente por la conversión de estos paganos! Entonces:

La Eterna Providencia, que excede todo pensamiento,
Abrirá un camino donde no lo hay.

Rogad, pues, al Señor de la mies, que envíe obreros a su mies.[3] Pero tenga cuidado en no escatimar dos de cien de los hermanos para ayudar a sus hermanos del norte. Considerando los gastos enormes, basta con que nosotros enviemos dos obreros por cada uno de los que ustedes envían. Pero hagamos todo lo que podamos, y será suficiente. Y que no surja ninguna desconfianza o frialdad entre usted y

Su afectuoso amigo y hermano,
Juan Wesley

---

[3] Mt. 9.38.

1788

A su sobrina Sarah Wesley

Manchester, 12 de abril de 1788

Mi querida Sally:
Te doy gracias por el informe que me has dado.[1] Es completo y satisfactorio. Describes una escena muy impresionante. Yo creo que el tiempo fue prolongado a propósito para que quedara grabada profundamente en quienes, de otra forma, la hubiesen olvidado pronto. ¡Qué diferencia hace un momento! Cuando el alma se desprende del tiempo hacia la eternidad, ¡qué cambio tan asombroso! ¡Qué son todos los placeres, los negocios de este mundo, para un espíritu incorpóreo! Por lo tanto, estemos preparados. ¡Porque el día está cerca! Pero la consolación es que la muerte no te puede separar por mucho tiempo de mí, querida Sally.

Tuyo invariablemente,
Juan Wesley

****

A Christopher Hopper

Newcastle sobre el Tyne, 3 de junio de 1788

Mi estimado hermano:
Yo no dije nada, ni más ni menos, en la iglesia de Bradford, con relación al fin del mundo, ni tampoco con re-

---

[1] Sobre la muerte de Carlos Wesley, que ocurrió el 29 de marzo de 1788.

lación a *mi propia* opinión. Lo que dije fue que Benguelio había
dadocomo *su* opinión, no que el mundo terminaría entonces,
sinoque el reino del milenio de Cristo *empezaría* en el año
1836.Con relación a esto, no tengo ninguna opinión. No puedo
llegara ninguna conclusión acerca de esto. Estos cálculos están
más allá de mi entendimiento. Solamente tengo un propósito,
salvarmi alma y las de quienes me escuchan.

Quedo de usted, con cariños para la hermana Hopper.

Suyo afectuosamente,

Juan Wesley

****

A nuestras sociedades en Inglaterra e Irlanda

Londres, 2 de agosto de 1788

Hace cincuenta años, y por unos años después, todos
nuestros predicadores eran hombres solteros, y con el tiempo
algunos de ellos se casaron. Eran sostenidos por las personas
con las cuales trabajaban, tanto ellos como sus esposas, no
habiendo una pensión determinada para ninguno de los dos.
Pero alrededor de treinta años atrás se decidió que sería más
conveniente establecer una pensión fija para los dos; y ésta se
recogía en los circuitos donde ellos trabajaban, hasta que en
un año, algunos de los circuitos se quejaron de que no tenían
el dinero. El Dr. Coke y yo proveíamos lo que faltaba. El próximo año, el número de esposas aumentó, y tres o cuatro de ellas
fueron sostenidas por el Fondo de Contingencias. Esto fue un
mal precedente, porque más y más esposas empezaron a
depender de ese fondo, hasta que empezó a agotarse. No
sabíamos qué hacer para prevenir esto, sino considerar la
situación de las sociedades en Inglaterra e Irlanda, y rogarles

a los miembros de cada circuito que nos dieran la ayuda que pudieran sin que esto afectara a sus familias.

Dentro de estos cincuenta años, el poder económico de los metodistas aumentó en proporción al número de sus miembros. Por lo tanto, si su sentido de piedad no está limitado, esto no será un problema, sino que ustedes darán alegre-mente alimento y ropa para quienes dan todo su tiempo, esfuerzo y trabajo para servirles.

Juan Wesley

****

A Lady Maxwell

Londres, 8 de agosto de 1788

Mi estimada Lady:

Es cierto que muchas personas tanto en Escocia como en Inglaterra preferirían tener siempre el mismo predicador. Pero nosotros no podemos abandonar el plan de acción que hemos seguido desde el principio. Por cincuenta años Dios ha bendecido el plan de itinerancia, siendo el año pasado el más bendecido de todos. Esto no debe ser modificado hasta que yo muera; y espero que permanezca hasta que el Señor venga a reinar sobre la tierra.

Yo creo que no podemos tener límites en nuestros sentimientos de sensibilidad hacia el dolor humano (a menos que esto nos impida cumplir con nuestros deberes en la vida). Yo no quisiera perder ni un grado de esa sensibilidad. Yo teníaun cuñado (ahora en el regazo de Abraham) que dejó su profesión de cirujano, por esa misma razón; porque decía que le hacía menos sensible al dolor humano. Y he conocido muy pocas personas que han llevado este sentimiento del espíritu a un exceso. Recuerdo solamente una persona que tuvo que dejar de visitar a los enfermos porque no podía ver a nadie en dolor sin desmayarse.

El Sr. Charles Perronet fue la primera persona que conocí que estaba favorecida con la misma experiencia del Marqués de Renty en cuanto a la siempre bendita Trinidad; la Srta. Ritchie fue la segunda, y la Srta. Roe (ahora la Sra. Rogers) la tercera. Hasta la fecha sólo he encontrado pocos ejemplos de esto; así que esto no es, como pensé al principio, el privilegio común de todos aquellos que están «perfeccionados en el amor».

Perdóneme, mi estimada amiga, por estar muy preocupado por usted, porque tengo miedo que usted vaya a perder su sencillez cristiana por estar conversando con algunas personas.

¡Oh, nunca oculte que usted es una metodista! Seguramente es mejor actuar exactamente como usted es. Espero que reciba esto como una prueba de la sinceridad con la cual soy, mi estimada Lady.

Su siempre afectuoso servidor,
Juan Wesley

****

A Francis Asbury

Londres, 20 de septiembre de 1788

Mi estimado hermano:

Realmente hay una gran diferencia entre la relación que usted tiene con los americanos y la relación que yo tengo con todos los metodistas. Usted es el hermano mayor de los metodistas americanos: yo bajo Dios soy el padre de toda la familia.Por lo tanto, naturalmente tengo un interés en todos ustedes, que nadie más puede tener. Hasta cierto punto yo proveo para todos ustedes; porque las provisiones que el Dr.

Coke les entrega, no podría proveerlas si no fuera por mí, si no fuera porque no solamente le permito que recaude los fondos sino que también le respaldo en la recaudación.

Pero en un punto, mi estimado hermano, creo que tanto el Doctor como usted difieren de mí. Yo estudio para ser pequeño: ustedes estudian para ser grandes. Yo avanzo tímidamente: ustedes se pavonean. ¡Yo fui el fundador de una escuela: ustedes de una universidad! ¡Aún más, la han llamado con el nombre de ustedes![2] ¡Oh tengan cuidado, no busquen ser grandes! ¡Dejen que yo no sea nada y que *Cristo sea el todo, y en todos*![3]

Un ejemplo de esto, de su grandeza, me ha preocupado mucho. ¿Cómo puede usted, cómo se atreve usted, permitir que lo llamen «obispo»? ¡Me estremezco, me asusto al pensar en esto! Las personas me pueden llamar un bribón o un tonto, un truhán, un villano, y estoy contento; pero ¡nunca con mi consentimiento me llamarán «obispo»! ¡Por mí, por Dios, por Cristo, póngale fin a esto! Que hagan los presbiterianos lo que quieran, pero que los metodistas entiendan mejor su llamamiento.

Así que, mi estimado Franky, le he dicho todo lo que siento en mi corazón. Y que esto sea, cuando ya no esté yo por aquí, un testimonio de cuán sinceramente soy.

Su afectuoso amigo y hermano,
Juan Wesley

****

---

[2] Se llama Cokesbury College.
[3] Véase Col. 3.11.

A Lady Maxwell

Londres, 30 de septiembre de 1788

Mi estimada Lady:
Por muchos años una gran persona profesaba y creo que tenía un gran respeto por mí. Por lo tanto, creí mi deber hablarle con toda libertad, lo cual hice en una carta larga. Pero ella se molestó tanto que le dijo a una amiga: «De todas las criaturas sobre la tierra, al que más odio es al Sr. Wesley».

Creo que ahora es mi deber escribirle libremente a usted. ¿Tendrá esto el mismo resultado? Ciertamente no me tomaría el riesgo, si no fuera porque me interesa más su felicidad que su favor. Por lo tanto, hablaré. ¡Que Dios la ayude no solamente a perdonar esta carta, sino a beneficiarse de la misma! Verdaderamente, si usted no se beneficia de esto, no espero que me perdone.

Por favor observe que yo no afirmo nada; solamente le ruego que usted considere con calma la siguiente pregunta: ¿Sería correcto que yo propagara una doctrina que creo que es falsa? ¿Particularmente si no solamente fuera falsa, sino peligrosa para las almas de las personas, impidiendo frecuentemente su crecimiento en gracia, deteniendo su búsqueda de la santidad?

¿Y es correcto que usted haga esto? Usted cree que la doctrina de la Predestinación Absoluta es falsa. ¿Es entonces correcto que usted propague esta doctrina de cualquier forma, particularmente siendo que no es solamente falsa sino una doctrina muy peligrosa, como hemos visto miles de veces? ¿No obstaculiza la obra de Dios en el alma, alimenta al mal y debilita todos los buenos estados de ánimo, desvía a muchos fuera del camino de la vida y los lleva otra vez a la perdición?

¿No es el calvinismo el antídoto del metodismo, el enemigo más exitoso y mortal que jamás haya tenido? «Pero mi amiga deseaba que yo propagara esto, y me dio dinero para este mismo propósito». ¿Y qué? ¿Puedo destruir almas porque mi amiga así lo desea? ¿No debería usted tirar ese dinero al mar? ¡Oh, no deje que ningún dinero o ninguna amiga le muevaa propagar una mentira, amenazar con destruir el metodismo, afligir a sus amigos más santos, y poner en peligro su propia alma!

En vida o en la muerte, siempre seré, mi estimada Lady.

Su servidor más afectuoso,
Juan Wesley

1789

A ciertas personas en Dublín

Whitefriar Street, Dublín, 31 de marzo de 1789

Mis estimados hermanos:
Apruebo la forma y el espíritu con los cuales ustedes escriben acerca de estos puntos tan delicados. Yo expliqué lo que pienso sobre ellos en alguna medida el domingo; lo haré ahora más extensamente.

En estos momentos no tengo nada que ver con el Dr. Coke; pero hablo sólo por mí mismo. No me separo de la iglesia, ni tengo ninguna intención de hacerlo. Tampoco se separan de la iglesia los que se reúnen el domingo al mediodía, como no lo hicieron antes; ahora menos, porque asisten a la iglesia y a los sacramentos más a menudo ahora, que hace dos años atrás.

«Pero esto ocasiona mucha tensión». Es cierto, pero los que la ocasionan son los que no asisten al servicio. Déjenlos que vengan o no vengan y que no digan nada, y no habrá ningún problema.

«Pero quienes asisten, dicen que los que no asisten han caído de la gracia». No, no hablen mal de ellos; pero seguramente quienes se quejan caerán de la gracia si no dejan quietos a los que siguen su propia conciencia.

Pero ustedes «tienen miedo de que esto abrirá un camino para una separación total de la Iglesia». No hay base para este miedo. Mientras yo viva no puede haber tal separación. Déjenle a Dios lo que pueda venir después.

Pero hablemos claramente, ¿no se han separado *uste-des* de la iglesia, y hasta mucho más que aquéllos a quienes

251

ustedes culpan? Díganme, ¿cuán a menudo han asistido a la iglesia desde las Navidades? ¿Doce veces en doce semanas? ¿Y cuánto tiempo han estado ustedes tan *aficionados* a la iglesia? ¿Están aficionados a ella en verdad? ¿No asisten más menudo ustedes a las reuniones de los disidentes que a la iglesia de San Patricio o a la de su propia parroquia? Mis estimados hermanos, ustedes y yo tenemos solamente un tiempo corto para estar juntos.

> Termina mi carrera gloriosa, y mi carrera indecorosa;
> Y muy pronto estaré con los que descansan.[1]

Por lo tanto, como quien que les ama y les ha amado desde hace tiempo, les aconsejo ante la presencia y en el temor de Dios, (1) O asisten tranquilamente a los servicios del domingo o tranquilamente se abstienen de ir; entonces no habrá ningún conflicto. Ahora *ustedes* crean la contienda de la cual se quejan. (2) No usen esto como excusa para no seguir haciendo el bien. Por una razón tan pobre no retiren sus promesas financieras a la Iglesia o a los predicadores. ¡Que venganza miserable sería esto! ¡Que no se diga que mi amigo Arthur Keen, o que el Sr. D'Olier o Boswell, fuera capaz de esto! Desde esta hora en adelante que este necio conflicto quede enterrado en el olvido. Que no se vuelva a hablar de esto. Si es posible que no piensen más en esto. Mejor piensen que «el Juez está en la puerta»; ¡que nos preparemos para encontrarnos con nuestro Dios!

Juan Wesley

****

---

[1] John Milton, *Samson Agonistes*.

A Peard Dickinson

Dublín, 11 de abril de 1789

Mi estimado hermano:

Tan pronto como la hermana Dickinson pueda salir a todas partes déjela que trabaje en sus obras de amor. En estas cosas las demoras son peligrosas. Si no se lleva a la práctica tan pronto como sea posible, todo buen propósito se enfriará y desaparecerá. Solamente no emprendamos más trabajo a la misma vez del que podamos hacer. Generalmente una visita al día sería suficiente, y no debe ser más de media hora, o una hora como máximo.

El Sr. Hanby ha estado bautizando y administrando la Cena del Señor dondequiera que va, y hace unos días le escribí una carta con relación a esto. Me contestó lo siguiente, que «intenta continuar haciendo esto, puesto que él cree es su deber». Deseo que el hermano Creighton, Moore, Rankin y usted dediquen una hora juntos para hablar de esto, ya que es algo de mucha importancia, y consideren qué pasos se deben tomar en este asunto. ¿Podrá esto ser tolerado? Si es así, me temo que es un golpe a la misma raíz del metodismo. Y si no, ustedes verán las consecuencias: él se unirá a John Atlay. Además, considere otro punto: ¿Vamos a permitir que el Dr. Coke seleccione uno tras otro de nuestros mejores predicadores jóvenes? ¡La paz sea con su espíritu!

Quedo.

Su afectuoso amigo y hermano,
Juan Wesley

****

Al impresor del *Dublín Chronicle*

Londonderry, 2 de junio de 1789

Señor:

1. Tan pronto como me fui de Dublín, el *Observador* salió, solamente con la cara cubierta. Después salió bajo otro nombre, e hizo una defensa ridícula a mi favor, para que pudiese tener el honor de contestarla. Sus palabras son más suaves que el aceite, y fluyen (¿quién lo puede dudar?) de un mero amor para mí y el pueblo.

2. Pero ¿qué trata de probar este cándido autor suave, con toda la suavidad y buen humor imaginables? Solamente esto (para decirlo en un inglés claro): que soy un bribón pérfido, un viejo hipócrita astuto, quien ha usado la religión como pretexto, y ha usado una máscara durante cincuenta años, diciendo una cosa y significando otra.

Una acusación atrevida ésta; lo único es que la realidad contradice esto desde el principio hasta el fin.

3. En mi juventud no solamente era miembro de la Iglesia de Inglaterra, sino un fanático de ella, creyendo que nadie que no fuera miembro de ella podría ser salvo. En el año 1729 comencé a salir de esta actitud. Pero todavía estaba tan fervoroso como siempre, observando cada detalle de la disciplina de la Iglesia, y enseñando a todos mis estudiantes que hicieran lo mismo. Cuando fui al extranjero, observé cada regla de la Iglesia, aun en peligro de mi vida. Yo no sabía cuál sería la consecuencia de no admitir al sacramento a la sobrina del primer magistrado de la colonia, considerando por un lado, el poder que él tenía, y por otro lado, la violencia de su temperamento, mostrada en su declaración: «He sacado mi espada, y nunca la envainaré hasta que no tenga una satisfacción».

4. Cuando regresé de América pensaba igual que antes. Asistía a la Iglesia de San Pablo, y aconsejaba a toda nuestra Sociedad a que asistieran allí todos los domingos o a sus varias iglesias parroquiales. En el año de 1743 publiqué las *Reglas* de la Sociedad; una de las cuales era que todos sus miembros deberían asistir constantemente a la iglesia y al sacramento. Por aquel entonces teníamos una Sociedad grande en Newcastle sobre el Tyne; pero uno de los miembros la dejó completamente después de unos pocos meses, «porque», dijo: «ellos son meramente gentes de la Iglesia de Inglaterra».

5. Alrededor del año 1744 un clérigo me ofreció una capilla en West Street, Seven Dials (anteriormente una iglesia francesa), y comencé a oficiar allí los domingos en la mañana y en la noche. Hicimos lo mismo (mi hermano y yo alternadamente) un poco después en la iglesia francesa de Spitalfields tan pronto llegó a nuestras manos. Desde entonces continuamos así; y nadie en Inglaterra jamás pensó o la llamó una separación de la iglesia. El arzobispo Potter nunca lo consideraba así, con quien tuve el placer de conversar libremente; ni tampoco el arzobispo Secker, quien conocía completamente todos nuestros pasos; ni tampoco el Dr. Gibson, entonces obispo de Londres; ni aquel gran hombre, el Obispo Lowth. Ninguno de estos cuatro hombres venerables me culpó nunca en todas las conversaciones que tuve con ellos. Solamente dijo una vez el arzobispo Potter: «Esos caballeros son irregulares; pero han hecho mucho bien, y le pido a Dios que les bendiga».

6. Puede observarse que, durante todo este tiempo, si mi hermano o yo nos enfermábamos, le pedíamos a uno de nuestros predicadores, a pesar de que no estuviese ordenado, predicar en cualquiera de las dos capillas después de leer parte de las oraciones de la iglesia. Mi hermano y yo juzgamos que esto les haría apreciar las oraciones de la iglesia;

mientras que, si ellos se dedicaban completamente a usar las oraciones improvisadas, naturalmente desarrollarían como un disgusto si no una aversión, a las oraciones formales. Así de cautelosos fuimos desde el principio, para evitar que dejaran la iglesia.

7. Es cierto que el obispo Gibson dijo una vez (pero esto fue antes de que yo lo conociera), «¿Por qué estos señores no salen de la iglesia?» Sin demora mi respuesta fue: «Porque no se atreven; no salen de la iglesia porque creen que es su deber continuar en ella».

8. Cuando el reverendo Sr. Edward Smyth vino a vivir en Dublín, me aconsejó seriamente salir de la iglesia; significando con eso (igual que significa para todas las personas razonables) renunciar a toda conexión con ella, no asistir más a sus servicios, y aconsejar a todas nuestras Sociedades a seguir los mismos pasos. Creí que este asunto tenía una gran importancia, y por lo tanto, no haría nada apresuradamente, sino que lo sometería al cuerpo de predicadores, reunido entonces en su Conferencia. Celebramos varias reuniones, en las cuales él explicó ampliamente sus razones. Éstas fueron consideradas y contestadas, y todos decidimos que no saldríamos de la iglesia.

9. Hace un año el Dr. Coke comenzó a oficiar en nuestra capilla en Dublín. Esto fue lo mismo que habíamos hecho en Londres durante cuarenta o cincuenta años. Inmediatamente algunas personas comenzaron a exclamar: «Esto es salir de la Iglesia, lo mismo que el Sr. Wesley continuamente ha declarado que nunca haría». Y así lo declaro todavía. ¡Hago un llamado al mundo entero, hago un llamado al sentido común, hago un llamado al mismo *Observador*: ¿acaso quise decir respecto a eso esto: «No llevaré a cabo un servicio durante las horas de la Iglesia», cuando lo estaba haciendo durante todo el tiempo? ¿Hubiese podido entonces negar que oficiaba servicios durante las horas de la iglesia?

No, pero negué, y todavía niego, que esto significa salir de la iglesia, usando la definición o del obispo Gibson o del Sr. Smyth en la Conferencia de Dublín. Sin embargo, por este clamor muchas personas de buenas intenciones se asustaron mucho.

10. Pero vean las consecuencias de tener aquí un servicio durante el domingo. ¡Vean la confusión que esto ha ocasionado! Hace algún tiempo, mientras un predicador popular estaba predicando en Leeds, alguien gritó, «¡Fuego! ¡Fuego!» La gente se asustó tanto que algunos saltaron sobre la galería y varios se rompieron piernas y brazos. Pero ¿a quién se le iba a echar la culpa de lo ocurrido? No al predicador, sino a la persona que gritó. Apliquen esto al caso presente. No he prendido más fuego en Dublín del que prendí en Londres. Es el *Observador* y otros más quienes crean la discordia que asusta a la gente; y ellos tendrán que responder ante Dios por las consecuencias.

11. Ésta es mi respuesta a quienes me perturban y no dejan que mis cabellos grises se vayan a la tumba en paz. No soy un hombre de falsedades. No soy un viejo hipócrita, un bribón mentiroso. Por más de cuarenta años he visitado a Irlanda. He deseado hacer algún bien allí. Ahora hablo sencillamente para que «no hablen mal del bien que hay en mí». No sirvo a ningún fin temporal. No busco la honra que viene de los seres humanos. No es por placer que en esta época de mi vida viajo tres o cuatro mil millas al año. No es por dinero.

> Ni un solo palmo de tierra poseo,
> Ni una cabaña en este desierto;
> Sólo soy un pobre viajero,
> Que habita en tiendas acá abajo,
> O vaga alegremente de aquí para allá,
> Hasta que a mi Canaán llegue.

P.D. A pedido de un amigo añado unas pocas palabras en contestación a una o dos objeciones más.

Primero. Cuando dije: «creo que soy un obispo bíblico», hablé con base en la idea de Lord King, que los obispos y presbíteros son esencialmente una misma orden.

Segundo. Es cierto que pedí al Sr. Myles que me ayudara en ofrecer la copa en la comunión. Ahora, sea esto correcto o incorrecto, ¿cómo prueba esto el punto que discutimos ahora, que yo estoy dejando la iglesia? Pregunto: (2) ¿Cuál ley de la Iglesia prohíbe esto? Y: (3) ¿Cuál ley de la Iglesia primitiva? ¿No enviaba el sacerdote en la Iglesia primitiva el pan y el vino a los enfermos con quien él quería a pesar de esta persona no estar ordenada?

Tercero. El *Observador* afirma que «es trivial de parte suya decir que no deja la iglesia, significando con esto todos los verdaderos creyentes en Inglaterra». Ciertamente; pero yo no quiero decir esto cuando digo: «Y no dejaré la iglesia». Lo que quiero decir es, no dejaré la Iglesia de Inglaterra como está establecida por la ley, mientras el aliento de Dios esté en mí, a menos que no vea una razón más convincente que las que he visto hasta la fecha.

Juan Wesley

****

A Harriet Lewis

Leeds, 3 de agosto de 1789

¡Usted puede ver, mi estimada Harriet, los benditos efectos de la doctrina de la Perseverancia incondicional! Ella guía, por medio de pasos fáciles, primero a la insolencia, y luego, a una desesperación terrible! No hay ninguna manera de rescatar a su pobre amiga para que tenga una fe bíblica, sino alejándola de esa doctrina vacía, y convenciéndola de que si muere en su estado presente perecerá eternamente. En verdad será una medicina muy dolorosa; pero será la única que podrá mantener su alma viva. ¡Qué bendición es, mi estimada Harriet, que usted se ha salvado de esta doctrina venenosa y que puede seguir *la santidad, sin la cual nadie verá a Dios*![2] Así que corra para que usted la pueda obtener. El galardón está frente a usted. Nunca se canse o se desaliente. No desmaye y en el tiempo oportuno cosechará.

Quedo de usted.

Suyo afectuosamente,

Juan Wesley

****

Al Dr. Coke

Bristol, 5 de septiembre de 1789

Estimado señor:

Pensándolo seriamente, creo que sería mejor que usted viajara al oeste y no al norte. Creo que sería mejor para usted que salga de Londres a tiempo para que podamos reunirnos aquí dentro de dos semanas, el lunes o el martes, en su camino a Cornwall. Entonces usted puede predicar para el Hermano Dobson (a quien envío mis saludos) en West Street a beneficio de los niños pobres.

Espero que usted obedezca a «los poderes que existen» en América; pero espero que también los entienda. Firmemente creo que el hermano Dunn responderá a sus expectaciones. Los tiranos en su pueblo tristemente quieren que uno no se fije en lo que han hecho; y él lo hará con sabiduría y delicadeza. La Sociedad comienza a levantarse otra vez. Tuvimos unos momentos muy agradables con ellos.

Quedo de usted, estimado señor.

Su amigo y hermano afectuoso,

Juan Wesley

---

[2] He. 12.14.

Al Pueblo Metodista

Bristol, 11 de septiembre de 1789

1. Cuando, cerca de cincuenta años atrás, algunos jóvenes ofrecieron servirme como hijos en el evangelio, fue a base de estas condiciones, que trabajarían donde yo les nombrara; de otra forma nos hubiésemos confundido mucho. Así comenzó la predicación itinerante entre nosotros. Pero no éramos los primeros predicadores itinerantes en Inglaterra. Doce fueron nombrados por la Reina Isabel para viajar continuamente, para diseminar la verdadera religión por todo el reino; y su oficio y sueldo todavía continúan, aunque no hacen mucho trabajo. El Sr. Milner, el que fue vicario de Chipping en Lancashire, era uno de ellos.

2. Cuando el número de predicadores aumentó, llegó a ser más difícil determinar los lugares donde cada uno debería laborar de vez en cuando. A menudo he querido transferir este trabajo de nombrar los predicadores una vez al año a uno o más de ellos. Pero nadie quería aceptar la responsabilidad. Así que yo tengo que llevar esta carga hasta que muera.

3. Cuando se construyeron nuestras casas de predicación, inmediatamente fueron consignadas a síndicos, cuyo trabajo era garantizar que sus predicadores fueran enviados por mí y nadie más. Pensamos que ésta era la única forma de establecer la itinerancia con regularidad.

Pero últimamente, después de construir una nueva casa de predicación en Dewsbury en Yorkshire con los abonos y contribuciones del pueblo (los síndicos solos no contribuyeron la cuarta parte de lo que costó), ellos tomaron control de la casa, y, aunque habían prometido lo contrario, positivamente rehusaron usar el plan metodista, reclamando el poder de rechazar a cualquier predicador que no les gustaba.

Si es así, yo no tengo el poder de nombrar predicadores en Dewsbury; porque los síndicos pueden objetar a los que no les gustan. Y ellos mismos, no yo, finalmente son los que van a juzgar esas objeciones.

4. Observen, aquí no estamos discutiendo sobre el derecho de tener las casas. Yo no tengo ningún derecho a ninguna casa de predicación en Inglaterra. Lo que yo reclamo es el derecho de nombrar a los predicadores. Estos síndicos me han robado este derecho en la situación actual. Por lo tanto, se puede tomar solamente uno de dos caminos: o entablar un juicio para ganar el control de la casa, o construir otra. Preferimos el último porque es el camino más amistoso.

Ruego, por lo tanto, hermanos míos, por el amor de Dios; por el amor de mí, su viejo y casi agotado servidor; por el amor del metodismo antiguo, que pronto desaparecerá si se interrumpe la itinerancia; por el amor de la justicia, la misericordia, y la verdad, que son violados en una forma tan dolorosa; que comiencen la obra necesaria. Oh, no se detengan. Nunca hemos tenido una causa de esta clase antes. Entonces no permitan que hombres severos, injustos y fraudulentos tengan una razón para regocijarse en su mala labor. Esfuércense hasta lo último. Yo he abonado cincuenta libras esterlinas. El Dr. Coke también. Los predicadores han hecho todo lo que pueden. ¡Oh, que los que tengan mucho den abundantemente! Quizás ésta sea la última labor de amor que tendré la ocasión de recomendar a ustedes. Que sea, entonces, un monumento más de su gratitud genuina a, mis estimados hermanos.

Afectuosamente, su viejo hermano,
Juan Wesley

****

A William Green

25 de octubre de 1789

Mi estimado hermano:
Usted tiene mucho tiempo libre. Yo tengo mucho trabajo. No tengo tiempo, por lo tanto, para seguirle los pasos através de su obra voluminosa. Solamente escribiré algunos pensamientos en relación con lo ocurrido. ¡Y quiera Dios los aplique a su corazón!

Para empezar, hablemos del espíritu y la forma de toda su función. ¡Creo que está usted equivocado! No la recomendaré si estaba usted escribiéndole a alguien a quien usted considera inferior tanto en años como en posición. ¿Qué puede excusar esto, entonces, si es usted el inferior en edad y otros aspectos?

La pregunta es: si debemos todavía asistir a los oficios religiosos de los ministros perversos. Observe, que ni los justifico, ni los defiendo, igual que no dije una palabra en defensa de Hophni y de Phineas. Usted dice: «No, porque Dios nos prohíbe hacer esto». Niego eso completamente. Éste es su gran error, sobre lo cual descansa todo lo demás.

«Pero ¿no dice Dios una y otra vez, no los escuchen, no los escuchen a ellos?» Sí; pero esto no quiere decir abstenerse de los oficios aun de los profetas perversos y mentirosos. Lo que esto quiere decir es simplemente: No escuchen sus mentiras, no las escuchen; esto es, no les presten atención cuando digan lo que Dios no ha hablado. ¡Todos los textos que usted reúna (y es posible que pueda transcribir más de cincuenta) quieren decir precisamente esto! ¡Por consiguiente, tanto los verdaderos profetas, como todos los israelitas lo que hicieron fue, de hecho, asistir a sus oficios!

«Pero ¿no les advirtió nuestro Señor a sus discípulos de cuidarse de la levadura, esto es de las doctrinas falsas, de

los fariseos y los escribas?» Sí, de las *doctrinas falsas*; pero
esto no quiere decir no asistir a los oficios religiosos. Esto no
lo hicieron ni él ni sus apóstoles: constantemente todos asistían
a los servicios del templo, como también a los de la sinagoga.
¡Sin embargo, es cierto, que Dios no envió a los profetas falsos a
decir *falsas* profecías; pero sí los envió a ministrar delante de
Él! Es cierto también que las palabras que ellos falsamente
profetizaron no beneficiaron al pueblo; sin embargo, sí lo
beneficiaron cuando hablaron la verdad o la leyeron. ¡Decir
que los ministros malvados nunca fueron de beneficio para el
pueblo, es decir que todos los israelitas desde Samuel hasta
Cristo fueron al infierno!

«¡Pero los ministros malvados hacen mucho daño!»
Cierto; pero esto no quiere decir que no han hecho nada bueno.
¡Aún más, la mayoría de los ministros predican ese error que
destruye más almas que cualquier otra cosa: especialmente el
fariseísmo y la salvación por las obras! ¿Qué es el fariseísmo
práctico? *Diezmar la menta y el eneldo y el comino, y dejar la
justicia y la misericordia.*[3] En general, ésta fue la práctica de
los fariseos; a pesar de que hubo unas pocas excepciones. Pero
¿quién se atreve afirmar que todos o tres cuartas partes de
nuestros clérigos tienen estas características? ¡Tampoco puede
usted decir que todos o la mitad de los clérigos ingleses predican este fariseísmo!

«No, pero ellos les enseñan a las personas a buscar la
salvación por las obras, y ¿no destruye esto a casi toda la
humanidad?» Yo le contesto: no, quizás ni uno de diez en
Inglaterra, y si acaso sería uno de cien, con todo nueve déci-
mas de las personas en Inglaterra no tienen más religión que
la que tiene un caballo, y perecen por la falta total de interés
en ella. Innumerables de ellas perecen más por la bebida, el
libertinaje, por violar el sábado, hablar mal y maldecir, y

---

[3] Mt. 23.23; Lc. 11.42.

otros pecados corporales; miles son destruidos por los pecados de omisión. Y cuando todos éstos son deducidos, el resto
que supuestamente busca la salvación por las obras, no puede
ser más de uno de cada diez.

«Pero ¿qué quiere decir esta expresión?» Sólo esto:
ellos esperan ser salvos por medio del cumplimiento de los
mandamientos de Dios. ¡Ciertamente esto es un error, pero no
quiere decir que sea el error más terrible en el mundo! No,
dudo si esto alguna vez ha condenado a alguna persona.
Créame: ¡dudo que cualquier persona que busca sinceramente
obedecer a Dios, morirá antes que Dios le indique el verdadero camino de la salvación!

En resumen, lo que he dicho durante cincuenta años,
y sigo diciendo ahora, es: primero, escuche a los ministros que
la Providencia le ha enviado, y haga lo que ellos dicen si está
de acuerdo con las Escrituras; pero no escuche lo que ellos
dicen si no está de acuerdo con las Escrituras. Segundo, Dios
obra a través de ellos para que los que tienen un corazón
sencillo reciban cosas buenas aun de sus predicaciones;
especialmente a través de las oraciones y de la Cena del
Señor. Tercero, los señores Maxfield, Richards, Westall, y
todos mis otros ayudantes se unieron a mí en lo que digo. Por
lo tanto, renunciar a asistir a la iglesia es, de hecho, renunciar
a una conexión conmigo. Para concluir, yo reto a cualquier
persona, en estos momentos, a que pruebe que me he
contradicho en cualquiera de mis escritos que he publicado desde el año de 1738 hasta el año de 1788.

Quedo.

Su afectuoso hermano,
Juan Wesley

****

Al Sr. _____

Londres, 31 de octubre de 1789

Me sorprendió un poco cuando recibí algunas cartas del Sr. Asbury que afirmaban que nadie en Europa sabía cómo dirigir a quienes viven en América. Un poco después rechazó categóricamente al Sr. Whatcoat para el oficio para el cual lo envié. Dijo a George Shaford: «El Sr. Wesley y yo somos como Cesar y Pompeyo: él no tolera ningún igual, y yo no tolero a ningún superior». Y consecuentemente permaneció en silencio hasta que sus amigos borraran mi nombre de las *Minutas* americanas. Esto completó el asunto y mostró que él no tiene conexión conmigo.

Juan Wesley

****

A Sarah Mallet

Canterbury, 15 de diciembre de 1789

Me da mucho gusto saber que el prejuicio murió y que los predicadores se portan de una manera amistosa. Ahora usted puede entender con claridad lo que es más necesario para la recuperación de su salud. No responda a todos los que le procuran. Usted puede terminar esto si no va a ningún lugar sin el consejo del Sr. Tattershall. Nunca continúe el servicio por más de una hora, incluyendo los himnos, la predicación, las oraciones y todo el resto. No debe juzgar de acuerdo a sus propios sentimientos, sino de acuerdo a la palabra de Dios. Nunca grite. Nunca hable más allá del tono natural de su voz; es desagradable para los oyentes. Les da dolor y no placer. Y le está destruyendo a usted. Es ofrecerle a Dios el asesinato como sacrificio. Solamente siga estos tres consejos, y crecerá en la estima, de mi estimada Sally.

Afectuosamente,

Juan Wesley

1790

A Adam Clarke

Londres, 28 de enero de 1790

Estimado Adam:

Me maravillo a menudo de la gente de Bristol. Son tan honestos, pero al mismo tiempo tan lentos; es casi imposible despertar su entusiasmo. Solamente con Dios todas las cosas son posibles. Varios años atrás ayudé a la Sociedad de Bath en tal forma, que, si hubiesen perseverado, ahora no tendrían ninguna deuda. En Plymouth había solamente treinta miembros, y su deuda era de mil cuatrocientas libras esterlinas. Les aconsejé que dejaran que cada miembro abonara mensualmente lo que pudiera. Y en el Dock cien personas prometieron hacer lo mismo. «Yo», dijo uno, «daré una corona al mes»; «Yo», dijo otro, «daré media corona». Muchos abonaban un chelín, seis peniques, o tres peniques al mes. Y ahora la deuda está pagada. Empecé un plan similar en Bath, como lo he hecho con éxito en varios sitios. Pero lo abandonaron en dos o tres semanas. ¿Por qué? ¡Porque di cuatro guineas para evitar que una persona que fue arrestada fuera a la cárcel! ¿Fue una buena razón, o no? «¿Por qué», dijeron uno y otro, «no pudo habérmelo dado a mí?»

Me alegro saber que mi estimada hermana está en camino a su recuperación. De aquí a cuatro semanas, el día lunes, probablemente comenzaré mi viaje a Bristol. ¡La paz sea con todos ustedes! Quedo, estimado Adam.

Su afectuoso amigo y hermano,
Juan Wesley

****

A John Valton

Londres, 29 de enero de 1790

Mi estimado hermano

Sería extraño que no surgiera un avivamiento donde usted y Adam Clarke están. Usted hace bien en podar el circuito, y le aconsejo que elimine a todos aquéllos (a menos que sean extremadamente pobres) que no contribuyan un chelín cada trimestre y un penique una vez a la semana, según nuestra regla original. Perderán muchos miembros por esto; pero nuestra ganancia será más grande que nuestra pérdida. De la misma manera usted debe insistir rigurosamente en que cada persona asista a su clase semanal a menos que no tenga una razón especial. Me alegra que usted ha hecho una lista de los miembros dela Sociedad según requieren las *minutas* de la Conferencia. De acuerdo a esa lista las clases deben siempre reunirse para que cada miembro sea registrado con exactitud. Y si le place a Diosque yo asista a otra Conferencia en Bristol, con mucho gustopasaré un día o dos en su casa. ¡La paz sea con su espíritu!
Quedo.

Su afectuoso amigo y hermano,
Juan Wesley

****

A Freeborn Garrettson

Londres, 3 de febrero de 1790

Mi estimado hermano:

Dos o tres semanas atrás tuve el placer de recibir su carta con fecha del 23 de agosto de 1789, donde me daba usted un buen informe del progreso rápido y extenso de la

obra de Dios en América. También me informaba que había escrito una narración de su vida, con instrucciones de que me fuera enviada; y desde entonces la he estado esperando día a día, pero casi he perdido las esperanzas de recibirla; porque a menos que no venga pronto no me encontrará en el mundo presente. Como usted ve el tiempo me ha dado la mano, y la muerte no está muy lejos. Mientras vivamos hagamos la obra de nuestro Señor a buena hora; y en su tiempo él nos dará nuestro galardón completo.
Quedo.

Su afectuoso amigo y hermano,
Juan Wesley

****

A Thomas Morrell

Londres, 4 de febrero de 1790

Mi estimado hermano:

Me ha dado usted un informe muy bueno del progreso del evangelio en América. Uno esperaría que el tiempo se está acercando cuando *la tierra será llena del conocimiento de la gloria del Señor.*[1] Verdaderamente, las revoluciones asombrosas [que han estado ocurriendo] en Europa parecen ser precursoras del mismo gran evento. Es cierto que los pobres paganos, quienes no conocen nada de Dios, no tienen este propósito ni saben lo que hacen. Pero *Jehová preside en el diluvio, y se sienta Jehová como rey para siempre.*[2] Mientras tanto es conveniente que los metodistas en todas

---

[1] Véase Is. 11.9.
[2] Sal. 29.10.

partes del globo, se unan tan estrechamente como sea posible. Que seamos todos uno es la oración de

Su afectuoso amigo y hermano,
Juan Wesley

No he visto nada de la carta del hermano Garrettson.

****

A William Horner

Londres, 8 de febrero de 1790

Estimado Billy:

Estoy firmemente decidido que no habrá en Inglaterra circuitos con más de cuatro predicadores, mientras yo viva. Y si fuera por mí, cuatro son demasiados.

No tendré objeción de que haya bancos debajo de la galería en Oxford, pero en ningún otro sitio. Me gustaría que nuestras casas de predicación fueran diferentes a todas las otras.

No busque el honor; conténtese en ser despreciado. Me alegra saber que todos ustedes son amigos en Witney y que la obra prospera en High Wycombe.

Quedo, con cariños para la hermana Horner.

Su afectuoso amigo y hermano,
Juan Wesley

****

A Adam Clarke

Londres, 11 de febrero de 1790

Estimado Adam:

Espero comenzar mi viaje el lunes, primero de marzo; y predicar esa noche y el martes a las seis y media en

Bath. El jueves, si él lo desea, cenaré con el Sr. Durbin; y espero reunirme con las clases como es mi costumbre el lunes siguiente.No me da tristeza la partida de James Gore de este mundo malvado. Usted y yo le seguiremos a su debido tiempo, tan pronto terminemos nuestra labor. Últimamente muchos de nuestros amigos han sido recogidos para el granero como gavillas de trigo maduro. ¡La paz sea con los espíritus de los dos!

Quedo, estimado Adam.

Su afectuoso amigo y hermano,
Juan Wesley

****

A la Sra. Cock

Londres, 13 de febrero de 1790

Mi estimada hermana:

Me alegro mucho cuando veo su nombre al final de una carta porque le tengo verdadero cariño; pero especialmente cuando me trae las buenas noticias de que su espíritu se regocija todavía en Dios su Salvador. La vista me está fallando tanto que no puedo leer bien las letras pequeñas con la luz de una vela; pero puedo escribir tan bien como siempre: y no me hace daño sino me hace bien predicar una o dos veces al día. Me gusta leer sobre los detalles de su experiencia; y recibí una carta hace unos días de una de nuestras hermanas en Escocia, cuya experiencia es muy similar a la suya; solamente que la de ella es más extensa. Ella habla de haber sido «arrebatada al cielo, rodeada de la bendita Trinidad, y llevada hasta Dios el Padre». Le encomiendo a su cuidado y

Quedo.

Afectuosamente suyo,
Juan Wesley

A Robert C. Brackenbury

Londres, 24 de febrero de 1790

Estimado Señor:

¿Es el Sr. B___ el mismo caballero que contribuyó para la capilla, y nos dio el contrato para la construcción del edificio? Si es así, ¿cómo es posible que cambiara de opinión? Pero su corazón está todavía en las manos de Dios. Por lo tanto, usted ha tomado el mejor camino posible para hacerle frente a la situación, buscando a quien cambia los corazones de las personas como a las aguas. Sin su ayuda los medios humanos no serán suficientes. Dios se ha complacido en darme más fuerzas que las que tenía en el otoño; pero mis ojos continúan débiles. Estamos en sus manos y esto es suficiente.

Quedo, mi estimado señor.

Afectuosamente su amigo y hermano,
Juan Wesley

****

Una palabra a quien pueda interesar

Londres, 25 de febrero de 1790

En agosto de 1788 el Sr. Atlay me escribió donde me informaba que debería buscar a otro empleado, puesto que él se iría a Dewsbury el 25 de septiembre. Yo no sabía nada hasta ese momento, siendo que yo no le pedí que se fuera. Viendo que él no iba a seguir trabajando conmigo le dije: «Vaya a servirles a ellos».

Me envió un informe del inventario en libros que yo tenía Londres: £13,751. 18c. 5p. Deseando saber exactamente lo que había, empleé a dos libreros para hacer un inventario de este capital. El informe que me entregaron, el 31 de octubre de1788 fue:

El valor del capital, exceptuando los errores,...:   £4,827. 10c. 31/2p.
JOHN PARSONS,
THOMAS SCOLLICK

¿Por qué John Atlay sobrestimó tan maravillosamen-te mi capital? Ciertamente para honrarme ante los ojos del mundo.

Nunca aprobé su ida a Dewsbury; pero acepté lo que yo no podía cambiar.

Con relación a la casa en Dewsbury, nunca hubo un desacuerdo acerca de la propiedad de las casas de predica-ción, lo cual fue una tergiversación astuta, sino sobre el nombramiento de los predicadores en ellas.

Si John Atlay piensa seguir hablando mal de mí, creo que no me molestaré en contestarle. Me queda muy poco tiempo de vida; y deseo vivirla en paz.

John Wesley

****

A Jasper Winscom

Bristol, 13 de marzo de 1790

Estimado Jasper:

El informe relacionado con Thomas Whitwood es extraordinario, y está muy bien escrito; y Dios le ha honrado a él a través de las consecuencias felices que han ocurrido después de su muerte.

No tengo ninguna prisa en cuanto a la construcción sin antes haber pagado un poco más de nuestras deudas. De igual manera no tengo prisa en aumentar los predicadores o dividir los circuitos. La mayoría de nuestros circuitos son demasiado pequeños más bien que demasiado grandes. No quisiera tener circuitos con menos de tres predicadores en ellos o que tuvieran que viajar más de cuatrocientas millas en cuatro semanas. Ciertamente ningún circuito será dividido antes de la Conferencia. Si no tenemos cuidado vamos a convertirnos en unos cobardes. ¡Soldados de Cristo, levántense!

Quedo, estimado Jasper.

Afectuosamente suyo,
Juan Wesley

****

A George Sykes

Bristol, 13 de marzo de 1790

Mi estimado hermano:

Usted tiene buenas razones para bendecir a Dios por el buen estado de ánimo en que encontró y dejó a su padre. Ésta es la mano de Dios, e indudablemente una contestación a las oraciones. Siento que él no está cansado de su dolor, de lo contrario se hubiese aplicado las cebollas machacadas u horneadas. Todavía no conozco una situación en la cual esto haya fallado en aliviar un dolor.

Tengo muchas esperanzas de que la visita de su padre al Sr. Linder terminará de raíz con el malentendido. Aquí, estamos todos en paz.

Quedo.

Su afectuoso amigo y hermano,
Juan Wesley

****

A Henry Moore

Bristol, 14 de marzo de 1790

Estimado Henry:

El paquete llegó por coche. Apruebo que usted envíe la nota a todos nuestros Asistentes, y espero que cause un buen efecto. Yo haría todo lo posible para extirpar ese comercio con esclavos que es el escándalo no solamente de la Cristiandad, sino también de la humanidad.

Vamos a necesitar tiempo y planificación y mucha paciencia para cumplir con el otro plan que tenemos para el futuro.

Vamos bien en este circuito; no es de extrañarse, ya que John Valton y Adam Clarke y la Srta. Johnson están aquí.

Quedo, con muchos cariños a Nancy.

Su afectuoso amigo y hermano,
Juan Wesley

****

A William Smith

Birmingham, 21 de marzo de 1790

Mi estimado hermano:

No lamento el que usted esté licenciado del ejército, siendo que no fue por su propia acción o hecho, sino más bien por obra de la providencia divina; y creo que será para la gloria de Dios. La pregunta fue: ¿En qué parte de la viña sería mejor que usted laborara? No es razonable que usted esté limitado por mucho tiempo al Circuito de Londonderry. ¿Hay alguna área en particular de Irlanda que usted prefiere más que otra? ¿O preferiría pasar un tiempo en Inglaterra? Usted puede hablar libremente con

Su afectuoso hermano,
Juan Wesley

****

A Charles Atmore

Madeley, 24 de marzo de 1790

Estimado Charles:

Me alegro de que usted haya establecido las Escuelas Dominicales en Newcastle. Ésta es una de las mejores instituciones que se han visto en Europa por muchos siglos, y hará más y más bien, con tal que los maestros e inspectores cumplan con su deber. Nada puede impedir el éxito de esta bendita obra, sino la negligencia de los instrumentos. Por lo tanto, usted debe vigilarles con cuidado, para que no se cansen de hacer el bien. Si Dios permite estaré en Darlington el martes y miércoles, 4 y 5 de mayo; en Durham el jueves, para predicar a las doce; y en Newcastle, entre las cuatro y las cinco de la tarde. La paz sea con todos ustedes y con todos los suyos.

Quedo, estimado Charles.

Su afectuoso amigo y hermano,
Juan Wesley

****

A Samuel Bardsley

Newcastle bajo Lyme, 27 de marzo de 1790

Estimado Sammy:

Tenga especial cuidado de que ni Michael Fenwick, ni ninguno otro, ofendan injustamente a alguien; y especialmente, que no ofendan a Dios. Entonces Él hará que sus enemigos estén en paz con ustedes.

Si me acuerdo bien, escribí al alcalde de Bideford; y espero que esto lo tranquilice. Con mansedumbre, benignidad, y paciencia, con fe y oración, ustedes van a prevalecer en Torrington. Lo único que tiene que hacer es seguir con calma y firmeza, y Dios se levantará para mantener su propia causa. Trabajemos solamente para tener una conciencia limpia ante Dios, y ante los seres humanos.

Quedo, estimado Sammy.

Su afectuoso amigo y hermano,
Juan Wesley

****

A George Sykes

Liverpool, 8 de abril de 1790

Mi estimado hermano:

¿Qué dice nuestro Señor? *«Deja que los muertos entierren a sus muertos; y tú ve, y anuncia el reino de Dios».*[3] Oh, no rehúse a Aquél que habla, sino *tome su cruz y sígale.*[4]

Quedo,

Su afectuoso hermano,
Juan Wesley

****

A su sobrino Samuel Wesley

Otley, 29 de abril de 1790

Querido Sammy

He estado pensando en ti por varios días. He estado angustiado con relación a ti, y con miedo a que no sea que sintiera, cuando fuese demasiado tarde, que he sido negligente en cuanto mi afecto para ti. ¿Cómo podría yo verte en ne-

---

[3] Lc. 9.60.
[4] Véase Mr. 8.34.

cesidad de cualquier cosa y no tratar por todos los medios de suplir esa necesidad? ¿Qué necesitas? No es ropa o libros o dinero. Si fuera esto, te lo haría llegar inmediatamente. Me temo que lo que tú necesitas (lo que menos te imaginas), lo más grande de todo, es la religión. No quiero decir la religión externa, sino la religión del corazón; la religión de la cual gozaron Kempis, Pascal y Fénelon: esa vida de Dios dentro del alma de la persona, el caminar con Dios y tener comunión con el Padre y el Hijo.

Cuando tú comenzaste a inclinarte a favor de la Iglesia de Roma, no estuve preocupado de que adoptaras tales y tales opiniones (fueran ellas buenas o malas), sino de que no estuvieran a tu alcance esas instrucciones que tú en esos momentos, especialmente, necesitabas. Si hubieses leído con atención, aunque hubiese sido una pequeña parte de mis publicaciones (la Providencia hizo que fuésemos familia, eso nada más debió haber despertado en ti el interés por leerlas), o si hubieses diligentemente asistido a mis predicaciones como debiste haber hecho, hubieses sabido más de esa religión de lo que sabes ahora: *Cristo en ti, la esperanza de la gloria*,[5] Cristo reinando en tu corazón y sojuzgando todas las cosas bajo Él. Y lamento ese paso fatal que diste al dejar de asistir a esos lugares de adoración donde solamente se enseña esa religión. No me importa nada si te llamas papista o protestante. Pero me entristece que seas un pagano. Es cierto que la religión general tanto de los protestantes como de los católicos no es mejor que un paganismo refinado.

¡Oh Sammy, tú estás llamado para algo mejor que esto! Tú estás llamado a conocer y amar al Dios de la gloria, a vivir en la eternidad, a caminar en la eternidad, y vivir *la*

---

[5] Col. 1.27.

vida que está escondida con Cristo en Dios.[6] Escucha el consejo de uno que está a las puertas de la eternidad.

A pesar de tu prejuicio, ve y escucha esa palabra que puede salvar tu alma. Entrégale a Dios tu corazón. Considera estas palabras, mi querido Sammy, que probablemente serán las últimas de

Tu afectuoso tío.

****

A Thomas Wride

Darlington, 5 de mayo de 1790

Estimado Tommy:

Cuando podía montar a caballo no era nada para mí desviarme unas cuantas millas del camino. Pero ese tiempo ha pasado. Todo lo que puedo hacer ahora es visitar a las Sociedades más importantes. Espero poder ver a nuestros amigos en Weardale y Barnard Castle, y creo que, eso es todo lo que voy a poder hacer.

Yo espero que ahora haya dejado de usar sus expresiones extrañas y chistosas en la predicación, y que hable tan sencillo y tedioso como cualquiera de nosotros.

Quedo, estimado Tommy.

Su afectuoso amigo y hermano,
Juan Wesley

****

---

[6] Col. 3.3.

A Henry Moore

Alnwick, 12 de mayo de 1790
Estimado Henry:
Estoy de acuerdo con usted con relación al asunto de Dublín. Pero parece que nuestros pequeños amigos tienen convencido a medias al Sr. Rutherford.

Esa cuenta fue por una porción del boleto de la lotería. Puede pagarle a George Whitfield con lo que le quedó del dinero.

El bueno de John Atlay acaba de publicar un artículo curioso, en el cual afirma rotundamente: «el Sr. Carlos Wesley escribió esos versos en su cuarto *en aquella ocasión* después que habíamos cedido la Casa de Dewsbury». Por lo tanto, deseo, que el hermano Sammy Bradburn aclare esta situación, lo cual puede hacer, especialmente certificando el día que se asignó la reunión en la casa del Sr. Hunter, donde se cantaron esos mismos versos. ¿No debería ser este certificado tan fuerte y tan explícito como pueda hacerse, para que de ser posible detenga la boca de esa *bestia flagrante*? Cariños para mi estimado Sammy y para usted; pero que se haga esto sin demora.

Quedo, mi estimado Henry.

Siempre suyo,
Juan Wesley

****

A George Holder

Aberdeen, 24 de mayo de 1790
Estimado George:
No tengo ninguna objeción de que esté usted en un circuito inglés el año que viene, porque el hermano Brown se

queda otro año en la isla,[7] que supongo puede ser atendida por tres predicadores este año, como lo fue el año pasado. Cuando ese chistoso dijo al mundo que yo estaba en el agua en Portsmouth, en realidad estaba a tres o cuatrocientas millas de distancia. Sean fervorosos para Dios, y todos ustedes verán el fruto de sus labores.

Quedo, estimado George.

Su afectuoso amigo y hermano,
Juan Wesley

****

A la Srta. Cooke

Dunfries, 1 de junio de 1790

Mi estimada hermana:

La gran pregunta es: ¿Qué podemos hacer para ayudar a Adam Clarke? Ahora, ¿usted quiere salvar su vida? Busque en sus alrededores; considere si hay algún circuito donde él pueda descansar mucho y trabajar poco. Otra posibilidad es que usted y él pasen el mes de septiembre en mis habitaciones en Kingswood, a condición de que él predique solamente dos veces a la semana, y que vaya a los manantiales de agua caliente todos los días. Tiene que hacer esto; si no, se muere. Y no quiero (ni usted tampoco) que se nos vaya tan pronto. Usted sabe que esto va a incurrir en unos gastos y creo que les podemos ayudar. Pienso que ésta sería la forma mejor de proceder. Mientras tanto, deje que él haga lo que pueda y nada más. Es probable que yo me quede con ustedes un poco más de tiempo porque me siento muy bien. Ayer viajé ochenta millas y prediqué en la noche sin dolor. El Se-

---

[7] De Manx.

ñor hace lo que le place. ¡La paz sea con los espíritus de todos ustedes!

Quedo, mi estimada hermana.

Afectuosamente suyo,
Juan Wesley

****

A la Sra. Cock

Newcastle, 6 de junio de 1790

Mi estimada hermana:

Siempre es un placer para mí recibir sus cartas; aunque es un placer mezclado con preocupación cuando me cuenta de su debilidad o enfermedad, a pesar de que sé que *el Señor alque ama, disciplina.*[8] Pero ¿qué clase de enfermedad tiene? Quizás yo podría decirle cómo curarla. Y si usted puede recuperar su salud, debe hacerlo; porque la salud es una gran bendición. En agosto pasado mi fuerza corporal falló repentinamente; y en gran parte mi visión también. Pero todo está bien: todavía puedo escribir con casi la misma facilidad de siempre; y puedo leer con una luz clara; y creo que, si no pudiera leer ni escribir, todavía podría decir algo a favor de Dios. Cuando usted se sienta mejor, cuénteme más de la obra de Dios en usted o en los que le rodean. ¿Y no debería usted informarme si está pasando por alguna adversidad temporal? Porque todo lo que le concierne, concierne a,

Mi estimada Jenny.

Afectuosamente suyo,
Juan Wesley

****

---

[8] He. 12.6.

Al obispo de _____

Hull, 26 de junio de 1790

Mi señor:

Le puede parecer extraño que una persona que no le conoce le incomode con una carta. Pero siento la necesidad de hacerlo: creo que es mi deber tanto a Dios como a su señoría. Y tengo que hablar con franqueza; porque no tengo nada que esperar ni temer en este mundo el cual estoy a punto de abandonar.

Los metodistas, en general, mi señor, son miembros de la Iglesia de Inglaterra. Creen en sus doctrinas, asisten a sus servicios, y participan en sus sacramentos. No hacen daño a nadie intencionalmente, sino que hacen el bien que puedan a todo el mundo. Para poder hacer esto emplean frecuentemente una hora juntos, en oración y exhortación para ayudarse mutuamente. Permítame, entonces, preguntar, ¿*Cui bono*? ¿Con qué propósito razonable expulsaría su señoría a estas personas de la Iglesia? ¿No son tan tranquilas, tan inofensivas, aún más, tan piadosas como cualquiera de sus vecinos, con la excepción quizás de vez en cuando de una persona loca que no sabe lo que hace? ¿Pregunta usted, quién les expulsa de la Iglesia? su señoría lo hace, y en una forma muy cruel; sí en una forma muy disimulada. Ellos desean una licencia para adorar a Dios según sus propias conciencias. ¡Su Señoría se la niega; y luego les castiga por no tener esa licencia! Así que, su señoría les deja con solamente una alternativa: «Dejar la Iglesia, o morir de hambre». ¿Y es un obispo cristiano, sí un obispo protestante, quien persigue a su propio rebaño en esta forma? Digo, *persigue*, porque es una persecución para todos los propósitos. Es cierto que usted no los quema, pero los mata de hambre. ¡Y cuán pequeña es la diferencia! Y su señoría hace esto apelando a una ley vil y abominable que no es mejor que aquélla *sobre la quema de los herejes.*[9] ¡Así que la persecución, ya proscrita en Francia, se tolera otra vez en Inglaterra!

¡Oh mi Señor, por Dios, por Cristo, por la misericordia!, ¡permita que esta pobre gente pueda disfrutar de su libertad religiosa, igual que de su libertad civil! ¡Yo estoy por entrar en la eternidad! ¡Quizás su señoría también! ¡Puede ser que pronto usted tenga que rendir cuentas al gran Pastor y obispo de nuestras almas! ¡Que él nos permita a los dos hacerlo con gozo! Así ora, mi Señor.

El hijo y servidor respetuoso de su señoría,

Juan Wesley

****

A la Sra. Cock

Cerca de Bristol, 22 de julio de 1790

Mi estimada hermana:

Tengo razón para bendecir a Dios, porque todavía puedo ver un poco; y puedo continuar mi trabajo: y basta si podemos hacer o sufrir su voluntad que es santa y aceptable. No es una sorpresa si se levantan entre ustedes personas que hablan cosas perversas. Dondequiera que nuestro Señor siembra la buena semilla, Satanás tratará de sembrar su cizaña también: y el trigo y la cizaña tienen que crecer juntos por un tiempo, para probar nuestra fe y paciencia. Yo espero que el Sr. Stevens sea más y más útil entre ustedes, porque su ojo es bueno; por lo tanto, no hay objeción para que él continúe entre ustedes un poco más de tiempo. Siempre me alegra saber un poco más acerca de su experiencia. Mientras más

---

[9] Wesley escribe el título en el latín original.

me cuente, mejor será. Deseándole a usted y a los suyos toda bendición,

Quedo.

Afectuosamente suyo,
Juan Wesley

****

A Jasper Winscom

Bristol, 28 de agosto de 1790

Estimado Jasper:

Hasta que podamos nombrar a otra persona en el circuito para ocupar su puesto, no sé cómo vamos a poder prescindir de usted. Tampoco puedo concebir cómo el circuito de Sarum pueda pagar los gastos de otro predicador. Casi estoy cansado de todo esto. He tenido más problemas con este circuito que con otros diez.

Hizo usted muy bien al arreglar el asunto de Whitchurch; pero lo siento por la pobre hermana Haime. Estoy seguro que ella una vez fue una buena mujer.

No entiendo lo que quiso decir con relación a Winton. ¿Cómo William Thom les aumentó ocho libras esterlinas? ¿Y a cuenta de qué, pagó usted seis libras esterlinas?

Quedo.

su afectuoso amigo y hermano,
Juan Wesley

****

A Adam Clarke

Bristol, 9 de septiembre de 1790

Estimado Adam:

¿No le hizo olvidar su cansancio por tierra el terrible mal tiempo que tuvieron en el mar? Vamos, compare lo uno y lo otro, y verá que no hay grandes razones para quejarse del viaje. Va a necesitar toda la valentía y prudencia que el Señor le ha dado. Ciertamente, estará en constante necesidad de las dos. Poco a poco y firmemente debe usted proceder con estos dos conflictos. En el gran avivamiento en Londres mi primera dificultad fue contener a quienes se oponían a la obra, y la segunda, fue controlar y ponerle orden a las extravagancias de quienes la promovían. Y ésta fue la parte más difícil del trabajo, puesto que muchos de ellos no querían aceptar controles. Pero con toda tranquilidad yo seguí una regla: «Ustedes o se doblegan o se quiebran». Mientras tanto, aunque actúe correctamente, espere que los dos lados le echen la culpa a usted. Le daré algunas directrices: (1) Asegúrese de que ninguna de las reuniones de oración continúe después de las nueve de la noche, particularmente los domingos. Que la casa esté ya vacía antes de que el reloj marque las nueve. (2) No permita las exhortaciones en las reuniones de oración. (3) Cuídese de los celos y de los juicios de unos a los otros. (4) Nunca piense que una persona es una enemiga de la obra porque se queja de irregularidades. ¡Qué la paz sea con usted y los suyos!

Quedo, estimado Adam.

Su afectuoso amigo y hermano,
Juan Wesley

****

A Robert C. Brackenbury

Bristol, 15 de septiembre de 1790

Estimado Señor:

Su carta me causó gran satisfacción. Necesitaba saber dónde y cómo estaba usted, y me alegra saber que físicamente está mejor, y que su espíritu no está cansado ni fatigado. Mi cuerpo parece que ya ha hecho todo el trabajo que iba a hacer, y me siento agotado. El mes pasado casi perdí mis fuerzas, y me sentía con deseos de estar sentado desde la mañana hasta la noche. Pero, bendito sea Dios, me moví cautelosamente y me las ingenié para predicar una vez al día. El lunes me atreví a ir más lejos; y después de haber predicado tres veces (una al aire libre) me sentí con mis fuerzas tan restauradas que hubiese podido predicar otra vez sin ninguna molestia. Me alegro que el hermano D____ entiende mejor lo que es la santificación completa. Esta doctrina es el gran tesoro que Dios ha depositado en el pueblo llamado metodista; y aparentemente nos ha levantado mayormente para que la propaguemos. Le felicito por no estar apegado a las cosas de este mundo, firme en la libertad con que Cristo le ha hecho libre. Montar a caballo con moderación, en el sur de Inglaterra especialmente, mejorará su salud. Si decide acompañarme en cualquiera de mis pequeños viajes antes de la Navidad, cuando se canse puede viajar en mi coche. No puedo escribir como lo hacía antes, pero bendigo a Dios que todavía puedo hacerlo un poco, lo suficiente para asegurarle a usted que,

Quedo, estimado Señor.

Su afectuoso amigo y hermano,
Juan Wesley

****

Al Sr. James M'Donald

Londres, 23 de octubre de 1790

Mi estimado hermano:

Tiene usted una gran razón para alabar a Dios por su gloriosa labor en y cerca de Newry; y no tengo la menor duda de que continuará, sí, y aumentará si los que participan de ella continúan caminando con Dios cerca y humildemente.

Exhorte a todos nuestros hermanos a esperar firmemente en el Señor a través de los medios de ayuno y oración; el primero de los cuales ha sido casi universalmente olvidado por los metodistas, tanto en Inglaterra como en Irlanda. Pero el comentario de Kempis es verdad: que «Mientras más te niegues a ti mismo, más crecerás en gracia».

Quedo.

Su afectuoso amigo y hermano,
Juan Wesley

****

A Samuel Bardsley

Cerca de Londres, 29 de octubre de 1790

Estimado Sammy:

La persona que fue asignada para venir a Bideford no ha podido hacerlo por problemas de salud. Y después de todo creo que ha sido lo mejor: Esto me ha confirmado la resolución que hice anteriormente, de no enviar más predicadores a ningún circuito de los que ese circuito pueda pagar. Estamos casi arruinados por no observar esta regla. Yo la observaría mejor en el futuro.

Quedo, estimado Sammy.

Su afectuoso hermano
Juan Wesley

****

A George Holder

Londres, 30 de octubre de 1790

Estimado George:

El Asistente en cada circuito (no los líderes) es quien determina cómo debe viajar cada Predicador. Si Johnathan Hern no quiere, o no puede, turnarse con sus compañeros de trabajo, debo enviar a otro que sí lo haga. No me gusta divi-

dir los circuitos. ¿No podrían añadirse tres o más de los lugares norteños a los circuitos de Sunderland o Newcastle, para
así disminuir el suyo, y convertirlo en un circuito de seis
semanas? Por favor envíeme su plan de viaje en su circuito.
Creo que lo podría organizar mejor.

    Quedo, con cariño a la hermana Holder, estimado
George.

Su afectuoso amigo y hermano,
Juan Wesley

****

A Ann Bolton

High Wycombe, 4 de noviembre de 1790

Mi estimada hermana:

    Mientras más considero su caso, me convenzo más
de que está usted en la escuela de Dios y que *el Señor al que
ama, disciplina*.[10] Desde el momento en que dejó usted de
reunirse con su clase o banda contristó al Espíritu Santo de
Dios, y él le dio permiso *a Satanás para que la abofeteara*;[11]
y ese permiso no será revocado hasta que usted comience con
sus reuniones otra vez. Pues, ¿no fue usted una madre en
Israel? ¿Una ayuda en los lugares desiertos? ¿Una guía de los
ciegos? ¿Una que sana a los enfermos? ¿Una que *levanta las
manos caídas?*[12] Dondequiera que estuvo, Dios estaba con
usted y alumbraba su camino. *Muchas hijas hicieron el bien;
mas usted sobrepasó a todas*.[13] ¡Mujer, recuerde la fe! ¡En el
nombre de Dios, *arrepiéntase, y haga las primeras obras!*[14]

---

[10] He. 12.6.
[11] Véase Lc. 22.31.
[12] Véase He. 12.12.
[13] Véase Pr. 31.29.
[14] Véase Ap. 2.5.

La exhorto a usted por mi propio bien (pues le amo tiernamente), por Dios, por el bien de su propia alma: empiece otra
vez, sin demora. Al día siguiente de recibir esta carta vaya y
reúnase con una clase o una banda. ¡Esté bien o enferma, vaya!
Vaya, aunque no pueda hablar una palabra; y Dios estará con
usted. ¡Se está hundiendo bajo el pecado de la omisión! ¡Mi
amiga, mi hermana, vaya! ¡Vaya, pueda o no pueda! ¡Ábrase
paso! *Tome su cruz.*[15] ¡Le repito otra vez, haga las primeras
obras, y Dios la restaurará a su *primer amor*![16] Y le dará usted
consuelo, no tristeza, a

Afectuosamente suyo,
Juan Wesley

****

A John Valton

Londres, 6 de noviembre de 1790

Mi estimado hermano:

Cuando usted fue al oeste yo sabía que nuestro Señor
iría con usted y prosperaría su trabajo. Sé que él cumplirá en
usted todo el beneplácito de su bondad y toda la obra de Dios
con poder.

Todavía usted no conoce a la gente de Cornualles.
Muchos de ellos tienen muy poco buen sentido y una tendencia
grande a criticar.

Rob. Empringhan es un predicador sólido, pero no muy
inteligente. El hermano Leggat está lejos de ser un predicador despreciable. Si ellos usan a los predicadores que yo les
envío en esta forma, así será. Si Jno. Bredin va por unos

---

[15] Mr. 8.34.
[16] Véase Ap. 2.4.

meses, ¿quién le sostendrá? No permito que pidan fondos de la Conferencia.

Quedo, con cariños a la Hermana Valton.

Suyo siempre,
Juan Wesley

****

A George Holder

Londres, 8 de noviembre de 1790

Mi estimado hermano:

Si usted y su esposa se dedican más a ayudarse mutuamente en la obra de Dios, seguramente recibirán ustedes una bendición de él. Sin Él ni la abundancia de dinero ni cualquier criatura nos puede hacer felices.

«Deléitate asimismo en Jehová, y él te concederá las peticiones de tu corazón».[17]

No puede ser que las personas crezcan en la gracia a menos que se dediquen a la lectura. Las personas que leen siempre serán personas de conocimientos. Quienes hablan mucho saben poco. Repítales esto a ellos con insistencia; y pronto verá los frutos de su trabajo.

Me gustaría que todos los circuitos en Inglaterra tuvieran tres predicadores; ni uno más ni uno menos. Sería bueno pensar sobre esto. El circuito de Dales es muy grande. Cinco o seis podrían ser retirados de ahí, y enviados a Sunderland, Newcastle y Alnwick. ¡La paz sea con su espíritu! Quedo.

Su afectuoso amigo y hermano,
Juan Wesley

****

---

[17] Sal. 37.4.

A la Sra. Cock

Londres, 9 de noviembre de 1790

Mi estimada hermana:
¡Cuán insondables son los juicios de Dios![18] ¡Qué
poco conocimiento tenemos de sus caminos! Cuando yo vi la
forma maravillosa en la cual Él la había tratado desde sus
primeros años, cuando hablé con usted en Jersey, y cuando
conversé más ampliamente en Guernsey, pensé que Él la estaba preparando para una obra más amplia. ¡Sin duda usted
no estaba entonces destinada a estar encerrada en una pequeña cabaña, ocupándose completamente en tareas domésticas!
Yo tenía la esperanza de verla utilizar todos los dones que Él
le había dado en otras cosas. Sin embargo, aunque no puedo
negar que está usted trabajando en una esfera más baja de la
que originalmente fue diseñada para usted, todavía espero
que goce de la comunión con Dios el Padre, y con su Hijo
Jesucristo. Espero que usted todavía sea sensible, dondequiera que vaya, a la presencia de la siempre bendita Trinidad; y
que usted continúe gozando de esa bondad que es mejor que
la vida misma.
Desearía que me informara de su estado presente de
salud tanto exterior como interior. ¿Tiene todo lo que necesita para su bienestar físico? ¿La tratan sus hermanos y hermanas con cariño, o con frialdad? ¿Son los predicadores honestos y amables con usted? ¿Está su alma tan viva como siempre? ¿Son las consolaciones del santo menos frecuentes; o son
tan frecuentes y abundantes como siempre? Escriba tan
detalladamente como pueda.

Afectuosamente suyo,
Juan Wesley

---

[18] Ro. 11.33.

A Adam Clarke
Londres, 26 de noviembre de 1790

Estimado Adam:
Me da gran satisfacción saber, por el informe que usted me envió, que la gran obra de Dios en Jersey continúa. Retener la gracia de Dios, es mucho más que recibirla: apenas una persona en tres lo hace. Y debemos insistir sobre esto fuerte y explícitamente a todos los que han gustado del amor perfecto. Si podemos probar que cualquiera de nuestros Predicadores locales o líderes habla en contra de esto directa o indirectamente, entonces que no continúe siendo predicador local o líder. Yo creo que no debe continuar en la Sociedad. Porque la persona que puede hablar así en nuestras congregaciones no puede ser una persona honesta. Desearía que la hermana Clarke haga lo que pueda, pero no más de eso. Betsy Ritchie, la Srta. Johnson, y M. Clarke son mujeres de mi completo agrado. La semana pasada recibí una carta excelente de la Sra. Pawson (una testigo gloriosa de la salvación plena), donde me hablaba de cuán imposible es retener el amor puro sin crecer en Él.

Deseándole muchas bendiciones a usted y a toda su familia.

Quedo, estimado Adam.

Su afectuoso amigo y hermano,
Juan Wesley

****

A Robert C. Brakenbury

Londres, 7 de diciembre de 1790
Estimado Señor:
Me alegró leer su carta con fecha de Portsmouth, y saber que está usted mejor de salud. Espero que usted pueda pasar algún tiempo aquí con nosotros. Y si quiere quedarse

en mi casa, tengo una habitación a su servicio; y tenemos una
familia a la cual puedo recomendar a toda Inglaterra, como
una que adorna la doctrina de Dios nuestro Salvador.

Quedo, estimado Señor.

Su afectuoso amigo y hermano,
Juan Wesley

1791

A Edward Lewly

Londres, 12 de enero de 1791

Mi estimado hermano:
 No creo que ninguna persona en su Sociedad Selecta tenga escrúpulos en decir: «Cada momento, Señor, necesito el mérito de tu muerte». Esto está claramente explicado en mis *Reflexiones sobre la perfección cristiana*[1] Pero ¿quién espera que la gente común hable con exactitud? ¡Y cuán fácil es enredarlos al hablar! Temo que algunos ya han hecho esto. Una persona que no conoce completamente la perfección cristiana, fácilmente puede confundir a otros, y, por lo tanto, debilitar, si no destruir, cualquier Sociedad selecta. Creo que esto es lo que ha sucedido con usted. La última vez que estuve en Birmingham, esa sociedad estaba muy animada, y muy unida. Mi salud ha estado mejor en estos días que lo que ha estado durante varios meses. ¡La paz sea con los espíritus de todos ustedes!
Quedo.

Su afectuoso hermano,
Juan Wesley

****

---

[1] *Obras de Wesley*, VIII.167-68.

A Ann Bolton

Londres, 12 de enero de 1791

Mi estimada Nancy:

Le doy gracias por su regalo, y me alegro saber que está usted mejor de salud. ¿Qué no nos dará el Señor que no sea para el bien de nosotros, si tan solamente confiáramos en Él? Estos últimos cuatro días he tenido mejor salud que lo que he tenido en meses anteriores. Solamente mi visión continúa como antes. Pero ¡buena es la voluntad del Señor!

Quedo, mi estimada Nancy.

Afectuosamente suyo,
Juan Wesley

****

A Thomas Broadbent

Londres, 29 de enero de 1791

Mi estimado hermano:

Usted tiene una razón muy grande para alabar a Dios, porque Él bendice sus labores. Y lo hará más y más, si usted no se enreda con los asuntos de esta vida. Si busca usted su felicidad en Dios solamente, nunca será decepcionado: en cualquier otra cosa probablemente lo será; porque todas las criaturas son cisternas quebradas. Deje que su ojo sea bueno. Busque una sola cosa: salvarse a sí mismo y a quienes le escuchan.

Quedo, estimado Tommy.

Su afectuoso amigo y hermano,
Juan Wesley

****

A John Booth

Londres, 29 de enero de 1791

Mi estimado hermano:
Me da usted un informe muy bueno del progreso de la obra de Dios en su circuito. En cuanto a los pobres entusiastas engreídos en Keighley, mejor sería que nunca los mencionara en público; pero cuando se presente la ocasión, destruya de raíz sus errores, probando claramente la verdad que ellos niegan. Y cada vez que se reúna con cualquiera de ellos en privado, entonces hable francamente. Cada vez que tenga la oportunidad de hablar a los creyentes, exhórteles a que continúen *adelante a la perfección.*[2] ¡No escatime; y Dios, nuestro propio Dios, derramará sus bendiciones sobre usted!
Quedo.

Su afectuoso amigo y hermano,
Juan Wesley

****

Al Rvdo. E.C. de Filadelfia

Cerca de Londres, 1 de febrero de 1791

Mi estimado hermano:
Quienes deseen escribirme o decirme algo, no deben perder tiempo; porque el tiempo me ha dado la mano, y la muerte no está lejos. Pero tengo razón para estar agradecido por el tiempo que ha pasado: durante ochenta y seis años he sentido pocas de las enfermedades de la vejez. No fue hasta hace un año y medio que mi fuerza y mi visión fallaron. Y

---

[2] He. 6.1.

aun así, puedo escribir un poco y caminar despacio, pero no puedo correr. Probablemente, no podría hacer tanto si no fuera por la ayuda de ustedes a través de sus oraciones. He escrito una descripción clara de la obra de Dios, que ha sido realizada en Gran Bretaña e Irlanda, por más de medio siglo. Queremos que algunos de ustedes nos escriban una relación histórica de lo que nuestro Señor ha estado haciendo en América, desde el momento que Richard Boardman aceptó la invitación, y dejó su país para ir a servirles. Estén seguros de que no se les ocurra separarse de sus hermanos en Europa. No pierdan la oportunidad de manifestar a todas las personas, que los metodistas son un pueblo en el mundo entero; y que es su determinación continuar así, «aunque las montañas surjan, y los mares se desborden en vano para separarnos».

Le encomiendo al cuidado del Señor que tenemos en común, y quedo.

Su afectuoso amigo y hermano,
Juan Wesley

****

Al Sr. York

Londres, 6 de febrero de 1791

Estimado Señor:

El miércoles 17 de marzo, espero, si Dios lo permite, ir de Gloucester a Worcester; y el jueves 18, ir a Stourport. Si nuestros amigos en Worcester no están contentos, no podemos hacer nada. Deseándole a usted y a los suyos toda felicidad,

Quedo, estimado señor.

Su afectuoso servidor,
Juan Wesley

P.D. 28 de febrero. Esta mañana encontré ésta en mi escritorio.[3]

****

A Adam Clark

Londres, 9 de febrero de 1791

Estimado Adam:

Tiene usted una buena razón para bendecir a Dios por darle fuerzas todos los días. Verdaderamente, Él le ha apoyado de una manera maravillosa durante estas aflicciones complicadas. Muy bien, usted puede decir: «Yo confiaré en ti mientras viva». Desearía que el Dr. Whitehead considerara su caso, y le dijera lo que piensa sobre esto. No tengo temor de que usted haga muy poco, sino demasiado. Yo tengo el mismo problema. Haga un poco a la vez, para poder hacer más. Mis cariños para las hermanas Cookman y Boyle; pero dudo que cruzaré el mar otra vez. ¿Qué predicador fue el primero en omitir la reunión de la Sociedad selecta? ¡Me sorprende que no destruyó la obra! Ha hecho usted muy bien en establecer la Sociedad de los forasteros (amigos). Es una institución excelente. No sé qué hacer con el Sr. Maddan. No sé qué pensar de él. Dígame lo que piensa sobre él. De cualquier forma, escríbame, y dígame lo que piensa sobre el *magnetismo animal*. Estoy en contra de este instrumento de Satanás. Conozco sus principios muy bien.

Con mucho cariño para su esposa.

Quedo, mi estimado Adam.

Su afectuoso hermano,
Juan Wesley

****

---

[3] Wesley escribió esta posdata dos días antes de morir.

A John Ogilvie

Londres, 21 de febrero de 1791

Mi estimado hermano:

No me he sentido bien durante los últimos días; pero con el favor de Dios me siento mejor. Debe ser motivo de una gran gratitud que ambos, usted y su esposa, recibieron poder para entregarle a Dios ese hermoso niño. Podemos estar seguros de que Dios hace todas las cosas bien, todas las cosas para nuestro beneficio, para que podamos ser partícipes de su santidad. Puede ser posible que pase a visitarles en la primavera. ¡La paz sea con los espíritus de ustedes! Quedo.

Su afectuoso hermano,
Juan Wesley

****

A William Wilberforce

Balam, 24 de febrero de 1791

Estimado Señor:

A menos que el poder divino le haya escogido para ser Como *Atanasio contra el mundo*,[4] no sé cómo puede usted continuar con su proyecto glorioso de oponerse a esa abominable villanía, la cual es el escándalo de la religión, de Inglaterra, y de la naturaleza humana. A menos que Dios no le haya escogido para este mismo propósito, será usted vencido por la oposición de los seres humanos y los demonios. Pero si Dios está con usted, ¿quién podrá contra usted? ¿Son todos ellos más fuertes que Dios? ¡Oh, no se canse de hacer

---

[4] Wesley escribe la frase en latín.

el bien! Continúe, en el nombre de Dios y en el poder de su fuerza, hasta que la esclavitud americana (la más vil que se ha visto bajo el sol) desaparezca ante ese poder.

Leyendo esta mañana un tratado escrito por un pobre africano, me impresionó mucho esa circunstancia, de que cuando un hombre que tiene la piel oscura, es agraviado o maltratado por un hombre blanco, no tiene derecho a reclamar justicia; siendo que hay una *ley* en todas nuestras colonias, que el *juramento* de un negro en contra del de un blanco no vale nada. ¡Qué villanía es ésta!

Que Aquel que le ha guiado desde su juventud continúe fortaleciéndole en esto y en todas las cosas es la oración de, estimado Señor.

Su afectuoso servidor,
Juan Wesley

Índice

www.ingramcontent.com/pod-product-compliance
Lightning Source LLC
Chambersburg PA
CBHW021610120626

46545CB00001B/162

* 9 7 8 1 9 5 5 7 6 1 5 8 1 *